W0203296

Manfred Flickinger

Köstlichkeiten aus der österreichischen Backstube nach Rokitansky

Köstlichkeiten aus der österreichischen Backstube nach Rokitansky

Diese umfangreiche Sammlung selbsterprobter, köstlicher Rezepte

mit 45 exquisiten Farbfotos wurde von

Manfred Flickinger

den Erfordernissen des modernen Haushalts angepaßt.

Fachliche Betreuung und Bearbeitung: Konditormeister Manfred Flickinger, Wien

Die abgebildeten Speisen wurden vom Fotostudio Liesl Biber, Bisamberg
und vom Fotostudio Alice Schnür - Meisterphotographie, Wien aufgenommen.

Abbildung Titelbild: Semmelschmarren
Abbildungen Rückseite: Topfenknödel Maria Theresia, Wiener Briochegebäck,
Punschkrapfen, Kaffeecremeroulade, Kaiserin Sisi Torte, Kleine Desserts

Sonderausgabe für A&M Andreas & Dr. Müller, Salzburg

© Copyright 2004 by Verlagsbuchhandlung Julius Breitschopf GmbH & Co. KG
A-3420 Klosterneuburg bei Wien
In der vor 1998 gültigen Rechtschreibung gesetzt.
Das Werk ist weltweit urheberrechtlich geschützt.
Dies gilt auch für alle jene Vervielfältigungsmöglichkeiten, die zur Zeit der
Veröffentlichung noch nicht bekannt waren.
Alle Rechte vorbehalten.

ISBN: 3-902397-39-X

INHALTSVERZEICHNIS

DIE GEBRÄUCHLICHSTEN FACHAUSDRÜCKE

abflämmen
Gebäck oder Schneemasse im heißen Backrohr bei starker Oberhitze kurz Farbe nehmen lassen

abglänzen
Früchte, Cremes oder Gebäckstücke dünn mit Gelee, Marmelade oder Gummi arabicum bestreichen

abkehren
Teig oder Marzipan nach dem Bestreuen mit Mehl oder Puderzucker von überschüssigen Resten befreien, indem man sie mit einem weichen Pinsel oder einer Bürste abkehrt

abnetzen
Anfeuchten des Papiers zum leichteren Ablösen von Gebäckstücken

abschäumen
Klären, beim Erwärmen aufsteigenden Schaum von Flüssigkeiten abschöpfen (z. B. bei Butter, Zuckerlösung oder Fruchtgelees)

abschlagen
einen Teig (z. B. Germteig) bearbeiten

abziehen
(Creme, Sauce) Flüssigkeit mit Zucker, Eidotter, Gelatine usw. erhitzen und so lange rühren, bis sie dickliche Konsistenz erlangt

Angelika
Engelswurz (Heilpflanze), Gewürz, auch als Dekor

anschlagen
Herstellung verschiedener buttergerührter Biskuit- oder Schaummassen

aprikotieren
Gebäckstück oder Torte vor dem Glasieren mit kochend heißer Marillenmarmelade überziehen

Auflaufform
Porzellan-, Keramik- oder Metallform

aufschlagen
Schnee- oder Eiermasse oder Chaudeau schaumig rühren bzw. schlagen

Backpapier
beschichtetes Papier, verhindert das Klebenbleiben des Backgutes an Formen oder Backblechen

bei eingehängtem Backrohr backen (ohne Dunst)
offener Zug oder zum Entweichen des Dunstes das Backrohr einen Spalt öffnen

beizen
Früchte mit Alkohol (verdünnten Aromaten) übergießen und längere Zeit ziehen lassen

Biskuitbrösel
getrocknete, geriebene Biskuitreste

blanchieren
kurz überkochen, überbrühen

brandig werden (Teig)
durch zu langes Abarbeiten mit eventuell zu weichem Fett verliert der Teig seine Bindung, und das Fett tritt aus
Cherry Brandy
Likör von roten Kirschen
Dalkenpfanne
Pfanne mit runden Vertiefungen (Durchmesser = je 50 mm bis 80 mm)
Dampfl
Gärprobe, Hefeansatz; Vorteig
doublieren
zwei Gebäckstücke zusammensetzen (mit Creme, Marmelade usw.)
dressieren
Cremen oder Massen in bestimmten Formen aufspritzen
eindecken
Torten und Gebäckstücke mit Marzipan usw. überziehen
einkochen
reduzieren; flüssige Massen zu dicklicher Konsistenz kochen
einstreuen
Süßspeisen mit geriebenen Nüssen, Schokolade usw. bestreuen
flambieren
Speisen mit Alkohol übergießen und abbrennen
Fondant
Zuckermasse zum Glasieren
Fruchtmark
feinst passierte Früchte
Gare
aufgegangener Germteig
garen
aufgehen lassen von Germteig oder kochen, dünsten
Garnierkamm
zum Riffen von Cremen, Schokolade usw.
Gelatine
geschmackloses Bindemittel
gehen lassen
Germteig oder Dampfl aufgehen lassen
geschlossener Zug
Backen mit Dunst; die dazu vorgesehene Öffnung beim Backrohr schließen
Gitterlöffel
Küchenwerkzeug, mit dem man Knödel oder Gebäckstücke aus dem Wasser oder Fett hebt, wobei dieses durch das Gitter abfließen kann
Glasur
Überzug aus Zucker, Schokolade etc. für Torten, Früchte usw.
Glasiergitter
Gebäckstücke werden zum Glasieren auf Gitter gesetzt, damit die Glasur abfließen kann und kein unschöner Rand entsteht
Grillage (Krokant)
Mischung aus geschmolzenem Zucker mit gerösteten, geschälten Haselnüssen, Mandeln, Walnüssen oder Erdnüssen im Verhältnis 1:1

Hagelzucker
grober, weißer Zucker zum Bestreuen von Gebäckstücken
homogenisieren
Vermengen schwer mischbarer Flüssigkeiten oder Massen (z. B. Fett und Wasser)
kalt schlagen
z. B. Schaum- oder Eiermasse nach dem warmen Aufschlagen in kaltem Wasserbad schlagen, bis sie ausgekühlt ist
Kapselrahmen
rechteckige Metallrahmen zum Backen von Massen oder als Hilfe zum Füllen von Schnitten
Karamel
bis zur Braunfärbung geschmolzener Zucker (brauner Karamel), oder bis zum starken Bruch gekochter Zucker (weißer Karamel)
Kastanien
Maroni
Kastanienpüree
gekochte, passierte Maroni mit Zucker, Rum und Vanille abgeschmeckt
Kastenform
längliche, rechteckige Kuchenform
klären
alle trübenden Bestandteile entfernen; dies geschieht meist mit Hilfe von Eiweiß
Koch
österreichische Bezeichnung für Auflauf
Läuterzucker
mit Wasser gekochter Zucker im Verhältnis 1:1
Makronen
Gebäck aus Nüssen, Zucker und Eiweiß
Maraschino
Kirschlikör (farblos)
Marzipan
Masse aus fein geriebenen Mandeln und Puderzucker, Rohmarzipan wird als Fertigprodukt angeboten (zwei Drittel Mandeln, ein Drittel Zucker)
melieren
mischen, vorsichtig unterrühren, unterziehen
Milchtunkmasse
helle Tunkmasse
Nougat
industriell oder selbst hergestellte Masse aus gerösteten, geriebenen Nüssen, auch gesüßt und eventuell mit Kakaobutter vermengt
Oblaten
dünne, weiße Blätter, aus Weizenmehl und Wasser gebacken (im Handel erhältlich)
offener Zug
Backen ohne Dunst, durch Öffnen der beim Backrohr dazu vorgesehenen Vorrichtung
Orangenfilet
geschälte Orangenspalten
Palette
Streichmesser

passieren
verschiedene Massen, Früchte oder Topfen durch ein Sieb streichen
pasteurisieren
Keimfreimachen von Nahrungsmitteln durch schonendes Erhitzen (im Pasteur)
Pistazien
mandelähnliche, grüne Samenkerne des Pistazienbaumes
pochieren
in Flüssigkeit garziehen lassen (ohne kochen)
Puderzucker
sehr feiner Staubzucker
Puddingform
Metallform mit oder ohne verschließbarem Deckel
Püree
Mus von Früchten oder Gemüsen
Riffholz
Rillenwalze
rösch backen
knusprig braun backen
schleifen
Teigstück auf der Arbeitsplatte rund formen
Schnecke
gerollter Teig
Schneeballenform
Metallhohlkugelform mit Löchern; zur Herstellung von Schneeballen
Schokolade (fettarm)
Kochschokolade
Semmelbrösel
getrocknete, geriebene Semmeln
Sauce
Soße
Spritzschokolade
eingedickte Tunkmasse (Glasurmasse) zur Herstellung von Schokoladeornamenten und ähnlichem
stupfen
ausgerollte Teige mit dem Teigstupfer oder einer Gabel lochen, um Blasenbildung beim Backen zu vermeiden
süße Brösel
Kuchenbrösel
tablieren
Arbeitsvorgang zur Herstellung von Zuckerglasur; Tunkmasse temperieren
tourieren
Arbeitsvorgang bei der Herstellung von Butter- oder Plunderteig
tränken
Tortenböden, Schnitten usw. mit einer Mischung aus Läuterzucker, Destillat, Fruchtsaft oder ähnlichem befeuchten
Tülle (glatte oder Sterntülle)
Dressierröhrchen für den Dressiersack
tunken
eintauchen von Kleingebäck in Schokolade oder eine Glasur

Tunkmasse
Kuvertüre, kakaobutterreiche feine Schokolade
Vanillezucker
Zucker mit Vanille aromatisiert
warm schlagen
Massen (Schaum- oder Eiermassen) im warmen Wasserbad aufschlagen
Wasserbad
Wasser erhitzen und Massen, Cremen oder Chaudeaus darin aufschlagen, Gelatineblätter oder Tunkmasse auflösen (in einem Kessel)
Wasserprobe
einen Tropfen Wasser in das heiße Fett spritzen, bei richtiger Temperatur zischt es
wegsetzen
Gebäckstücke zum nächsten Arbeitsgang auf eine andere Unterlage geben
ziehen lassen
Kochgut in Wasser nahe dem Siedepunkt garen
Zimtzucker
Zucker mit Zimt vermengt
Zitronat
dickgezogene Schale einer Zitrusfrucht
zusammenschnurren
ausgerollter Germ-, Plunder- oder Butterteig hat die Tendenz, sich auf Grund der Zähigkeit etwas zusammenzuziehen
zusammenwaschen
beim Zuckerkochen, Konserveglasur usw. an der Gefäßwand haftende Sudrückstände mittels naßem Pinsel in die Masse zurückschwemmen
Zesten
mit einem Zestenreißer in Streifen geschnittene Schale von Zitrusfrüchten

KLEINES KÜCHENWÖRTERBUCH

ÖSTERREICH	**DEUTSCHLAND**	**SCHWEIZ**
Biskotten	Löffelbiskuit	Löffelbiskuit
Dampfl	Hefeansatz	Hefevorteig
Erdäpfel	Kartoffeln	Kartoffeln
Germ	Hefe	Hefe
Grapefruit	Pampelmuse	
Gugelhupf	Napfkuchen	Gugelhupf
Heidelbeeren	Blaubeeren	Heidelbeeren
Holler	Holunder	Holunder
Indianerkrapfen	Mohrenköpfe	Mohrenköpfe
Karotten	Möhren (Mohrrübe)	Rübli
Kipferln	Hörnchen	Gipfeli, Hörnli
Knödel	Klöße	Klöße
Marillen	Aprikosen	Aprikosen
Maroni	Edelkastanien	Kastanien
Obers	süße Sahne	Rahm
Orangen	Apfelsinen	Orangen
Palatschinken	Pfannkuchen	Pfannkuchen
Powidl	Pflaumenmus	Pflaumenmus
Reibeisen	Reibe	Raffel
Ribisel	Johannisbeeren	Johannisbeeren
Sauerrahm	saure Sahne	saurer Rahm
Semmel	Brötchen	Weckli
Semmelbrösel	Paniermehl	Paniermehl
Staubzucker	Puderzucker	Staub- oder Puderzucker
Topfen	Quark	Quark
Weichseln	Sauerkirschen	Weichseln
Zwetschken, getrocknet	Pflaumen, getrocknet	Dörrpflaumen
Zwetschkenröster	gedünstete Pflaumen	Pflaumenröster

KLEINE WARENKUNDE

EIER

Da Hühnereier in der Größe variieren, ist das Verhältnis zum Gewicht entscheidend. Werden in einer Rezeptur Eier nach Gewicht angegeben, so rechnet man pro Ei ein durchschnittliches Gewicht von 50 g (Dotter 20 g, Eiweiß 30 g). Stehen wesentlich größere oder kleinere Eier zur Verfügung, so wird empfohlen, Eiweiß und Dotter nach vorgehend angegebenem Gewicht zu berechnen. Die Farbe der Hühnereier läßt keinen Rückschluß auf die Qualität zu. Der Frische nach werden Eier in Klasse I (14 Tage ab Verpackung) und Klasse II (2 bis 4 Wochen) unterteilt.

Frische Eier enthalten eine kleine Luftkammer, beim Schütteln der Eier hört man nichts. Weiters gehen diese Eier im Wasser unter.

Hühnereier sollten wegen der Salmonellengefahr stets kühl und isoliert gelagert werden. Nach dem Anfassen von Eiern Hände waschen und die Eierschalen sofort entsorgen.

Süßspeisen, die Eier beinhalten, müssen über 75 Grad Celsius erhitzt werden (bei dieser Temperatur sterben die Salmonellen ab). Für Desserts, in denen rohe Eier verwendet werden (Tiramisu, Cremen usw.) ist pasteurisiertes Hühnervollei, Eigelb oder Eiweiß zu empfehlen. Diese werden in 1-Liter-Tetrapackungen angeboten (Lagerung ungeöffnet bei 2 bis 4 Grad Celsius 4 Wochen, geöffnet 5 Tage).

Eiweiß ist ein Triebmittel für Aufläufe, Massen etc. Wichtig dabei ist, daß das Eiweiß immer sauber vom Eidotter getrennt wird. Dotterreste verhindern das Zustandekommen eines erstklassigen Eischnees. Gefäße, in denen Eiweiß geschlagen wird, müssen ebenso wie Schneebesen kalt, trocken und absolut fettfrei sein.

MILCH und MILCHPRODUKTE

Die in den jeweiligen Rezepturen verwendete Milch ist pasteurisierte Vollmilch mit 3,6% Fettgehalt. Weiters im Handel erhältlich: Magermilch, Buttermilch, Kondensmilch, Haltbarmilch.

Schlagobers hat einen Fettanteil von 36%. Es wird in flüssigem, aber hauptsächlich in aufgeschlagenem Zustand, wobei sich das Volumen um ca. 80% vergrößert, verwendet. Voraussetzung ist allerdings, daß Schlagobers gut gekühlt (–6 Grad Celsius) im gekühlten Schneekessel aufgeschlagen wird.

Joghurt ist ein mit Joghurtbakterien hergestelltes Milcherzeugnis. Der Fettgehalt beträgt 3,6%, bei Magerjoghurt 1%. Es wird zur Herstellung von leichten und bekömmlichen Cremen verwendet.

Sauerrahm hat einen Fettgehalt von 15%. Er dient zum Verfeinern und Säuern von Süßspeisen (z. B. Rahmdalken, Rahmschmarren etc.). Sauerrahm wird hauptsächlich in der Küche verwendet.

Kaffeeobers hat einen Fettgehalt von 15% und kann nicht wie Schlagobers aufgeschlagen werden. Es wird nur in flüssigem Zustand verwendet. Zum Beispiel statt halber Milchmenge bei warmen Saucen.

Topfen findet Verwendung für Torten, Cremen, Strudel und Rouladen bis zu Knödeln, Teigen und Aufläufen. Im Einzelhandel wird Topfen fast ausschließlich in passiertem Zustand angeboten. Je nach Verwendungszweck ist der Fettanteil in der Trockenmasse zu beachten. Es wird hauptsächlich fettfreier, 10%, 20% und 40%iger Topfen verwendet. Der tatsächliche Fettgehalt beträgt natürlich bedeutend weniger (z. B. bei 10%igem Topfen 2,5%).

FETT

Butter wird in verschiedenen Qualitäten wie Teebutter, Tafelbutter oder Kochbutter angeboten. Sie ist unentbehrlich für Teige, Massen, Cremen etc. und nimmt auch in der Küche einen wichtigen Platz ein.
Butterschmalz entsteht durch langsames Erhitzen und Klären von Butter, wodurch Wasser und Molke ausgeschieden werden. Übrig bleibt ein klares, gelbes Butterfett mit Brat- und Backfähigkeit.
Margarine wird vorwiegend aus pflanzlichen Fetten und Ölen hergestellt und ähnlich wie Butter verwendet. Für die Erzeugung von Plunder- oder Blätterteig wird auch Spezialmargarine (Ziehmargarine, durch Talg angereicherte Margarine) hergestellt.
Kokos- und Erdnußfett sind gehärtete Pflanzenfette und eignen sich speziell zum schwimmend Backen.

MEHL

Entscheidend für die Art des Mehles ist der Ausmahlungsgrad. Wird das ganze Korn vermahlen, so entsteht **Vollkornmehl.** Je geringer der Schalenteil des Korns, desto weißer und stärkehältiger wird das Mehl. Der Eiweiß-, Vitamin- und Mineralstoffgehalt wird niedriger.
Für Süßspeisen wird hauptsächlich **Weizenmehl glatt** (Type 480 und 700) verwendet.
Weizenmehl griffig wird für gekochte Mehlspeisen (z. B. Knödel, Nudeln) verwendet. Es bindet beim Kochen stark ab, wodurch das Endprodukt lockerer wird.
Für Lebkuchenteig und Brot eignet sich **Roggenmehl,** das meist mit Weizenmehl vermischt wird.

STÄRKE

Stärke wird durch Auswaschen von stärkehaltigen Produkten wie Weizen, Reis, Mais und Erdäpfel gewonnen. Sie ist weiß, geruchlos und in kaltem Wasser löslich. Sie muß immer in kalter Flüssigkeit angerührt und kurz vor dem Kochen zügig, mit einem Schneebesen, unter ständigem Rühren in die heiße Flüssigkeit eingemengt werden. In der Mehlspeisenküche dient Stärke zur Bindung von Cremespeisen.

ZUCKER

Unter der allgemeinen Bezeichnung Zucker ist Rohr- oder Rübenzucker zu verstehen. Letzterer wird ausschließlich in Europa verwendet.
Kristallzucker ist die am häufigsten verwendete Form.
Feinkristallzucker ist fein gemahlener Kristallzucker von besserer Löslichkeit.
Staubzucker ist vermahlener Kristallzucker, der wegen seiner guten Löslichkeit anstelle von Kristallzucker, aber auch zum schaumig Rühren für Buttermassen, Stauben und Abflämmen verwendet wird.
Puderzucker ist feiner vermahlen als Staubzucker.
Hagelzucker ist kugeliger, grobkörniger Zucker, der für Dekorzwecke verwendet wird.
Rohzucker ist hell- bis dunkelbraun und in grober oder feiner Form im Handel erhältlich. Der etwas klebrige Rohzucker entstammt der ersten Kristallisationsstufe der Zuckergewinnung und enthält noch Mineralsalze.
Kandiszucker sind durch Auskristallisieren entstandende große Zuckerkristalle. Gefärbt oder ungefärbt mit oder ohne Faden im Handel erhältlich.
Gelierzucker ist mit Pektin versetzter Kristallzucker, der zur Gelierung und Verdickung von Marmeladen, Kompotten und Desserts verwendet wird.

ANDERE ZUCKERARTEN

Traubenzucker kommt in vielen Früchten und im Honig vor. Er ist weniger süß als Rohr- oder Rübenzucker und wird für Süßwaren, Getränke und diätetische Nahrungsmittel verwendet.

Fruchtzucker, auch Fructose genannt, kommt zusammen mit Traubenzucker in süßen Früchten und im Invertzucker vor. Als Austauschstoff für Saccharose ist er für den Diabetiker verträglicher. Er ist süßer als Rohr- oder Rübenzucker und wird als Weichhaltemittel verwendet.

Invertzucker besteht zu gleichen Teilen aus Traubenzucker und Fruchtzucker. Invertzucker wirkt durch den Gehalt an Fruchtzucker wasseranziehend und wird daher als Feuchthaltemittel verwendet.

Stärke- oder Glukosesirup ist ein reiner Traubenzucker, der beim Anwirken von Marzipan, beim Zuckerkochen, bei der Herstellung von Glasuren etc. verwendet wird. Als Ausgangsmaterial für die Gewinnung dient Kartoffel- oder Maisstärke.

Honig hat einen Invertzuckergehalt von 70% bis 80%, der ihn lange Zeit dickflüssig bleiben läßt. Dem Gehalt des Honigs an Invertzucker ist es hauptsächlich zu verdanken, daß die mit ihm hergestellten Gebäcke sich lange Zeit hindurch frisch erhalten. Je nach den Pflanzenteilen, aus denen der Honig entstammt, unterscheidet man Blütenhonig oder Waldhonig. Um die Geschmacksstoffe zu erhalten, soll man ihn vor der Teigbereitung nicht kochen, sondern durch Erwärmen nur dünnflüssig machen.

SALZ

Salz ist nicht nur das wichtigste Gewürz in der Küche, sondern bekommt auch immer mehr Bedeutung bei Desserts und Mehlspeisen.

Bei Teigen ist Salz unerläßlich, da sonst das Gebäck weder Farbe noch Geschmack bekommt. Selbst kleinste Mengen spielen hier eine große Rolle. Daher muß die Salzmenge bei Teigen immer gewogen werden und beträgt grundsätzlich 10 g auf 1 kg Mehl.

Bei Massen wird meist eine kleine Prise beigemengt. Diese ist wesentlich für einen harmonischen Geschmack in diversen Kuchen und Torten. Vorsicht bei der Dosierung.

WARME DESSERTS

Aufläufe

Aufläufe sind ein Bestandteil der internationalen Küche. Man unterscheidet zwischen Aufläufen aus einer Béchamel-Grundmasse, die durch verschiedene Geschmacksbeigaben variiert werden können, und eigenständigen Auflaufrezepten wie Reisauflauf, Nußauflauf, Mannheimer Apfelauflauf. Das Eiweiß für diese Massen wird mit Kristallzucker zu schmieriger (nicht zu steifer) Konsistenz geschlagen.
Aufläufe werden zumeist in größeren, feuerfesten Formen, anfangs bei eingehängtem Backrohr und schwacher, gleichbleibender Hitze gebacken. Sie werden aus dem Ofen kommend portioniert, angezuckert und mit passender Begleitsauce serviert.

APFEL-REISAUFLAUF *(12 Portionen)*

Reisauflaufmasse (siehe Reisauflauf)
Apfelfülle: 500 g geschälte, entkernte Äpfel, Saft einer halben Zitrone, 1/16 l Weißwein, 70 g Kristallzucker, 50 g Rosinen, Backoblaten
Schaummasse: 3 Eiweiß, 90 g Kristallzucker, gehobelte Mandeln, Puderzucker; Butter und Semmelbrösel für die Form; Fruchtsauce oder Himbeersaft

Für die Fülle die geschälten Äpfel achteln, entkernen und dünnblättrig schneiden. Mit Zitronensaft, Weißwein und Kristallzucker kernig weich dünsten. Rosinen dazugeben und überkühlen lassen. Die Hälfte der Reisauflaufmasse in die Form füllen, Oblaten auflegen und die gedünsteten Äpfel gleichmäßig darüber verteilen.
Die restliche Auflaufmasse über den Äpfeln verstreichen und im vorgeheizten und eingehängten Backrohr bei 170 Grad Celsius ca. 60 Minuten backen.
Schaummasse:
Gegen Ende der Backzeit Eiweiß mit Kristallzucker zuerst auf einem Wasserbad warm (ca. 40 Grad Celsius) und dann in der Maschine kalt bzw. zu Schnee schlagen.
Schaummasse auf den Reisauflauf streichen (mit einer Palette) oder dressieren. Mit gehobelten Mandeln locker bestreuen und mit Puderzucker besieben.
Im vorgeheizten Backrohr bei 250 Grad Celsius Oberhitze abflämmen.
Kurz überkühlen lassen, portionieren und mit Fruchtsauce oder Himbeersaft servieren.

BANANENAUFLAUF *(8 Portionen)*

80 g Butter, 30 g Staubzucker, 6 Eidotter, 300 g geschälte Bananen, 1 Esslöffel Rum, 1/4 l Milch, 200 g geriebene Mandeln, 6 Eiweiß, 60 g Kristallzucker, 60 g Mehl, 30 g Kakao; Butter und Mehl für die Form; Vanillesauce, Staubzucker, Minze

Die weiche Butter mit gesiebtem Staubzucker schaumig rühren.
Eidotter nach und nach beifügen und die passierten Bananen dazugeben.
Abwechselnd die Milch und die geriebenen Mandeln einrühren. Das mit dem Kakao versiebte Mehl mit einem Kochlöffel einmelieren und das mit Kristallzucker zu schmierigem Schnee geschlagene Eiweiß unterheben.
Die Masse in eine mit Butter ausgefettete, mit Mehl ausgestaubte Form füllen und im vorgeheizten Backrohr bei 160 Grad Celsius ca. 50 Minuten backen.
Portionieren, anzuckern und mit Vanillesauce servieren. Mit Minze dekorieren.

BESOFFENER KAPUZINER *(6 Portionen)*

80 g Butter, 30 g Staubzucker, Vanillezucker, geriebene Zitronenschale, eine Prise Salz, 4 Eidotter, 60 g geriebene Tunkmasse (oder Kochschokolade), 4 Eiweiß, 60 g Kristallzucker, 80 g geriebene Haselnüsse, 50 g Semmelbrösel
Überguss: 1/2 l Rotwein, 1/8 l Wasser, 100 g Kristallzucker, geriebene Orangenschale, Gewürznelken, Zimtrinde; Butter und Mehl für die Form; Schlagobers

Die weiche Butter mit gesiebtem Staubzucker, Vanillezucker, Zitronenschale und einer Prise Salz schaumig rühren.
Eidotter nach und nach dazugeben und die Schokolade einrühren.
Eiweiß mit Kristallzucker zu Schnee schlagen, unter die Buttermasse heben und die mit den Semmelbröseln vermischten Haselnüsse einmelieren.
Die Masse in eine mit Butter ausgefettete, mit Mehl ausgestaubte Form füllen und im vorgeheizten Backrohr bei 170 Grad Celsius ca. 45 Minuten backen.
Für den Überguss Rotwein mit Wasser, Zucker, Orangenschale, Gewürznelken und Zimtstange erhitzen (nicht kochen) und ca. 5 Minuten ziehen lassen.
Die gebackene Masse portionieren, auf Teller anrichten und mit dem heißen Weingemisch kräftig übergießen. Mit Schlagobers garnieren.

ERDBEERAUFLAUF *(6 Portionen)*

1/4 l Milch, 100 g Butter, eine Prise Salz, 130 g Mehl, 4 Eidotter, 1 Ei, 100 g passierte Erdbeeren, 4 Eiweiß, 70 g Kristallzucker; Butter und Mehl für die Form; Puderzucker, Erdbeersauce

Milch mit Butter und Salz aufkochen. Mehl einlaufen lassen und so lange weiterrühren, bis sich die Masse vom Kochlöffel löst. Geschirr vom Feuer nehmen, mit einem Schneebesen Eidotter und Ei nach und nach einrühren und die passierten Erdbeeren beimengen.
Eiweiß mit Kristallzucker zu Schnee schlagen und unter die Masse heben.
Die Masse in eine mit Butter ausgefettete, mit Mehl ausgestaubte Form füllen und im vorgeheizten Backrohr bei 160 Grad Celsius ca. 50 Minuten backen.
Portionieren, anzuckern und mit Erdbeersauce servieren.

GRIESSAUFLAUF *(6 Portionen)*

1/2 l Milch, 70 g Butter, eine Prise Salz, 120 g Grieß, 5 Eidotter, 30 g Kristallzucker, Vanillezucker, 5 Eiweiß, 50 g Kristallzucker; Butter und Mehl für die Form; Staubzucker, Himbeer- oder Erdbeersauce

Milch mit Butter und Salz aufkochen. Grieß unter ständigem Rühren mit dem Schneebesen in die Milch einkochen. Eidotter, 30 g Kristallzucker und Vanillezucker schaumig rühren und rasch unter die heiße Grießmasse mengen.
Erkalten lassen und das mit 50 g Kristallzucker zu Schnee geschlagene Eiweiß unterheben.
Die Masse in eine mit Butter ausgefettete, mit Mehl ausgestaubte Auflaufform füllen und im vorgeheizten Backrohr bei 170 Grad Celsius ca. 35 Minuten backen.
Portionieren und mit Staubzucker bestreuen. Mit Fruchtsauce servieren.

LEBKUCHENAUFLAUF *(6 Portionen)*

5 Eidotter, 30 g Kristallzucker, geriebene Zitronenschale, 5 Eiweiß, 70 g Kristallzucker, 40 g geriebene Walnüsse, 20 g Semmelbrösel, 20 g Mehl, eine Prise Salz, 1/2 Teelöffel Lebkuchengewürz, 100 g flüssige Butter, 3 Eßlöffel Rum; Butter und Mehl für die Form; Staubzucker, Preiselbeerkompott oder Weinchaudeau

Walnüsse, Semmelbrösel, Mehl, Salz und das Lebkuchengewürz vermischen. Geschmolzene Butter und Rum verrühren.
Eidotter mit 30 g Kristallzucker und Zitronenschale schaumig rühren. Eiweiß mit 70 g Kristallzucker zu Schnee schlagen, unter die Dottermasse heben und das Nußgemisch einmelieren. Zuletzt die flüssige Butter einrühren.
Die Masse in eine mit Butter ausgefettete, mit Mehl ausgestaubte Form füllen und im vorgeheizten Backrohr bei 160 Grad Celsius ca. 50 Minuten backen.
Portionieren, anzuckern und mit Preiselbeerkompott oder Weinchaudeau servieren.

MANDEL-SCHOKOLADE-AUFLAUF *(6 Portionen)*

5 Eidotter, 30 g Kristallzucker, Vanillezucker, 1 Eßlöffel Rum, 50 g aufgelöste Tunkmasse (oder Kochschokolade), 5 Eiweiß, 70 g Kristallzucker, 50 g ungeschälte, geriebene Mandeln, 30 g Biskuitbrösel, 30 g Mehl; Butter und Mehl für die Form; Staubzucker, Mandel- oder Schokoladesauce

Eidotter mit 30 g Kristallzucker, Vanillezucker und Rum schaumig rühren und die über Wasserbad aufgelöste Tunkmasse beigeben.
Eiweiß mit 70 g Kristallzucker zu Schnee schlagen, unter die Dottermasse heben und das mit Mandeln und Biskuitbröseln vermischte Mehl einmelieren.
Die Masse in eine mit Butter ausgefettete, mit Mehl ausgestaubte Form füllen und im vorgeheizten Backrohr bei 160 Grad Celsius ca. 50 Minuten backen.
Portionieren, anzuckern und mit Mandel- oder Schokoladesauce servieren.

MANNHEIMER APFELAUFLAUF *(6 Portionen)*

3 Äpfel, 1/8 l Wasser, 50 g Kristallzucker, 1 Zimtrinde, Gewürznelken, Zitronensaft, 100 g Butter, 30 g Staubzucker, Vanillezucker, geriebene Zitronenschale, 1 Eßlöffel Rum, 4 Eidotter, 4 Eiweiß, 60 g Kristallzucker, 60 g Biskuitbrösel, 60 g ungeschälte, geriebene Mandeln; Butter und Mehl für die Form; Backoblaten, Staubzucker

Äpfel schälen, halbieren und entkernen. In Wasser mit Kristallzucker, Zimtrinde, Gewürznelken und Zitronensaft halb weich dünsten.
Die weiche Butter mit gesiebtem Staubzucker, Vanillezucker, Zitronenschale und Rum schaumig rühren. Eidotter nach und nach beigeben.
Eiweiß mit Kristallzucker zu Schnee schlagen, unter die Buttermasse heben und die mit den Bröseln vermischten Mandeln unterheben.
Die Hälfte der Masse in eine mit Butter ausgefettete, mit Mehl ausgestaubte Form füllen. Oblaten darüberlegen und die gedünsteten Äpfel darauf verteilen. Mit der restlichen Masse abdecken und im vorgeheizten Backrohr bei 170 Grad Celsius ca. 45 Minuten backen.

MAROINIAUFLAUF *(8 Portionen)*

100 g Butter, 30 g Staubzucker, 40 g aufgelöste Milchtunkmasse, Vanillezucker, 6 Eidotter, 350 g gekochte, passierte Maroni, 6 Eiweiß, 60 g Kristallzucker, 50 g ungeschälte, geriebene Mandeln, 20 g Biskuitbrösel, 20 g Mehl; Butter und Mehl für die Form; Staubzucker, Schokoladesauce

Die weiche Butter mit gesiebtem Staubzucker, aufgelöster Milchtunkmasse und Vanillezucker schaumig rühren.
Eidotter nach und nach dazugeben und das Maronipüree einrühren.
Eiweiß mit Kristallzucker zu Schnee schlagen, unter die Maronimasse heben und das mit Mandeln und Biskuitbröseln vermischte Mehl einmelieren.
Die Masse in eine mit Butter ausgefettete, mit Mehl ausgestaubte Form füllen und im vorgeheizten Backrohr bei 160 Grad Celsius ca. 50 Minuten backen.
Portionieren, anzuckern und mit Schokoladesauce servieren.

MOHNAUFLAUF *(8 Portionen)*

80 g Weißbrot, 1/8 l Milch, 130 g Butter, 30 g Staubzucker, Vanillezucker, geriebene Zitronenschale, geriebene Orangenschale, 1 Eßlöffel Rum, 1 Eßlöffel Honig, 6 Eidotter, 6 Eiweiß, 100 g Kristallzucker, 130 g gemahlener Mohn, 20 g Mehl, 20 g Semmelbrösel; Butter und Mehl für die Form; Staubzucker, Mandelsauce, Preiselbeerkompott oder Zwetschkenröster

Weißbrot in Würfel schneiden und in Milch einweichen.
Die weiche Butter mit gesiebtem Staubzucker, Vanillezucker, Zitronenschale, Orangenschale, Rum und Honig schaumig rühren.
Eidotter nach und nach dazugeben. Das Weißbrot gut ausdrücken, passieren und in die Buttermasse einrühren.
Eiweiß mit Kristallzucker zu Schnee schlagen, unter die Buttermasse heben und den mit Semmelbröseln und Mehl vermischten Mohn einmelieren.
Die Mohnmasse in eine mit Butter ausgefettete, mit Mehl ausgestaubte Form füllen und im vorgeheizten Backrohr bei 160 Grad Celsius ca. 50 Minuten backen.
Portionieren, anzuckern und mit Mandelsauce, Preiselbeerkompott oder Zwetschkenröster servieren.

NUSSAUFLAUF *(6 Portionen)*

100 g Weißbrot, 1/8 l Milch, 80 g Butter, 30 g Staubzucker, geriebene Zitronenschale, Zimt, 4 Eidotter, 4 Eiweiß, 60 g Kristallzucker, 70 g geriebene Walnüsse, 20 g Semmelbrösel, 20 g Mehl; Butter und Mehl für die Form; Staubzucker; Vanillesauce oder Weinchaudeau

Weißbrot in Milch einweichen.
Die weiche Butter mit gesiebtem Staubzucker, Zitronenschale und Zimt schaumig rühren. Eidotter nach und nach dazugeben. Weißbrot gut ausdrücken, passieren und in die Buttermasse einrühren.
Eiweiß mit Kristallzucker zu Schnee schlagen, unter die Buttermasse heben und das mit den Walnüssen und Semmelbröseln vermischte Mehl einmelieren.
Die Masse in eine mit Butter ausgefettete, mit Mehl ausgestaubte Form füllen und bei 170 Grad Celsius ca. 50 Minuten backen.
Portionieren, anzuckern und mit Vanillesauce oder Weinchaudeau servieren.

ÖDENBURGER NUDELAUFLAUF *(6 Portionen)*

150 g Bandnudeln, 3/8 l Milch, 30 g Butter, Vanillezucker, eine Prise Salz, 3 Eidotter, 20 g Kristallzucker, 3 Eiweiß, 40 g Kristallzucker, 100 g gemahlener Mohn, 50 g Kristallzucker, Zimt, 50 g zerlassene Butter; Butter für die Form; Staubzucker

Nudeln in der Milch weich dünsten. Vom Feuer nehmen, Butter, Vanillezucker und Salz beigeben.
Eidotter mit 20 g Kristallzucker schaumig rühren und unter die noch warmen Nudeln mischen.
Eiweiß mit 40 g Kristallzucker zu Schnee schlagen und ebenfalls unterheben.
Die Hälfte dieser Masse in eine mit Butter ausgefettete Form füllen.
Mohn und den mit Zimt vermischten Kristallzucker daraufstreuen. Mit zerlassener Butter beträufeln und die restliche Nudelmasse darauf verteilen.
Im vorgeheizten Backrohr bei 170 Grad Celsius ca. 45 Minuten backen.
Portionieren und angezuckert servieren.

REISAUFLAUF *(8 Portionen)*

150 g Rundkornreis, 1/2 l Milch, Vanillezucker, eine Prise Salz, 50 g Butter, 40 g Staubzucker, geriebene Zitronenschale, 6 Eidotter, 6 Eiweiß, 80 g Kristallzucker; Butter und Semmelbrösel für die Form; Staubzucker, Fruchtsauce, Himbeersaft oder Kompott

Den Reis kurz in Wasser überkochen und abseihen.
Milch mit Vanillezucker und Salz aufkochen, den Reis beigeben, nochmals aufkochen lassen und zugedeckt im Backrohr bei 150 Grad Celsius ca. 20 Minuten dünsten.
Die weiche Butter mit gesiebtem Staubzucker und Zitronenschale schaumig rühren. Eidotter nach und nach dazugeben und unter den kalten Reis mengen.
Eiweiß mit Kristallzucker zu Schnee schlagen und ebenfalls unter den Reis heben.
Die Masse in eine mit Butter ausgefettete und mit Semmelbröseln ausgestreute Form füllen und im vorgeheizten Backrohr bei 170 Grad Celsius ca. 50 Minuten backen.
Portionieren, anzuckern und mit Fruchtsauce, Himbeersaft oder Kompott servieren.

SALZBURGER NOCKERLN *(3 Portionen)*

6 Eiweiß, 60 g Feinkristallzucker, Vanillezucker, 3 Eidotter, 30 g Mehl, 1/16 l Milch, 30 g Butter, Vanillezucker; Staubzucker, Vanillesauce, Schokoladesauce, Erdbeersauce

Eiweiß mit Feinkristallzucker zu steifem Schnee schlagen. Vanillezucker mit den Eidottern verrühren und zusammen mit dem Mehl kurz unter das geschlagene Eiweiß ziehen.
In einer Auflaufform Milch, Butter und Vanillezucker aufkochen.
Aus der Masse mit einer Teigkarte drei glatte, gleich große Nockerln formen, in die Auflaufform einlegen und bei 200 Grad Celsius ca. 7 bis 8 Minuten backen.
Die Nockerln sollen innen noch cremig sein.
Mit Staubzucker bestreuen und mit Vanille-, Schokolade- oder Erdbeersauce sofort servieren.

Kabinettpudding –
zu Rezept von Seite 33

SCHEITERHAUFEN *(6 Portionen)*

4 Semmeln oder Briochekipferln, 1/8 l Milch, 3 Eier, 20 g Kristallzucker, Vanillezucker, 40 g flüssige Butter
Apfelfülle: 1/2 kg Äpfel, 50 g Kristallzucker, 1 Eßlöffel Rum, 30 g Rosinen, Zimt, 30 g geriebene Mandeln
Schneehaube: 3 Eiweiß, 90 g Kristallzucker; Butter für die Form

Semmeln in ca. 5 mm dicke Scheiben schneiden. Milch, Eier, Kristallzucker und Vanillezucker miteinander versprudeln und über die blättrig geschnittenen Semmeln gießen. Sobald die Flüssigkeit aufgesaugt ist, die Hälfte der Masse in eine mit Butter ausgefettete Auflaufform füllen.
Die geschälten, entkernten, blättrig geschnittenen Äpfel mit Kristallzucker, Rum, Rosinen, Zimt und den geriebenen Mandeln vermischen. Auf der Semmelmasse verteilen und mit der restlichen Masse bedecken.
Mit flüssiger Butter beträufeln und bei 170 Grad Celsius ca. 40 Minuten backen.
Eiweiß mit 90 g Kristallzucker zu steifem Schnee schlagen, über den Scheiterhaufen streichen und bei Oberhitze (230 Grad Celsius) nochmals backen (Abflämmen).

SCHOKOLADEAUFLAUF *(8 Portionen)*

1/4 l Milch, 100 g Butter, eine Prise Salz, 150 g Mehl, 4 Eidotter, 1 Ei, 60 g aufgelöste Tunkmasse (oder Kochschokolade), 2 Eßlöffel Rum, 4 Eiweiß, 70 g Kristallzucker; Butter und Mehl für die Form; Staubzucker, Schokoladesauce

Milch mit Butter und Salz aufkochen. Mehl einlaufen lassen und so lange weiterrühren, bis sich die Masse vom Kochlöffel löst. Geschirr vom Feuer nehmen und mit einem Schneebesen Eidotter und Ei nach und nach einrühren.
Die aufgelöste Tunkmasse und den Rum beigeben und das mit Kristallzucker zu Schnee geschlagene Eiweiß unterheben.
Die Masse in eine mit Butter ausgefettete, mit Mehl ausgestaubte Form füllen und im vorgeheizten Backrohr bei 160 Grad Celsius ca. 50 Minuten backen.
Angezuckert mit Schokoladesauce servieren.

SCHOKOLADE-KOKOS-AUFLAUF *(8 Portionen)*

80 g entrindetes Weißbrot, 1/8 l Milch, 120 g Butter, 30 g Staubzucker, Vanillezucker, 5 Eidotter, 70 g aufgelöste Tunkmasse (oder Kochschokolade), 5 Eiweiß, 70 g Kristallzucker, 120 g Kokosraspel, 120 g Kokosmilch, 30 g Kokoslikör; Butter und Mehl für die Form; Staubzucker, Schokoladesauce

Weißbrot in Würfel schneiden und in Milch einweichen.
Die weiche Butter mit gesiebtem Staubzucker und Vanillezucker schaumig rühren. Eidotter nach und nach dazugeben, die aufgelöste Tunkmasse einrühren und das ausgedrückte, passierte Weißbrot beimengen.
Eiweiß mit Kristallzucker zu Schnee schlagen, unter die Buttermasse heben und die Kokosraspel, die Kokosmilch und den Likör unterziehen. Die Masse in eine mit Butter ausgefettete, mit Mehl ausgestaubte Form füllen und im vorgeheizten Backrohr bei 170 Grad Celsius ca. 45 Minuten backen.
Portionieren, anzuckern und mit Schokoladesauce servieren.

Dukatenbuchteln –
zu Rezept von Seite 72

SCHÖNBRUNNER REISAUFLAUF *(8 Portionen)*

Reisauflaufmasse (siehe Reisauflauf)
100 g Tunkmasse (oder Kochschokolade)
Schaummasse: 3 Eiweiß, 90 g Kristallzucker, Puderzucker; Backoblaten
Butter und Mehl für die Form; Orangensauce oder Himbeersaft

Die fertige Reisauflaufmasse vor der Schneebeigabe halbieren.
In die eine Hälfte der Reismasse die über Wasserbad erwärmte Tunkmasse beigeben.
Den Schnee unter beide Massen heben. Zuerst die helle Reismasse in eine mit Butter ausgefettete, mit Mehl ausgestaubte Form füllen.
Backoblaten auflegen und die mit Tunkmasse gefärbte Reismasse auftragen.
Den Auflauf im vorgeheizten und eingehängten Backrohr bei 160 Grad Celsius ca. 55 Minuten backen.
Schaummasse: Gegen Ende der Backzeit Eiweiß mit Kristallzucker zuerst auf einem Wasserbad warm (ca. 40 Grad Celsius) und dann in der Maschine kalt bzw. zu Schnee schlagen. Schaummasse auf den Reisauflauf streichen (mit einer Palette) oder dressieren. Mit Puderzucker besieben und im vorgeheizten Backrohr bei 250 Grad Celsius Oberhitze abflämmen.
Portionieren und mit Orangensaft oder Himbeersaft servieren.

TOPFENAUFLAUF *(8 Portionen)*

70 g entrindetes Weißbrot, 1/8 l Milch, 100 g Butter, 30 g Staubzucker, geriebene Zitronenschale, 5 Eidotter, 250 g passierter Topfen (20% Fettgehalt), 1/8 l Sauerrahm, 5 Eiweiß, 70 g Kristallzucker; Butter und Mehl für die Form; Staubzucker, Himbeer- oder Erdbeersauce

Entrindetes Weißbrot in Würfel schneiden und in Milch einweichen.
Die weiche Butter mit gesiebtem Staubzucker und Zitronenschale schaumig rühren.
Eidotter nach und nach dazugeben. Topfen und Sauerrahm einrühren und das ausgedrückte, passierte Weißbrot untermischen.
Eiweiß mit Kristallzucker zu Schnee schlagen und unter die Topfenmasse heben.
Die Masse in eine mit Butter ausgefettete, mit Mehl ausgestaubte Form füllen und im vorgeheizten Backrohr bei 170 Grad Celsius ca. 1 Stunde backen.
Portionieren, anzuckern und mit Himbeer- oder Erdbeersauce servieren.

ZIMTAUFLAUF *(6 Portionen)*

5 Eidotter, 40 g Kristallzucker, Vanillezucker, geriebene Zitronenschale, 1 Teelöffel Zimt, 5 Eiweiß, 80 g Kristallzucker, 50 g geriebene Walnüsse, 50 g Biskuitbrösel, 50 g Mehl; Butter und Mehl für die Form; Staubzucker, Apfelmus, Apfel- oder Birnenkompott

Eidotter mit 40 g Kristallzucker, Vanillezucker, geriebener Zitronenschale und Zimt schaumig rühren.
Eiweiß mit 80 g Kristallzucker zu Schnee schlagen, unter die Dottermasse heben und das mit Walnüssen und Biskuitbröseln vermischte Mehl einmelieren.
Masse in eine mit Butter ausgefettete, mit Mehl ausgestaubte Form füllen und im vorgeheizten Backrohr bei 170 Grad Celsius ca. 40 Minuten backen.
Portionieren, anzuckern und mit Apfelmus oder Kompott servieren.

Topfenknödel Maria Theresia –
zu Rezept von Seite 54

Wiener Koche

Koche sind Aufläufe nach Wiener Art. Sie sind leicht, wohlschmeckend und auch kalt zu verwenden. Der Unterschied zu den Aufläufen besteht darin, daß für Koche Backwerkreste wie zum Beispiel Kuchenbrösel, Semmeln oder Kipferln verwendet werden.
Koche aus dem Ofen kommend portionieren, anzuckern und mit passender Begleitsauce servieren.

ALTWIENER KIPFERLKOCH *(12 Portionen)*

10 mürbe Kipferln, 3/4 l Milch, 1/8 l Schlagobers, 5 Eidotter, 1 Ei, 40 g Staubzucker, Vanillezucker, geriebene Zitronenschale, eine Prise Salz
Apfelfülle: 500 g geschälte, entkernte Äpfel, Saft einer halben Zitrone, 70 g Kristallzucker, 50 g Rosinen, Zimt
Schaummasse: 3 Eiweiß, 100 g Kristallzucker; Puderzucker
Butter für die Form; 80 g Butter für Butterflocken; Himbeersauce

Mürbe Kipferln blättrig schneiden und in eine große Schüssel einlegen.
Die restlichen Zutaten mit einem Schneebesen verrühren, über die Kipferln gießen und durchmischen.
Die Masse unter mehrmaligem Wenden eine Stunde ziehen lassen.
Für die Fülle die geschälten Äpfel achteln, entkernen und in ca. 5 mm dicke Spalten schneiden. Mit Zitronensaft und Zucker kernig weich dünsten. Rosinen und Zimt beigeben.
Die halbe Kipferlkochmasse in eine mit Butter ausgefettete, feuerfeste Form locker einfüllen, die Apfelfülle darauf verteilen und mit der restlichen Masse abdecken.
Butterflocken darauf verteilen und den Koch mit Alufolie abdecken.
Im vorgeheizten Backrohr bei 170 Grad Celsius ca. 45 Minuten backen.
Gegen Ende der Backzeit Eiweiß mit Kristallzucker zuerst auf einem Wasserbad warm (ca. 40 Grad Celsius) und dann in der Maschine kalt bzw. zu Schnee schlagen.
Schaummasse auf den fertigen Kipferlkoch streichen, mit Puderzucker besieben und im vorgeheizten Backrohr bei 250 Grad Celsius Oberhitze abflämmen.
Portionieren und mit Himbeersauce anrichten.

LINZERKOCH *(6 Portionen)*

3 Semmeln oder 120 g Kuchenbrösel, 1/8 l Milch, 80 g Butter, 30 g Staubzucker, Vanillezucker, 4 Eidotter, 4 Eiweiß, 70 g Kristallzucker, 70 g ungeschälte, geriebene Mandeln; Butter und Mehl für die Form; Backoblaten, Ribiselmarmelade, Staubzucker

Entrindete und in Scheiben geschnittene Semmeln in Milch einweichen.
Die weiche Butter mit gesiebtem Staubzucker und Vanillezucker schaumig rühren. Eidotter nach und nach dazugeben und die gut ausgedrückten, passierten Semmeln einrühren. Eiweiß mit Kristallzucker zu Schnee schlagen, unter den Butterabtrieb heben und die geriebenen Mandeln einmelieren. Die Hälfte der Masse in eine mit Butter ausgefettete, mit Mehl ausgestaubte, feuerfeste Form streichen. Backoblaten darauflegen, diese mit Ribiselmarmelade bestreichen und den Rest der Masse darauf verteilen. Im vorgeheizten Backrohr bei 170 Grad Celsius ca. 50 Minuten backen.
Portionieren und angezuckert servieren.

Faschingskrapfen –
zu Rezept von Seite 66

Bayrische Crème –
zu Rezept von Seite 79

MANDELKOCH *(8 Portionen)*

6 Eidotter, 50 g Staubzucker, geriebene Zitronenschale, 6 Eiweiß, 100 g Kristallzucker, 100 g ungeschälte, geriebene Mandeln, 30 g Biskuit- oder Semmelbrösel, 60 g Mehl; Butter und Mehl für die Form; Staubzucker, Mandelsauce

Eidotter mit gesiebtem Staubzucker und Zitronenschale schaumig rühren.
Eiweiß mit Kristallzucker zu Schnee schlagen, unter die Dottermasse heben und das mit den Mandeln und Bröseln vermischte Mehl einmelieren.
Die Masse in eine mit Butter ausgefettete, mit Mehl ausgestaubte, feuerfeste Form dreiviertelhoch einfüllen und im vorgeheizten Backrohr bei 170 Grad Celsius ca. 35 Minuten backen.
Portionieren, anzuckern und mit Mandelsauce servieren.

NUSSKOCH *(8 Portionen)*

6 Eidotter, 50 g Kristallzucker, geriebene Zitronenschale, Vanillezucker, Zimt, 6 Eiweiß, 100 g Kristallzucker, 120 g geriebene Walnüsse, 30 g Biskuit- oder Semmelbrösel, 50 g Mehl; Butter und Mehl für die Form; Staubzucker, Weinchaudeau, Vanille- oder Mandelsauce

Eidotter mit 50 g Kristallzucker, geriebener Zitronenschale, Vanillezucker und Zimt schaumig rühren.
Eiweiß mit 100 g Kristallzucker zu Schnee schlagen, unter die Dottermasse heben und das mit den Walnüssen und Bröseln vermischte Mehl einmelieren.
Die Masse in eine mit Butter ausgefettete, mit Mehl ausgestaubte, feuerfeste Form dreiviertelhoch einfüllen und im vorgeheizten Backrohr bei 170 Grad Celsius ca. 35 Minuten backen.
Portionieren, anzuckern, mit Weinchaudeau, Vanille- oder Mandelsauce servieren.

WEINKOCH *(8 Portionen)*

Nußkoch, Glühwein; Weinchaudeau

Nußkoch nach dem Backen mit Glühwein tränken. Portionieren und mit Weinchaudeau servieren.

ZITRONENKOCH *(8 Portionen)*

Nußkoch, Zitronensirup
Zitronensirup: 1/4 l Wasser, Saft von 3 Zitronen, geriebene Zitronenschale, 80 g Kristallzucker; Schlagobers, Zitronenzesten

Für den Zitronensirup alle Zutaten aufkochen und abseihen.
Das fertige Nußkoch mit dem Sirup tränken.
Portionieren, mit einer Schlagobersrosette und Zitronenzesten anrichten.

Soufflés

Soufflés, auch Portionsaufläufe genannt, sind leichter als Aufläufe und bestehen meist aus einer Béchamel-Grundmasse, die durch verschiedene Geschmacksbeigaben variiert werden kann. Als Formen werden sogenannte Souffléschalen verwendet. Diese werden gründlich mit weicher Butter ausgestrichen und mit gesiebtem Staubzucker ausgestreut, um ein Haftenbleiben der Masse, speziell am Rand der Formen, und somit ein unregelmäßiges Aufgehen beim Backen zu vermeiden.
Die Soufflémasse wird in einem Wasserbad bei stärkerer Unterhitze im heißen Backrohr gegart. Sie soll nach dem Backen innen eine noch cremige Konsistenz haben.
Alle Soufflés werden sofort nach dem Backen und in der Form serviert.

VANILLESOUFFLÉ *(8 Portionen)*

Soufflé-Grundmasse:
50 g Butter, 50 g Mehl, 3/8 l Milch, 5 Eidotter, eine Prise Salz, Vanillezucker, 6 Eiweiß, 110 g Kristallzucker; Butter und Staubzucker für die Formen; Staubzucker zum Bestreuen

Butter erhitzen, Mehl einlaufen lassen und kurz abrösten.
Mit der Milch aufgießen und unter ständigem Rühren die Masse so lange einkochen, bis sie sich vom Kochlöffel löst. Nach und nach die Eidotter, Salz und Vanillezucker einrühren.
Eiweiß mit Kristallzucker zu Schnee schlagen und unter die ausgekühlte Béchamelmasse heben.
Die Soufflémasse in gut mit weicher (nicht flüssiger) Butter ausgestrichene, mit gesiebtem Staubzucker ausgestreute, kleine Formen dreiviertelhoch einfüllen.
Eine feuerfeste Pfanne 1 cm hoch mit kochendem Wasser füllen, Formen hineinstellen und im vorgeheizten Backrohr bei 200 Grad Celsius ca. 20 Minuten backen.
Soufflés aus dem Ofen kommend sofort anzuckern und in den Formen servieren.

HIMBEERSOUFFLÉ *(8 Portionen)*

Soufflé-Grundmasse, 50 g Himbeergeist, 100 g Himbeeren; Butter und Staubzucker für die Form; Staubzucker zum Bestreuen

In die überkühlte Grundmasse den Himbeergeist rühren. Danach das mit Kristallzucker zu Schnee geschlagene Eiweiß unterheben.
In die mit Butter ausgefetteten, mit Staubzucker ausgestreuten Formen jeweils drei Himbeeren einlegen.
Formen dreiviertelhoch mit Soufflémasse auffüllen und wie Vanillesoufflé backen.

MOHNSOUFFLÉ *(8 Portionen)*

2 Semmeln, 1/8 l Milch, 120 g Butter, 30 g Staubzucker, Vanillezucker, eine Prise Salz, 4 Eidotter, 100 g gemahlener Mohn, 4 Eiweiß, 80 g Kristallzucker, 20 g Semmelbrösel; Butter und Staubzucker für die Formen; Vanillepuderzucker, Rotweinbirnen (siehe Kompotte)

Semmeln entrinden, in Scheiben schneiden und in Milch einweichen.
Die weiche Butter mit gesiebtem Staubzucker, Vanillezucker und einer Prise Salz schaumig rühren. Eidotter nach und nach dazugeben. Die weichen Semmeln und den

gemahlenen Mohn einrühren. Eiweiß mit Kristallzucker zu Schnee schlagen, unter die Buttermasse heben und die Semmelbrösel einmelieren.
Backen wie Vanillesoufflé und mit Rotweinbirnen servieren.

SCHOKOLADESOUFFLÉ *(8 Portionen)*

Soufflé-Grundmasse, 50 g Tunkmasse (oder Kochschokolade); Butter und Staubzucker für die Formen; Staubzucker zum Bestreuen

Unter die heiße Grundmasse die aufgelöste Tunkmasse rühren. Überkühlen lassen und das mit Kristallzucker zu Schnee geschlagene Eiweiß unterheben.
Backen wie Vanillesoufflé. Backdauer ca. 25 Minuten.

SOUFFLÉ GRAND MARNIER *(8 Portionen)*

Soufflé-Grundmasse, 60 g Grand Marnier; Butter und Staubzucker für die Formen

In die überkühlte Grundmasse den Grand Marnier rühren. Danach das mit Kristallzucker zu Schnee geschlagene Eiweiß unterheben.
Backen wie Vanillesoufflé.

TOPFENSOUFFLÉ *(8 Portionen)*

4 Eidotter, 50 g Staubzucker, 150 g passierter Topfen (20% Fettgehalt), geriebene Zitronenschale, 6 Eiweiß, 100 g Kristallzucker; Butter und Staubzucker für die Formen; Erdbeer- oder Marillensauce

Eidotter mit gesiebtem Staubzucker, passiertem Topfen und der Zitronenschale glattrühren.
Eiweiß mit Kristallzucker zu Schnee schlagen und unter die Topfenmasse heben.
Backen wie Vanillesoufflé und mit Erdbeer- oder Marillensauce servieren.

ZITRONENSOUFFLÉ *(8 Portionen)*

Soufflé-Grundmasse, Saft und Schale einer Zitrone; Butter und Staubzucker für die Formen; Staubzucker zum Bestreuen

In die etwas überkühlte Grundmasse, Saft und Zitronenschale einrühren.
Das mit Kristallzucker zu Schnee geschlagene Eiweiß unterheben. Backen wie Vanillesoufflé.

Puddings und Dunstkoche

Puddings sind leichte Desserts von besonderer Feinheit. Sie werden in Portionsformen im Wasserbad im Backrohr oder auf dem Herd gegart. Man unterscheidet zwischen Puddings aus einer Béchamel-Grundmasse, die durch die jeweilige Begleitsauce ihre Vollendung erhält, und eigenständigen Puddingrezepten.
Die mit weicher (nicht flüssiger) Butter ausgestrichenen und mit gesiebtem Staubzucker ausgestreuten Puddingformen werden dreiviertelhoch mit der Puddingmasse

gefüllt und in eine feuerfeste Pfanne gestellt. Diese wird 2 cm hoch mit kochendem Wasser aufgefüllt. Danach werden die Puddings im vorgeheizten Backrohr bei 170 Grad Celsius oder auf dem Herd bei schwacher Hitze (das Wasser soll nicht kochen) ca. 30 Minuten gegart.
Das Geschirr, in dem die Formen stehen, zunächst zudecken und die Puddingmasse aufgehen lassen (bis ca. 1 cm über den Rand der Puddingformen). Danach mit Öffnen und Schließen des Deckels die Puddings fertig garen. Man verhindert so ein zu starkes Aufgehen der Puddings und damit ein Zusammenfallen beim Stürzen.
Im Gegensatz zu den Soufflés werden diese Desserts aus der Form gestürzt, sofort auf einem vorgewärmten Teller angerichtet und mit Frucht- oder Cremesauce serviert.

FLAMBIERTER GRIESSPUDDING *(4 Portionen)*

3/8 l Milch, Salz, 125 g Grieß, 100 g Butter, 50 g Staubzucker, Vanillezucker, 3 Eier, 20 g Vanillepuddingpulver, 3 Eßlöffel Milch, Zimt, 50 g Rosinen, 25 g gehackte Mandeln, Butter und Semmelbrösel für die Form; Zwetschkenkompott
Zum Flambieren: 3 bis 5 Eßlöffel Rum (54%ig); zum Begießen: 75 g Butter; zum Bestreuen: Zimtzucker

Milch mit Salz aufkochen. Den Grieß unter ständigem Rühren hineingeben und ihn bei schwacher Hitze etwa 6 bis 8 Minuten ausquellen lassen. Die weiche Butter mit gesiebtem Staubzucker schaumig rühren, nach und nach die Eier und den warmen Grießbrei sowie das mit kalter Milch angerührte Vanillepuddingpulver hinzufügen. Zimt, Rosinen und Mandeln zum Schluß unter die Masse heben. Eine Puddingform sorgfältig mit Butter fetten und mit Semmelbröseln ausstreuen. Die vorbereitete Masse einfüllen und die Form auf einem Tuch aufstoßen. Die Form mit dem Deckel verschließen, in ein Geschirr mit kochendem Wasser setzen, dieses ebenfalls zudecken und den Pudding in 85 Minuten garen. Den fertigen Pudding mit einem Messer vom Rand lösen und auf eine Platte stürzen. Den Rum leicht erwärmen, anzünden und über den Pudding gießen. Die Butter bräunen, gleichmäßig darüber verteilen und mit Zimtzucker bestreuen. Dazu Zwetschkenkompott reichen.

GEWÜRZPUDDING *(8 Portionen)*

80 g Butter, 30 g Staubzucker, 1/2 Teelöffel Zimt, 1/2 Teelöffel Nelkenpulver, 6 Eidotter, 4 Eßlöffel Rum, 60 g aufgelöste Tunkmasse (oder Kochschokolade), Saft einer halben Zitrone und Orange, 6 Eiweiß, 60 g Kristallzucker, 40 g Semmelbrösel, 70 g ungeschälte, geriebene Mandeln; Butter und Staubzucker für die Formen; Weinchaudeau

Die weiche Butter mit gesiebtem Staubzucker, Zimt und Nelkenpulver schaumig rühren. Eidotter nach und nach dazugeben. Rum, die aufgelöste Tunkmasse, Zitronen- und Orangensaft einrühren.
Eiweiß mit Kristallzucker zu Schnee schlagen, unter den Butterabtrieb heben und die mit den Semmelbröseln vermischten Mandeln einmelieren.
Die Masse mit einem Dressiersack in ausgebutterte, mit gesiebtem Staubzucker ausgestreute Portionsformen füllen und, wie in der Anleitung beschrieben, ca. 35 Minuten garen.
Auf vorgewärmte Teller stürzen und mit Weinchaudeau überziehen.

GRIESSPUDDING *(8 Portionen)*

1/4 l Milch, 20 g Butter, eine Prise Salz, Vanillezucker, 60 g Grieß, 4 Eidotter, 20 g Kristallzucker, 4 Eiweiß, 30 g Kristallzucker; Butter und Staubzucker für die Formen; Marillensauce

Milch mit Butter, Salz und Vanillezucker aufkochen, Grieß einlaufen lassen und unter ständigem Rühren nochmals kurz aufkochen.
Eidotter mit 20 g Kristallzucker schaumig rühren und unter die Grießmasse rühren.
Eiweiß mit 30 g Kristallzucker zu Schnee schlagen und unter die überkühlte Masse heben.
Die Masse mit einem Dressiersack in ausgebutterte, mit gesiebtem Staubzucker ausgestreute Portionsformen füllen und, wie in der Anleitung beschrieben, ca. 30 Minuten garen.
Auf vorgewärmte Teller stürzen, mit Marillensauce oder anderer Fruchtsauce angerichtet servieren.

KABINETTPUDDING *(6 Portionen, Abb. auf Seite 21)*

180 g Biskuit- oder Kuchenreste, 4 Eidotter, 2 Eier, 100 g Kristallzucker, Vanillezucker, 1/2 l Milch; Butter und Staubzucker für die Formen; Weinchaudeau

Biskuit- oder Kuchenreste in 1 cm große Würfel schneiden und ausgebutterte, mit gesiebtem Staubzucker ausgestreute Puddingformen damit anfüllen.
Eidotter, Eier, Kristallzucker und Vanillezucker mit der Milch verrühren und die Formen damit auffüllen.
Die Puddings im Wasserbad pochieren (ohne zu kochen, stocken lassen).
Entweder auf der Kochplatte bei 95 Grad Celsius Wassertemperatur ca. 45 Minuten, oder im Backrohr bei 120 Grad Celsius (auch hier soll das Wasser nicht kochen) ca. 1 Stunde garen.
Die fertigen Puddings auf vorgewärmte Teller stürzen und mit Weinchaudeau übergießen.

KARAMELPUDDING *(10 Portionen)*

50 g Kristallzucker, Öl; 1/4 l Milch, 70 g Butter, Vanillezucker, 80 g Mehl, 7 Eidotter, 7 Eiweiß, 70 g Kristallzucker; Butter und Staubzucker für die Formen; Karamelsauce

50 g Kristallzucker zu hellbraunem Karamel schmelzen. Auf eine geölte Marmorplatte ausgießen und nach dem Erkalten fein reiben.
Milch mit Butter und Vanillezucker aufkochen; Mehl einlaufen lassen und unter ständigem Rühren so lange weiterkochen, bis sich die Masse vom Kochlöffel löst. Geschirr vom Feuer nehmen, Karamel und die Eidotter nach und nach mit einem Schneebesen einrühren.
Zuletzt das mit Kristallzucker zu Schnee geschlagene Eiweiß unterheben.
Die Masse mit einem Dressiersack in ausgebutterte, mit gesiebtem Staubzucker ausgestreute Puddingformen füllen und, wie in der Anleitung beschrieben, ca. 35 Minuten garen.
Die fertigen Puddings auf vorgewärmte Teller stürzen und mit Karamelsauce servieren.

LEBKUCHENPUDDING *(8 Portionen)*

110 g Butter, 40 g Staubzucker, geriebene Zitronenschale, geriebene Orangenschale, Vanillezucker, eine Prise Salz, 6 Eidotter, 50 g Sacherbrösel (getrocknete, geriebene Sachermasse), 6 Eiweiß, 60 g Kristallzucker, 110 g Lebkuchenbrösel (getrockneter, geriebener Lebkuchen); Butter und Staubzucker für die Formen; Schokoladesauce, Orangenfilet, Staubzucker

Die weiche Butter mit gesiebtem Staubzucker, Orangenschale, Zitronenschale, Vanillezucker und einer Prise Salz schaumig rühren. Eidotter nach und nach dazugeben und die Sacherbrösel einrühren.
Eiweiß mit Kristallzucker zu Schnee schlagen, unter die Buttermasse heben und die Lebkuchenbrösel einmelieren.
Die Masse mit einem Dressiersack in ausgebutterte, mit gesiebtem Staubzucker ausgestreute Portionsformen füllen und, wie in der Anleitung beschrieben, ca. 40 Minuten garen.
Auf vorgewärmte Teller stürzen, mit Schokoladesauce und Orangenfilets angerichtet servieren.

MARONIPUDDING *(6 Portionen)*

100 g Butter, 30 g Staubzucker, Vanillezucker, 4 Eidotter, 50 g Tunkmasse (oder Kochschokolade), 80 g Maronipüree, 4 Eiweiß, 50 g Kristallzucker, 80 g geriebene Mandeln; Butter und Staubzucker für die Formen; Weichselröster, Schokoladesauce

Die weiche Butter mit gesiebtem Staubzucker und Vanillezucker schaumig rühren. Eidotter nach und nach dazugeben, die über Wasserbad erwärmte Tunkmasse und das Maronipüree einrühren.
Eiweiß mit Kristallzucker zu Schnee schlagen, unter die Buttermasse heben und die geriebenen Mandeln einmelieren.
Die Masse mit einem Dressiersack in ausgebutterte, mit gesiebtem Staubzucker ausgestreute Portionsformen füllen und, wie in der Anleitung beschrieben, ca. 40 Minuten garen.
Auf vorgewärmte Teller stürzen, mit Weichselröster und Schokoladesauce angerichtet servieren.

MOHNPUDDING *(6 Portionen)*

1/8 l Milch, 100 g gemahlener Mohn, 20 g geriebene Walnüsse; 80 g Butter, 1 Eßlöffel Honig, 1 Eßlöffel Rum, geriebene Zitronenschale, Vanillezucker, 3 Eidotter, 3 Eiweiß, 70 g Kristallzucker, 40 g Semmelbrösel; Butter und Staubzucker für die Formen; Himbeersauce

Milch aufkochen, Mohn und Nüsse einrühren, kurz durchrösten und auskühlen lassen. Die weiche Butter mit Honig, Rum, geriebener Zitronenschale und Vanillezucker schaumig rühren. Eidotter nach und nach dazugeben und die Mohn-Nuß-Mischung unterrühren.
Eiweiß mit Kristallzucker zu Schnee schlagen, unter die Mohnmasse heben und die Semmelbrösel einrühren.
Die Masse mit einem Dressiersack in ausgebutterte, mit gesiebtem Staubzucker ausgestreute Formen füllen und, wie in der Anleitung beschrieben, ca. 35 Minuten garen. Die fertigen Puddings auf vorgewärmte Teller stürzen und mit Himbeersauce anrichten.

MOHR IM HEMD *(6 Portionen)*

$1^1/_2$ Semmeln, $^1/_8$ l Milch; 80 g Butter, 30 g Staubzucker, 4 Eidotter, 60 g aufgelöste Tunkmasse (oder Kochschokolade), 4 Eiweiß, 60 g Kristallzucker, 30 g Semmelbrösel, 50 g geriebene Walnüsse; Butter und Staubzucker für die Formen; Schokoladesauce, $^1/_4$ l Schlagobers

Semmeln entrinden, in Scheiben schneiden und in Milch einweichen.
Die weiche Butter mit gesiebtem Staubzucker schaumig rühren. Eidotter nach und nach dazugeben, die gut ausgedrückten und passierten Semmeln und die aufgelöste Tunkmasse einrühren.
Eiweiß mit Kristallzucker zu Schnee schlagen, unter den Butterabtrieb heben und die mit den Semmelbröseln vermischten Walnüsse einmelieren.
Die Masse mit einem Dressiersack in ausgebutterte, mit gesiebtem Staubzucker ausgestreute Puddingformen füllen und, wie in der Anleitung beschrieben, ca. 40 Minuten garen.
Aus den Formen stürzen, mit Schokoladesauce übergießen und mit Schlagobers garnieren.

NUSSPUDDING *(6 Portionen)*

2 Semmeln, $^1/_8$ l Milch; 70 g Butter, 30 g Staubzucker, geriebene Zitronenschale, Vanillezucker, 3 Eidotter, 3 Eiweiß, 60 g Kristallzucker, 100 g geriebene Walnüsse; Butter und Staubzucker für die Formen; Weinchaudeau

Semmeln entrinden, in Scheiben schneiden und in Milch einweichen.
Die weiche Butter mit gesiebtem Staubzucker, geriebener Zitronenschale und Vanillezucker schaumig rühren. Die gut ausgedrückten, passierten Semmeln und die Eidotter nach und nach dazugeben.
Eiweiß mit Kristallzucker zu Schnee schlagen, unter den Butterabtrieb heben und die geriebenen Walnüsse einmelieren.
Die Masse mit einem Dressiersack in ausgebutterte, mit gesiebtem Staubzucker ausgestreute Formen füllen und, wie in der Anleitung beschrieben, ca. 35 Minuten garen.
Aus den Formen stürzen und mit Weinchaudeau anrichten.

SCHOKOLADEPUDDING *(6 Portionen)*

$^1/_8$ l Milch, 30 g Butter, Vanillezucker, eine Prise Salz, 40 g Mehl, 40 g aufgelöste Tunkmasse (oder Kochschokolade), 4 Eidotter, 4 Eiweiß, 40 g Kristallzucker; Butter und Staubzucker für die Formen; Vanille- oder Schokoladesauce

Milch mit Butter, Vanillezucker und Salz aufkochen, Mehl einlaufen lassen und so lange weiterrühren, bis sich die Masse vom Kochlöffel löst. Geschirr vom Feuer nehmen und mit einem Schneebesen die aufgelöste Tunkmasse und die Eidotter nach und nach einrühren.
Eiweiß mit Kristallzucker zu Schnee schlagen und unter die Schokolademasse heben.
Puddingformen mit weicher Butter ausstreichen, mit gesiebtem Staubzucker ausstreuen, die Masse einfüllen und, wie in der Anleitung beschrieben, ca. 35 Minuten garen.
Die fertigen Puddings stürzen und mit Vanille- oder Schokoladesauce servieren.

STERZPUDDING *(6 Portionen)*

1/2 l Wasser, eine Prise Salz, 250 g Polenta (Maisgrieß), 120 g Butter, 40 g gesiebter Staubzucker, Vanillezucker, geriebene Zitronenschale, 4 Eidotter, 4 Eiweiß, 70 g Kristallzucker; Butter und Staubzucker für die Formen; Erdbeersauce, Erdbeeren, Staubzucker

Wasser mit Salz aufkochen, Polenta einrieseln und unter ständigem Rühren auf kleiner Flamme weiterkochen, bis sich die Masse vom Geschirr löst.
Die weiche Butter mit gesiebtem Staubzucker, Vanillezucker und geriebener Zitronenschale schaumig rühren. Eidotter nach und nach dazugeben und den ausgekühlten Polentasterz einrühren.
Eiweiß mit Kristallzucker zu Schnee schlagen, unter die Buttersterzmasse heben.
Die Masse in ausgebutterte, mit Staubzucker ausgestreute Portionsformen (oder eine Kranzform) füllen und, wie in der Anleitung beschrieben, ca. 60 Minuten (große Form länger) garen.
Auf vorgewärmte Teller stürzen und mit Staubzucker bestreuen. Erdbeeren waschen und vierteln, mit der Erdbeersauce mischen und mit dem Sterzpudding anrichten.

TOPFENPUDDING *(6 Portionen)*

250 g passierter Topfen (10% Fettgehalt), 100 g Sauerrahm, Vanillezucker, geriebene Zitronenschale, geriebene Orangenschale, 2 Eidotter, 50 g Staubzucker, 50 g Mehl, 2 Eiweiß, 50 g Kristallzucker; Butter und Staubzucker für die Formen; Erdbeersauce

Den passierten Topfen mit Sauerrahm, Vanillezucker, Zitronenschale, Orangenschale, Eidotter, gesiebtem Staubzucker und Mehl glatt verrühren.
Eiweiß mit Kristallzucker zu Schnee schlagen, unter die Topfenmasse heben und in ausgebutterte, mit gesiebtem Staubzucker ausgestreute Formen füllen. Wie in der Anleitung beschrieben, ca. 35 Minuten garen.
Die fertigen Puddings auf vorgewärmte Teller stürzen und mit Erdbeersauce anrichten.

VANILLEPUDDING *(5 Portionen)*

50 g Butter, 40 g Mehl, 1/8 l Milch, eine Prise Salz, Vanillezucker, 3 Eidotter, 3 Eiweiß, 50 g Kristallzucker; Butter und Staubzucker für die Formen; Orangen- oder Himbeersauce

Butter erhitzen, Mehl einlaufen lassen und kurz durchrösten. Mit Milch aufgießen und so lange rühren, bis die Masse bindet. Geschirr vom Feuer nehmen und mit einem Schneebesen Salz, Vanillezucker und die Eidotter nach und nach einrühren.
Eiweiß mit Kristallzucker zu Schnee schlagen, unter die Grundmasse heben und mit einem Dressiersack in ausgebutterte, mit gesiebtem Staubzucker ausgestreute Puddingformen füllen. Wie in der Anleitung beschrieben, ca. 35 Minuten garen.
Die fertigen Puddings auf vorgewärmte Teller stürzen und mit Orangen- oder Himbeersauce anrichten.

WEINPUDDING *(6 Portionen)*

1/4 l Weißwein, geriebene Zitronenschale, eine Prise Salz, 50 g Butter, 50 g Mehl, 4 Eidotter, 4 Eiweiß, 80 g Kristallzucker; Butter und Staubzucker für die Formen; Himbeersauce, Himbeeren, Staubzucker

Weißwein mit geriebener Zitronenschale und einer Prise Salz aufkochen. Butter erhitzen und das Mehl einrühren.
Mit dem kochenden Wein aufgießen und auf kleiner Flamme unter ständigem Rühren weiterkochen, bis sich die Masse vom Geschirr löst. Überkühlen lassen und die Eidotter langsam einrühren.
Eiweiß mit Kristallzucker zu Schnee schlagen und unter die Grundmasse heben.
Die Masse mit einem Dressiersack in ausgebutterte, mit gesiebtem Staubzucker ausgestreute Formen füllen und, wie in der Anleitung beschrieben, ca. 30 Minuten garen.
Auf vorgewärmte Teller stürzen, anzuckern und mit der Himbeersauce anrichten. Mit Himbeeren garnieren.

Schmarren

Der Schmarren ist in der alpenländischen Küche beheimatet, aber auch in der Wiener Küche, wo der berühmteste, „der Kaiserschmarren", entstand. Der Teig wird in Pfannen mit heißer Butter entweder auf dem Herd bei kleiner Flamme oder im Backrohr bei mittlerer Hitze gebacken. Die Charakteristik des Schmarrens ist das Zerteilen (Zerreißen) in kleine Stücke, kurz vor dem Fertigwerden.
Auf Tellern angerichtet, mit Staubzucker bestreut und mit Kompott, Röster oder Fruchtsalat servieren.

APFELSCHMARREN *(4 Portionen)*

Schmarrenmasse (siehe Rahmschmarren), 300 g geschälte, entkernte Äpfel; Butter zum Backen, Zimtzucker; Vanillepuderzucker

Die geschälten Äpfel achteln, entkernen und in dünne Streifen schneiden.
Butter in einer Pfanne erhitzen und die Apfelstreifen darin schwenken.
Die Schmarrenmasse über den Äpfeln verteilen und im vorgeheizten Backrohr bei 190 Grad Celsius ca. 20 Minuten anbacken. In Stücke teilen, wenden und ca. 10 Minuten fertigbacken. In Stücke zerreißen, mit Zimtzucker bestreuen und im vorgeheizten Backrohr bei 230 Grad Celsius karamellisieren lassen.
Anrichten und mit Vanillepuderzucker bestreut servieren.

BUTTERMILCHSCHMARREN *(4 Portionen)*

1/4 l Buttermilch oder Sauermilch, 30 g flüssige Butter, 40 g Staubzucker, eine Prise Salz, Vanillezucker, 120 g Mehl, 4 Eier; 50 g Butter für die Pfanne; Staubzucker, Apfelmus oder Weichselröster

Buttermilch, flüssige Butter, gesiebten Staubzucker, Salz, Vanillezucker und Mehl mit einem Schneebesen glatt verrühren. Die Eier zum Schluß kurz einrühren.
In einer Pfanne 2 Eßlöffel Butter erhitzen, den Teig ca. 3 cm hoch eingießen, gleichmäßig verteilen und auf kleiner Flamme so lange backen, bis die Unterseite goldbraun ist.
Den Schmarren halbieren, wenden und noch kurz auf der Flamme backen. Die Pfanne ins vorgeheizte Backrohr stellen und bei 160 Grad Celsius ca. 10 Minuten fertigbacken.
Danach den Buttermilchschmarren am besten mit zwei Paletten (oder Gabeln) in kleine Stücke zerteilen und nochmals kurz ins Backrohr stellen.
Auf Tellern anrichten, mit Staubzucker bestreuen und mit Apfelmus oder Weichselröster servieren.

GRIESSSCHMARREN *(4 Portionen)*

1/2 l Milch, 40 g Kristallzucker, eine Prise Salz, Vanillezucker, 40 g Butter, 180 g Grieß, 2 Eidotter, 30 g Rosinen; Butter für die Pfanne; Staubzucker, Kompott oder Zwetschkenröster

Milch mit Kristallzucker, Salz, Vanillezucker und Butter aufkochen. Den Grieß dazugeben und unter ständigem Rühren so lange kochen, bis die Masse fest ist. Überkühlen lassen und die Eidotter einrühren. In einer Pfanne Butter erhitzen, die Masse einfüllen und mit einer Backschaufel zerkleinern.
Im vorgeheizten Backrohr bei 190 Grad Celsius ca. 35 Minuten unter mehrmaligem Wenden Farbe nehmen lassen. Vor Ende der Backzeit die gereinigten Rosinen dazugeben. Auf Tellern anrichten, anzuckern und mit Kompott oder Zwetschkenröster servieren.

HOLUNDERSCHMARREN *(4 Portionen)*

Schmarrenmasse (siehe Kaiserschmarren), 180 g Holunder gerebelt; Butter für die Pfanne; Vanillepuderzucker, Apfel- oder Birnenkompott

In einer Pfanne Butter erhitzen, Masse eingießen und mit gewaschenen Holunderbeeren bestreuen. Fertigbacken wie Kaiserschmarren.
Auf vorgewärmten Tellern anrichten, anzuckern und mit Kompott servieren.

KAISERSCHMARREN *(4 Portionen)*

3/16 l Milch, 120 g Mehl, eine Prise Salz, geriebene Zitronenschale, Vanillezucker, 4 Eidotter, 4 Eiweiß, 50 g Kristallzucker; 50 g Butter für die Pfanne; Staubzucker, Kompott oder Zwetschkenröster

Milch mit Mehl, Salz, geriebener Zitronenschale, Vanillezucker und Eidottern zu einem glatten Teig verrühren und das mit Kristallzucker zu Schnee geschlagene Eiweiß unterheben.
In einer Pfanne Butter erhitzen und den Teig ca. 3 cm hoch eingießen. Rosinen daraufstreuen und auf kleiner Flamme langsam anbacken. Sobald die untere Seite Farbe genommen hat, den Schmarren halbieren, wenden und im vorgeheizten Backrohr bei 180 Grad Celsius ca. 15 Minuten fertigbacken. Danach mit zwei Paletten in 3 cm große, unregelmäßige Stücke reißen, etwas flüssige Butter dazugeben und nochmals kurz ins Backrohr stellen.
Auf Tellern anrichten, anzuckern und mit Kompott oder Zwetschkenröster servieren.

KIPFERLSCHMARREN *(4 Portionen)*

6 mürbe Kipferln, 1/4 l Milch, 2 Eier, 40 g Kristallzucker, Zimt, Vanillezucker, 20 g Rosinen; 50 g Butter für die Pfanne; Staubzucker, Birnenkompott oder Birnenmus

Die mürben Kipferln mit der Rinde blättrig schneiden und in ein passendes Geschirr flach einlegen. Milch mit Eiern, Kristallzucker, Zimt, Vanillezucker und Rosinen verrühren, darübergießen und einsaugen lassen.
In einer Pfanne Butter erhitzen, die Kipferlmasse darin gleichmäßig verteilen und im vorgeheizten Backrohr bei 180 Grad Celsius ca. 25 Minuten backen.
Mit einer Backschaufel den Schmarren in kleine Stücke zerteilen, anrichten und mit Staubzucker bestreuen. Mit Birnenkompott oder Birnenmus servieren.

KOKOSSCHMARREN *(4 Portionen)*

80 g Kokosraspel, 3/16 l Milch, 80 g Mehl, Vanillezucker, eine Prise Salz, 4 Eidotter, 4 Eiweiß, 50 g Kristallzucker; 30 g Butter für die Pfanne; Staubzucker, Vanillesauce, Rum

Kokosraspel auf einem Backblech im Rohr bei ca. 180 Grad Celsius hell rösten. Milch mit Mehl, Vanillezucker, Salz und Eidotter mit einem Schneebesen glatt verrühren. Eiweiß mit Kristallzucker zu Schnee schlagen, unter den Teig heben und die ausgekühlten Kokosraspeln einmelieren.
In einer Pfanne Butter erhitzen, den Teig ca. 3 cm hoch eingießen und auf kleiner Flamme langsam anbacken. Sobald die Unterseite Farbe genommen hat, den Schmarren halbieren, wenden und im vorgeheizten Backrohr bei 180 Grad Celsius ca. 15 Minuten fertigbacken.
Mit zwei Paletten in kleine Stücke zerteilen und anrichten. Anzuckern, Vanillesauce mit Rum abschmecken und dazu servieren.

MILCHREISSCHMARREN *(6 Portionen)*

1 l Milch, Vanillezucker, eine Prise Salz, 200 g Rundkornreis, 30 g Mehl, 8 Eidotter, 8 Eiweiß, 80 g Kristallzucker; Butter zum Backen; Vanillepuderzucker, Birnenkompott oder Himbeersauce

Milch mit Vanillezucker und Salz aufkochen. Reis zugeben, auf kleiner Flamme weich kochen und auskühlen lassen.
Das Mehl einrühren und die Eidotter nach und nach beigeben.
Eiweiß mit Kristallzucker zu Schnee schlagen und unter die Reismasse heben. In einer Pfanne Butter erhitzen, die Reismasse eingießen und anbacken bis die Unterseite eine leichte Farbe bekommt. Masse teilen, wenden und im vorgeheizten Backrohr bei 170 Grad Celsius ca. 15 Minuten fertigbacken.
Mit zwei Gabeln in unregelmäßige Stücke reißen und nochmals für fünf Minuten ins Backrohr geben.
Auf vorgewärmten Tellern angezuckert, mit Kompott oder Himbeersauce servieren.

RAHMSCHMARREN *(4 Portionen)*

1/4 l Sauerrahm, 100 g Mehl, eine Prise Salz, geriebene Zitronenschale, Vanillezucker, 2 Eidotter, 1 Ei, 2 Eiweiß, 40 g Kristallzucker; 50 g Butter für die Pfanne; Staubzucker, Apfelkompott oder Apfelmus

Sauerrahm mit Mehl, Salz, Zitronenschale, Vanillezucker, Eidottern und dem Ei mit einem Schneebesen glatt verrühren. Das mit Kristallzucker zu Schnee geschlagene Eiweiß unterheben.
In einer Pfanne Butter erhitzen, den Teig eingießen und auf kleiner Flamme langsam anbacken. Sobald die Unterseite Farbe genommen hat, halbieren, wenden und im vorgeheizten Backrohr bei 180 Grad Celsius ca. 15 Minuten fertigbacken. Mit Hilfe zweier Paletten in kleine Stücke zerteilen und nochmals kurz ins Backrohr stellen.
Mit Staubzucker bestreuen und mit Apfelmus oder Apfelkompott servieren.

SEMMELSCHMARREN *(4 Portionen)*

6 Semmeln, 1/4 l Milch, 2 Eier, Vanillezucker, 60 g Kristallzucker, Zimt, 30 g Rosinen; 30 g Butter für die Pfanne; Staubzucker, Kompott

Semmeln in Scheiben schneiden und in ein passendes Geschirr flach einlegen. Milch mit Eiern, Vanillezucker, Kristallzucker und Zimt verrühren, über die Semmeln gießen und einsaugen lassen.
In einer Pfanne Butter erhitzen, Semmelmasse hineingeben und im Backrohr bei 180 Grad Celsius ca. 25 Minuten backen. Nach ca. 15 Minuten den Schmarren mit der Backschaufel zerkleinern und die Rosinen dazugeben.
Anrichten, anzuckern und mit Kompott servieren.

TOPFENSCHMARREN *(4 Portionen)*

250 g passierter Topfen (20% Fettgehalt), 1/8 l Sauerrahm, 1/16 l Milch, geriebene Zitronenschale, Vanillezucker, eine Prise Salz, 5 Eidotter, 100 g Mehl, 5 Eiweiß, 60 g Kristallzucker; 30 g Butter für die Pfanne; Staubzucker, Erdbeer- oder Himbeersauce

Den passierten Topfen mit Sauerrahm, Milch, Zitronenschale, Vanillezucker, Salz, Eidottern und Mehl glatt verrühren.
Eiweiß mit Kristallzucker zu Schnee schlagen und unter die Topfenmasse heben.
In einer Pfanne Butter erhitzen, Topfenmasse eingießen und im vorgeheizten Backrohr bei 170 Grad Celsius ca. 40 Minuten backen. Nach halber Backzeit den Schmarren vierteln, wenden und kurz vor dem Fertigwerden in kleine Stücke zerteilen.
Angezuckert, mit Erdbeer- oder Himbeersauce servieren.

TÜRKENTOMMERL *(6 Portionen)*

1 l Milch, 400 g Maisgrieß (Polenta), eine Prise Salz, 120 g Butter, 80 g Kristallzucker; 1 kg Äpfel; Staubzucker, Zwetschkenröster

Milch aufkochen. Unter ständigem Rühren auf kleiner Flamme den Maisgrieß einrieseln lassen.
Nacheinander Salz, Butter und Kristallzucker beifügen. Unter ständigem Rühren zwei bis dreimal aufwallen lassen.
Danach auf ein mit Backpapier belegtes tiefes Blech ausgießen und auskühlen lassen.
Die Äpfel schälen und über die Polentamasse raspeln.
Im vorgeheizten Backrohr bei 170 Grad Celsius ca. 45 Minuten backen.
Etwas überkühlt in Rauten schneiden, anzuckern und mit Zwetschkenröster anrichten.

Strudel

Nicht nur der Apfelstrudel, der mittlerweile Weltberühmtheit erlangt hat, sondern auch andere Strudel, wie zum Beispiel Milchrahm-, Kirschen-, Weintrauben- oder Rhabarberstrudel können als Abschluß eines Menüs serviert werden.
Die sogenannten gezogenen Strudeln bestehen aus einem Teig, der hauchdünn ausgezogen, mit zerlassener Butter bestrichen und verschieden gefüllt wird. Eingerollt und mit Butter bestrichen, werden die Strudel bei mittlerer bis starker Hitze gebacken. Die gezogenen Strudel können warm oder kalt, mit oder ohne Begleitsauce serviert werden.

STRUDELTEIG *(Grundrezept)*

200 g Mehl, ca. 80 g lauwarmes Wasser, 40 g Öl, 2 g Salz; Mehl, Öl

Alle Zutaten auf einem Brett so lange abarbeiten, bis sich der Teig von Brett und Hand löst. Wenn der Teig ganz glatt ist, auf eine bemehlte Stelle des Brettes legen und entweder mit Öl bestreichen, oder leicht mit Mehl bestaubt in eine Plastikfolie einwickeln. Nach halbstündiger Rastzeit wird der Teig auf einem bemehlten Tuch rechteckig ausgerollt. Dann greift man mit beiden Handrücken unter den Teig und dehnt ihn jeweils von der Mitte ausgehend zum Rand, bis er papierdünn gezogen ist. Dabei soll die Form eines Rechteckes beibehalten werden. Die dicken Ränder mit einem Messer wegschneiden und, wie in den Rezepten beschrieben, weiterverarbeiten.

APFELSTRUDEL *(10 Portionen)*

Strudelteig Grundrezept; 60 g Butter, 100 g Semmelbrösel, 1 kg geschälte, entkernte Äpfel, Saft einer Zitrone, Zimt, 100 g Kristallzucker, 50 g Rosinen; Butter zum Bestreichen; Staubzucker

Butter aufkochen, Semmelbrösel dazugeben und goldgelb rösten. Den ausgezogenen Strudelteig mit flüssiger Butter bestreichen. Zwei Drittel der Teigfläche mit den ausgekühlten, gerösteten Bröseln bestreuen. Die geschälten, entkernten Äpfel blättrig schneiden, mit Zitronensaft abmischen und auf den Semmelbröseln gleichmäßig verteilen. Äpfel etwas andrücken, Rosinen und den mit Zimt abgemischten Kristallzucker darüberstreuen.
Den Strudel mit Hilfe des Tuches von unten nach oben einrollen und mit der Naht nach unten auf ein Blech legen. Mit flüssiger Butter bestreichen und im vorgeheizten Backrohr bei 190 Grad Celsius ca. 30 Minuten backen. Nach halber Backzeit nochmals mit Butter bestreichen.
Portionieren und angezuckert servieren.

ALT-WIENER APFELSTRUDEL *(10 Portionen)*

Zutaten und Zubereitung wie beim Apfelstrudel, jedoch vor dem Zusammenrollen ¼ l Sauerrahm und 70 g gehackte Walnüsse auf den Äpfeln verteilen.

BIRNEN IM STRUDELTEIG *(4 Portionen)*

Strudelteig Grundrezept; 4 Birnen, ½ l Wasser, 150 g Kristallzucker, Saft einer halben Zitrone, Birnenbrand, Zimtrinde, 80 g ungeschälte, geriebene Mandeln, 1 Eßlöffel Honig; Butter zum Bestreichen; Staubzucker, Birnenmus und Erdbeersauce

Birnen schälen und Kerngehäuse ausstechen. Wasser mit Kristallzucker, Zitronensaft, Birnenbrand und Zimtrinde aufkochen, Birnen einlegen, auf kleiner Flamme bißfest kochen und im Sud kalt stellen. Mandeln mit Honig vermischen und die Birnen damit füllen.
Den ausgezogenen Strudelteig in vier gleich große Teile schneiden, mit flüssiger Butter bestreichen. Die Birnen damit einschlagen, auf ein befettetes Blech setzen und im vorgeheizten Backrohr bei 200 Grad Celsius ca. 7 Minuten backen.
Die fertigen Birnen halbieren und auf vorgewärmten Tellern angezuckert mit Erdbeersauce und Birnenmus anrichten.

ERDBEERSTRUDEL *(10 Portionen)*

Strudelteig Grundrezept; Biskuitstreifen aus der Biskuitrouladenmasse; Erdbeermarmelade oder Vanillecreme, 1 kg Erdbeeren; Butter zum Bestreichen; Staubzucker, Erdbeer- oder Mandelsauce

Den ausgezogenen Strudelteig mit flüssiger Butter bestreichen und am unteren Rand einen 6 cm breiten Biskuitstreifen auflegen. Diesen mit passierter Erdbeermarmelade oder Vanillecreme bestreichen und mit gewaschenen, gut abgetrockneten Erdbeeren belegen.

Den Strudel mit Hilfe des Tuches einrollen und mit dem Biskuitstreifen nach unten auf ein Blech legen. Mit flüssiger Butter bestreichen und im vorgeheizten Backrohr bei 230 Grad Celsius ca. 5 Minuten backen. Die kurze Backdauer ist von großer Wichtigkeit, da sonst der Strudel platzt und der Saft der Erdbeeren entweichen würde. Angezuckert portionieren und mit Erdbeer- oder Mandelsauce servieren.

ERDBEER-RHABARBER-STRUDEL *(10 Portionen)*

Strudelteig Grundrezept; 700 g geschälter Rhabarber, 200 g Kristallzucker, 300 g Erdbeeren, 150 g Biskuitwürfel, Grand Marnier; Butter zum Bestreichen; Staubzucker

Den geschälten Rhabarber in 1/2 cm dicke Scheiben schneiden, mit dem Kristallzucker vermischen und über Nacht ziehen lassen. Aus einem gebackenen Biskuitrouladenfleck kleine Würfel schneiden.

Erdbeeren waschen, vierteln und mit Rhabarber, Biskuitwürfeln und Grand Marnier durchmischen.

Den ausgezogenen Strudelteig mit flüssiger Butter bestreichen, die Fülle auftragen und den Strudel mit Hilfe des Tuches einrollen. Strudel mit der Naht nach unten auf ein Blech legen, mit flüssiger Butter bestreichen und bei 220 Grad Celsius ca. 20 Minuten backen. Portionieren und angezuckert servieren.

GEKOCHTER GRIESSSTRUDEL *(10 Portionen)*

Strudelteig Grundrezept; 60 g Butter, 100 g Semmelbrösel; 100 g Butter, eine Prise Salz, 5 Eidotter, 220 g Grieß, 3/16 l Sauerrahm, 5 Eiweiß, 50 g Kristallzucker; Butter zum Bestreichen; Staubzucker, Birnenmus oder Zwetschkenröster

60 g Butter erhitzen, Semmelbrösel dazugeben und goldgelb rösten.

100 g weiche Butter mit Salz schaumig rühren. Eidotter nach und nach dazugeben, Grieß und Sauerrahm untermischen.

Eiweiß mit Kristallzucker zu Schnee schlagen und unter die Grießmasse heben.

Den ausgezogenen Strudelteig mit flüssiger Butter bestreichen und die Masse in einem Streifen auftragen. Den Strudel mit Hilfe des Tuches einrollen und mit einem Kochlöffelstiel in 10 gleich große Stücke abdrücken. Mit einem Messer durchtrennen und ca. 2 Stunden im Kühlschrank rasten lassen. Danach die Strudelstücke in kochendes Salzwasser einlegen und schwach wallend ca. 1/4 Stunde ziehen lassen. Strudelstücke aus dem Wasser heben, abtropfen lassen, mit gerösteten Semmelbröseln bestreuen und angezuckert mit Zwetschkenröster oder Birnenmus servieren.

KIRSCHENSTRUDEL *(10 Portionen)*

Strudelteig Grundrezept; 60 g Butter, 100 g Semmelbrösel; 150 g Kristallzucker, Zimt, 1,1 kg entkernte Kirschen; Butter zum Bestreichen; Staubzucker

Butter erhitzen, Semmelbrösel dazugeben und goldgelb rösten.
Den ausgezogenen Strudelteig mit flüssiger Butter bestreichen. Kristallzucker mit Zimt und den ausgekühlten Semmelbröseln mischen und zwei Drittel der Teigfläche bestreuen.
Die gewaschenen, entkernten Kirschen darauf verteilen, etwas andrücken und mit Hilfe des Tuches einrollen. Den Strudel mit der Naht nach unten auf ein Blech legen, mit flüssiger Butter bestreichen und im vorgeheizten Backrohr bei 200 Grad Celsius ca. 30 Minuten backen.
Portionieren und angezuckert servieren.

KÜRBISSTRUDEL *(10 Portionen)*

Strudelteig Grundrezept;
Kürbiszubereitung: 30 g Kristallzucker, Saft einer Orange, 150 g Kürbisfleisch (Hokkaido), 1 Teelöffel Cointreau, 1 Esslöffel Rum, 10 g Kürbiskerne, 1 Teelöffel Kürbiskernöl
Strudelmasse: 70 g Butter, 20 g gesiebter Staubzucker, Vanillezucker, geriebene Zitronenschale, eine Prise Salz, 2 Eidotter, Kürbiszubereitung, 200 g Topfen, 2 Eiweiß, 40 g Kristallzucker, 1/8 l Sauerrahm, 30 g Mehl; Butter zum Bestreichen, Staubzucker, Weinchaudeau oder Apfelmus

Für die Kürbiszubereitung Kristallzucker leicht karamellisieren, mit Orangensaft ablöschen und kurz verkochen lassen. Danach den geschälten, gewürfelten oder in feine Streifen geschnittenen Kürbis dazugeben.
Mit Cointreau und Rum parfümieren. Kürbiskerne und Kürbiskernöl beimischen und ca. eine Stunde ziehen lassen.
Für die Strudelmasse die weiche Butter mit gesiebtem Staubzucker, Vanillezucker, geriebener Zitronenschale und einer Prise Salz schaumig rühren.
Eidotter nach und nach beigeben. Den passierten Topfen und den marinierten Kürbis einrühren.
Eiweiß mit Kristallzucker zu Schnee schlagen, unter die Butter-Kürbismasse heben, Sauerrahm und Mehl einmelieren.
Den ausgezogenen Strudelteig mit flüssiger Butter beträufeln. Zwei Drittel der Teigfläche mit der Fülle bestreichen und mit Hilfe des Tuches einrollen. Strudel in eine bebutterte Pfanne oder Gratinierschüssel legen, mit flüssiger Butter bestreichen und im vorgeheizten und eingehängten Backrohr bei 160 Grad Celsius ca. 40 Minuten backen.
Portionieren, angezuckert mit Weinchaudeau oder Apfelmus servieren.

DÜRNSTEINER MARILLENSTRUDEL *(10 Portionen)*

Strudelteig Grundrezept; 30 g Butter, 50 g Semmelbrösel; 70 g ungeschälte, geriebene Mandeln, 100 g Kristallzucker, 900 g entkernte Marillen; Butter zum Bestreichen; Staubzucker

Butter erhitzen, Semmelbrösel dazugeben und goldgelb rösten.
Den ausgezogenen Strudelteig mit flüssiger Butter bestreichen. Die überkühlten Semmelbrösel mit Kristallzucker und den geriebenen Mandeln mischen und zwei Drittel

des Teiges damit bestreuen. Die gewaschenen, entkernten Marillen vierteln und darauf verteilen. Die Fülle etwas andrücken und den Strudel mit Hilfe des Tuches einrollen. Mit der Naht nach unten auf ein Blech legen, mit flüssiger Butter bestreichen und im vorgeheizten Backrohr bei 190 Grad Celsius ca. 35 Minuten backen.

MILCHRAHMSTRUDEL *(8 Portionen)*

Strudelteig Grundrezept; 6 Semmeln, 1/4 l Milch, 150 g Butter, 50 g Staubzucker, geriebene Zitronenschale, Vanillezucker, 5 Eidotter, 1/4 l Sauerrahm, 5 Eiweiß, 100 g Kristallzucker, 40 g Mehl
Eiermilch: 3/8 l Milch, 3 Eier, 40 g Kristallzucker, Vanillezucker; Butter zum Bestreichen; Staubzucker, Vanillesauce

Semmeln entrinden, in Scheiben schneiden und in Milch einweichen.
Die weiche Butter mit gesiebtem Staubzucker, Zitronenschale und Vanillezucker schaumig rühren. Eidotter, Sauerrahm und die ausgedrückten, passierten Semmeln dazugeben.
Eiweiß mit Kristallzucker zu Schnee schlagen, unter die Semmelmasse heben und das Mehl einmelieren.
Zwei Drittel des ausgezogenen, mit Butter bestrichenen Teiges mit der Fülle bestreichen und mit Hilfe des Tuches einrollen. Strudel in eine bebutterte Pfanne oder Gratinierschüssel legen, mit flüssiger Butter bestreichen und im vorgeheizten Backrohr bei 170 Grad Celsius ca. 45 Minuten backen.
Milch, Eier, Kristallzucker und Vanillezucker aufmixen, nach 15minütiger Backzeit über den Strudel gießen und fertigbacken.
Angezuckert mit Vanillesauce servieren.

MOHN-ZWETSCHKEN-STRUDEL *(10 Portionen)*

Strudelteig Grundrezept; 500 g Mohnfülle, 800 g entkernte Zwetschken, 80 g Kristallzucker, Zimt; Butter zum Bestreichen; Staubzucker

Den ausgezogenen Strudelteig mit flüssiger Butter beträufeln. Die ausgekühlte Mohnfülle vorsichtig in einem ca. 10 cm breiten Streifen daraufstreichen. Sollte die Fülle zu fest sein, mit Milch streichfähig machen.
Zwetschken waschen, entkernen, halbieren und auf der Mohnfülle verteilen. Kristallzucker mit Zimt vermischen und auf die Zwetschken streuen. Den Strudel mit Hilfe des Tuches einrollen und mit der Naht nach unten auf ein Blech legen. Mit flüssiger Butter bestreichen und im vorgeheizten Backrohr bei 200 Grad Celsius ca. 30 Minuten backen.
Portionieren, anzuckern und kalt oder warm servieren.

SCHOKOLADESTRUDEL *(10 Portionen)*

Strudelteig Grundrezept; 30 g Rohmarzipan, 80 g Butter, 80 g Tunkmasse, Vanillezucker, eine Prise Salz, 5 Eidotter, 5 Eiweiß, 80 g Kristallzucker, 120 g geriebene Mandeln
Eiermilch: 1 Ei, 1/4 l heiße Milch, 40 g Kristallzucker
Honigsauce: 100 g Sauerrahm, 10 g Honig, Butter zum Bestreichen, Staubzucker, gebundene Weichseln

Rohmarzipan mit etwas Butter glatt abarbeiten. Mit der restlichen Butter, der über Wasserbad erwärmten Tunkmasse, Vanillezucker und einer Prise Salz schaumig rühren.

Erdbeercreme im Glas –
zu Rezept von Seite 81

Eidotter nach und nach beigeben. Eiweiß mit Kristallzucker zu Schnee schlagen, unter die Butter-Marzipanmasse heben und die geriebenen Mandeln einmelieren.
Den ausgezogenen Strudelteig mit flüssiger Butter bestreichen und die Fülle auf einem Viertel der Teigfläche verteilen. Mit Hilfe des Tuches einrollen und in eine bebutterte Pfanne oder Gratinierschüssel legen. Mit flüssiger Butter bestreichen und im vorgeheizten Backrohr bei 160 Grad Celsius ca. 45 Minuten backen.
Für die Eiermilch das Ei und den Kristallzucker in die heiße Milch einrühren und nach 15 Minuten der Backzeit über den Strudel gießen.
Portionieren, anzuckern, mit gebundenen Weichseln und Honigsauce anrichten.

TIROLER STRUDEL *(10 Portionen)*

Strudelteig Grundrezept; 120 g Butter, 20 g Staubzucker, Vanillezucker, geriebene Zitronenschale, Zimt, 5 Eidotter, 120 g grob gehackte Walnüsse, 60 g Datteln, 60 g Feigen, 60 g Kletzen (Dörrbirnen), 20 g Rosinen, 5 Eiweiß, 50 g Kristallzucker; Butter zum Bestreichen, Staubzucker, Weinchaudeau oder Vanillesauce

Die weiche Butter mit gesiebtem Staubzucker, Vanillezucker, geriebener Zitronenschale und Zimt schaumig rühren.
Eidotter nach und nach beigeben.
Nüsse, würfelig geschnittene Datteln, Feigen und Kletzen mit den Rosinen untermischen.
Eiweiß mit Kristallzucker zu Schnee schlagen und unter die Buttermasse heben.
Den ausgezogenen Strudelteig mit flüssiger Butter bestreichen. Ein Viertel der Teigfläche mit der Fülle bestreichen und mit Hilfe des Tuches einrollen.
Strudel in eine bebutterte Pfanne oder Gratinierschüssel legen, mit flüssiger Butter bestreichen und im vorgeheizten Backrohr bei 170 Grad Celsius ca. 35 Minuten backen.
Portionieren, angezuckert mit Weinchaudeau oder Vanillesauce servieren.

TOPFENSTRUDEL *(8 Portionen)*

Strudelteig Grundrezept; 100 g Butter, 50 g Staubzucker, geriebene Zitronenschale, Vanillezucker, 5 Eidotter, 500 g passierter Topfen (10% Fettgehalt), 1/4 l Sauerrahm, 5 Eiweiß, 100 g Kristallzucker, 50 g Mehl, 50 g Rosinen; Butter zum Bestreichen; Staubzucker, Vanillesauce

Die weiche Butter mit gesiebtem Staubzucker, Zitronenschale und Vanillezucker schaumig rühren. Eidotter, passierten Topfen und den Sauerrahm einrühren.
Eiweiß mit Kristallzucker zu Schnee schlagen, unter die Topfenmasse heben und das Mehl einmelieren.
Den ausgezogenen Strudelteig mit flüssiger Butter bestreichen. Zwei Drittel der Teigfläche mit der Fülle bestreichen, Rosinen daraufstreuen und einrollen. Strudel in eine bebutterte Pfanne oder Gratinierschüssel legen, mit flüssiger Butter bestreichen und im vorgeheizten Backrohr bei 170 Grad Celsius ca. 35 Minuten backen.
Angezuckert mit Vanillesauce servieren.

TOPFEN-MARILLEN-STRUDEL *(10 Portionen)*

Zutaten und Zubereitung wie Topfenstrudel, jedoch ohne Rosinen.
300 g gewaschene, entkernte und halbierte Marillen auf die Topfenfülle legen.
Angezuckert mit Marillensauce servieren.

Anrichtevariationen von Mousse au chocolat –
zu Rezept von Seite 85

BADNER WEINTRAUBENSTRUDEL *(10 Portionen)*

Strudelteig Grundrezept; 3 Eidotter, 20 g Kristallzucker, geriebene Zitronenschale, Vanillezucker, Zimt, 3 Eiweiß, 50 g Kristallzucker, 30 g Mehl, 60 g geriebene Haselnüsse, 30 g Biskuit- oder Semmelbrösel, 1 kg Weintrauben; Butter zum Bestreichen; Staubzucker, Weinchaudeau

Eidotter mit 20 g Kristallzucker, Zitronenschale, Vanillezucker und Zimt schaumig rühren. Eiweiß mit 50 g Kristallzucker zu Schnee schlagen, unter die Dottermasse heben und das mit den Haselnüssen und Bröseln vermischte Mehl einmelieren.
Diese Masse auf zwei Drittel des ausgezogenen, mit flüssiger Butter bestrichenen Strudelteiges verstreichen und die gewaschenen Weintrauben darüberstreuen. Strudel mit Hilfe des Tuches einrollen und mit der Naht nach unten auf ein Blech legen, mit flüssiger Butter bestreichen und im vorgeheizten Backrohr bei 190 Grad Celsius ca. 30 Minuten backen. Portionieren, angezuckert mit Weinchaudeau servieren.

RIEDER ZWETSCHKENSTRUDEL *(10 Portionen)*

Strudelteig Grundrezept; 60 g Butter, 100 g Semmelbrösel; 1 kg entkernte Zwetschken, 100 g Kristallzucker, Zimt, 3 Eßlöffel Sliwowitz oder Rum; Butter zum Bestreichen; Staubzucker, Vanillesauce, Zimt

Butter erhitzen, Brösel dazugeben und goldgelb rösten.
Den ausgezogenen Strudelteig mit flüssiger Butter bestreichen und die gerösteten, ausgekühlten Semmelbrösel auf zwei Drittel der Teigfläche streuen. Die gewaschenen, entkernten und halbierten Zwetschken darauf verteilen, etwas andrücken, Kristallzucker mit Zimt vermischen, daraufstreuen und mit Sliwowitz beträufeln.
Strudel mit Hilfe des Tuches einrollen und mit der Naht nach unten auf ein Blech legen, mit flüssiger Butter bestreichen und im vorgeheizten Backrohr bei 190 Grad Celsius ca. 35 Minuten backen.
Vanillesauce mit Zimt verrühren und mit dem angezuckerten Strudel servieren.

Knödel und Nockerln

Knödel werden nicht nur als Beilage zu Hauptgerichten, sondern auch als Dessert serviert. Die sogenannten süßen Knödel, aus Germteig, Brandteig, Erdäpfelteig und Topfenteig hergestellt, werden meist mit Obst oder Marmelade gefüllt.
Weiters gibt es noch eigenständige Rezepte, wie Grießknödel oder Knödel aus Topfenmasse, die auch mit Nougat, Schokolade etc. gefüllt werden können. Die richtige Konsistenz der Teige ist nicht allein nach den Mengenangaben im Rezept zu erreichen, da Erdäpfel und Topfen einen unbestimmten Wassergehalt haben und die Größe der Eier unterschiedlich ist.
Daher empfiehlt es sich, aus jedem Teig einen Probeknödel zu kochen und, falls erforderlich, den Teig durch Zugabe vom Mehl oder flüssiger Butter auf die richtige Festigkeit zu bringen.
Die Knödel werden nicht gekocht, sondern knapp unterhalb des Siedepunktes auf kleiner Flamme in leicht gesalzenem Wasser gegart (ziehen lassen).
Für Obstknödel sollten nur reife, gewaschene Früchte verwendet werden. Knödel werden, je nach Rezeptur, in gerösteten Semmelbröseln, gemahlenem Mohn, geriebenen Nüssen und ähnlichem gerollt, angezuckert, mit Kompott, Röster oder Fruchtsauce serviert.

Mohnparfait –
zu Rezept von Seite 91

Nockerln bestehen aus Massen, die – im Gegensatz zu Knödeln – nicht mit den Händen, sondern mit Löffeln bzw. Teigkarte und Palette geformt werden. Die eigenständigen Rezepturen werden wie Knödel gegart und unterschiedlich warm oder kalt angerichtet.

BRANDTEIG *(Grundrezept)*

1/4 l Wasser, 20 g Butter, 5 g Salz, 170 g Mehl, 1 Ei, 1 Eidotter

Wasser mit Butter und Salz aufkochen. Mehl dazugeben und den Teig so lange rühren, bis er sich vom Geschirr und Kochlöffel löst.
Kurz überkühlen lassen und mit einem Schneebesen Ei und Eidotter einrühren. Den Teig noch in warmem Zustand weiterverarbeiten.

ERDÄPFELTEIG *(Grundrezept)*

300 g mehlige, gekochte, geschälte Erdäpfel, 30 g Butter, 120 g Mehl, 30 g Grieß, 5 g Salz, 2 Eidotter

Die gekochten, geschälten Erdäpfel etwas ausdampfen lassen, durch eine Erdäpfelpresse drücken, mit flüssiger Butter und den restlichen Zutaten rasch zu einem Teig kneten. Zu langes Kneten schadet dem Teig.

TOPFENTEIG *(Grundrezept)*

50 g Butter, 250 g passierter Topfen (10% Fettgehalt), 120 g Mehl, 30 g Grieß, 2 Eidotter, 3 g Salz

Die weiche Butter mit dem passierten Topfen und den restlichen Zutaten rasch zu einem glatten Teig kneten. 1 Stunde im Kühlschrank rasten lassen.

ERDBEERKNÖDEL *(12 Stück)*

Topfen- oder Brandteig Grundrezept; 120 g Butter, 200 g Semmelbrösel, 12 Stück gewaschene Erdbeeren; Fruchtjoghurt, Staubzucker

Die entstielten, gewaschenen Erdbeeren mit Brand- oder Topfenteig umhüllen und in siedendem, leicht gesalzenem Wasser zugedeckt ca. 8 Minuten ziehen lassen.
Abgetropft in den mit Butter gerösteten Semmelbröseln rollen und angezuckert mit Fruchtjoghurt servieren.

GERMKNÖDEL *(10 Stück)*

500 g griffiges Mehl, 1/4 l Milch, 30 g Germ, 60 g Butter, 60 g Staubzucker, Vanillezucker, geriebene Zitronenschale, 5 g Salz, 4 Eidotter, 450 g Powidl; 160 g flüssige Butter, 180 g gemahlener Mohn, Staubzucker

Milch auf ca. 30 Grad Celsius erwärmen. Die Germ in der halben Milchmenge auflösen und mit etwas Mehl zu einem dickbreiigen Teig verrühren. Ein wenig Mehl darüberstauben und dieses Dampfl zugedeckt an einem warmen Ort (ca. 30 Grad Celsius) aufgehen lassen. Die weiche Butter mit gesiebtem Staubzucker, Vanillezucker, Zitronenschale und Salz schaumig rühren. Eidotter nach und nach dazugeben und diesen Abtrieb mit dem restlichen Mehl, der restlichen Milch und dem reifen Dampfl (erkennbar an den Rissen auf der Mehloberfläche) zu einem glatten Teig verkneten.

Dekormassen und Variationen –
zu den Rezepten von Seite 103 bis Seite 104

Brot und Gebäck, handgeformt –
zu den Rezepten von Seite 105 bis Seite 110

Teig in 10 Teile schneiden, diese zu Kugeln schleifen und zugedeckt ca. 15 Minuten rasten lassen.
Danach die Teigkugeln flachdrücken, Powidl in die Mitte darauf setzen und die Teigränder darüber zusammendrücken. Mit dem Schluß nach unten auf ein bemehltes Tuch setzen und zugedeckt gehen lassen, bis die Knödel um die Hälfte ihres Volumens aufgegangen sind. In reichlich kochendes, leicht gesalzenes Wasser einlegen, zugedeckt ca. 5 Minuten ziehen lassen, wenden und weitere 10 Minuten garen.
Germknödel gut abtropfen lassen, mit flüssiger Butter übergießen und mit Mohn und Staubzucker bestreut servieren.

GRIESSKNÖDEL *(12 Stück)*

3/8 l Milch, 20 g Butter, Vanillezucker, eine Prise Salz, 140 g Weizengrieß, 1 Ei; 120 g Butter, 200 g Semmelbrösel; Staubzucker, Apfelmus, Holunderröster oder Fruchtsauce

Milch mit Butter, Vanillezucker und einer Prise Salz aufkochen. Grieß unter ständigem Rühren beigeben und nochmals kurz kochen (quellen) lassen.
In die überkühlte Masse das Ei einrühren.
Aus der ganz abgekühlten Masse Knödel formen und in leicht gesalzenes, kochendes Wasser einlegen.
Knödel zugedeckt ca. 8 Minuten auf kleiner Flamme ziehen lassen.
Herausheben, abtropfen lassen und in mit Butter goldgelb gerösteten Semmelbröseln wälzen.
Angezuckert mit Apfelmus, Holunderröster oder Fruchtsauce servieren.

MARILLENKNÖDEL *(10 Stück)*

Topfen-, Erdäpfel- oder Brandteig Grundrezept; 10 Marillen, 10 Stück Würfelzucker, 90 g Butter, 150 g Semmelbrösel; Staubzucker

Die gewaschenen Marillen abtrocknen, den Kern mit einem Kochlöffelstiel herausdrücken und an dessen Stelle ein Stück Würfelzucker in die Frucht drücken. Aus dem Teig eine ca. 5 cm dicke Rolle formen, in Scheiben schneiden und diese flachdrücken. Marillen darin einhüllen und die Knödel in siedendes, leicht gesalzenes Wasser einlegen. Je nach Größe 12 bis 15 Minuten in leicht wallendem Wasser zugedeckt kochen. Knödel gut abtropfen lassen und in mit Butter goldgelb gerösteten Semmelbröseln wälzen. Mit Staubzucker bestreut servieren.

MARONIKNÖDEL *(12 Stück)*

Erdäpfel- oder Brandteig Grundrezept; 200 g gekochte, passierte Maroni, 40 g Staubzucker, Vanillezucker, Rum, 100 g geröstete, geriebene Mandeln; Staubzucker, Schokoladesauce

Maronipüree mit gesiebtem Staubzucker, Vanillezucker und Rum verrühren. 20 g schwere Kugeln formen und zur leichteren Weiterverarbeitung tiefkühlen.
Aus dem Teig eine ca. 5 cm dicke Rolle formen, in Scheiben schneiden und diese flachdrücken. Maronikugeln darin einhüllen und die Knödel in siedendem, leicht gesalzenem Wasser zugedeckt ca. 12 Minuten ziehen lassen.
Abgetropft in gerösteten, geriebenen Mandeln rollen, leicht anzuckern und mit Schokoladesauce anrichten. Eventuell mit Schlagobers und Maronireis garnieren.

SCHNEENOCKERLN *(4 Portionen)*

8 Eiweiß, 240 g Kristallzucker; Karamel: 50 g Kristallzucker, 1/16 l Wasser; Vanillesauce

Eiweiß mit Kristallzucker zu einem schmierigen nicht zu festen Schnee schlagen. Wasser auf ca. 80 Grad Celsius erhitzen.
Mit Hilfe einer Palette auf einer halbrunden Teigkarte große Nockerln formen, sodaß drei Seiten und Kanten entstehen. Diese von der Teigkarte ins Wasser gleiten lassen und auf jeder der drei Seiten ca. 4 Minuten ziehen lassen. Aus dem Wasser heben und auf ein feuchtes Tuch legen. Für den Karamel 50 g Zucker schmelzen. Mit 1/16 l Wasser ablöschen. Zucker auf kleiner Flamme auflösen und zu dickflüssiger Konsistenz einkochen.
Vanillesauce in Suppenteller gießen und Schneenockerln darauf anrichten. Mit Hilfe eines Kochlöffels die Nockerln mit Karamelstreifen dekorieren.

TOPFENKNÖDEL MARIA THERESIA *(20 Stück, Abb. auf Seite 25)*

250 g passierter Topfen (10% Fettgehalt), 40 g Butter, 60 g Grieß, 1 Ei, 2 Eidotter, eine Prise Salz, geriebene Zitronenschale, 90 g Butter, 150 g Semmelbrösel; Staubzucker, Zwetschkenröster, Kompott oder Fruchtsauce

Den passierten Topfen mit der weichen Butter, Grieß, Ei, Eidotter, Salz und Zitronenschale glattrühren. Diese Masse im Kühlschrank ca. 2 Stunden rasten lassen.
Danach mit nassen Händen kleine Knödel formen oder mit einem in heißes Wasser getauchten Eisportionierer ausstechen. Knödel in kochendes, leicht gesalzenes Wasser legen und zugedeckt ca. 10 Minuten auf kleiner Flamme ziehen lassen. Herausheben, abtropfen lassen und in mit Butter goldgelb gerösteten Semmelbröseln wälzen.
Angezuckert mit Zwetschkenröster, Kompott oder Fruchtsauce servieren.

TOPFEN-MOHN-KNÖDEL *(20 Stück)*

Topfenmasse (siehe Topfenknödel); 80 g Butter, 100 g gemahlener Mohn; Staubzucker, Zwetschkenröster

Zubereitung wie Topfenknödel, aber nicht in gerösteten Semmelbröseln, sondern in flüssiger Butter wenden und in gemahlenem Mohn rollen. Angezuckert mit Zwetschkenröster servieren.

TOPFENNOCKERLN *(12 Stück)*

500 g Topfen, 1/8 l Sauerrahm, 1 Ei, 130 g Mehl, eine Prise Salz; 120 g Butter, 200 g Semmelbrösel; Staubzucker, Fruchtsauce

Den passierten Topfen mit Sauerrahm, dem Ei, Mehl und einer Prise Salz verrühren und drei Stunden im Kühlschrank rasten lassen.
Mit zwei nassen Löffeln aus der Masse Nockerln formen, in leicht gesalzenes, kochendes Wasser einlegen und zugedeckt ca. 7 Minuten ziehen lassen.
Nockerln abtropfen lassen und in mit Butter gerösteten Semmelbröseln wälzen. Anzuckern und mit Fruchtsauce servieren.

TOPFEN-SCHOKO-KNÖDEL *(20 Stück)*

Topfenmasse (siehe Topfenknödel); 90 g Butter, 150 g Semmelbrösel, 50 g Tunkmasse (oder Kochschokolade); Staubzucker, Nougatsauce

Zubereitung wie Topfenknödel. In die portionierte Masse jeweils ein kleines Stück Schokolade drücken, zu Knödel formen und in kochendes, leicht gesalzenes Wasser legen. 10 Minuten auf kleiner Flamme ziehen lassen.
In mit Butter goldgelb gerösteten Semmelbröseln wälzen und angezuckert mit Nougatsauce servieren.

ZWETSCHKENKNÖDEL *(10 Stück)*

Topfen-, Erdäpfel- oder Brandteig Grundrezept; 10 Zwetschken, 10 Stück Würfelzucker, 90 g Butter, 150 g Semmelbrösel; Staubzucker

Die gewaschenen Zwetschken abtrocknen, den Kern mit einem Kochlöffelstiel herausdrücken und an dessen Stelle ein Stück Würfelzucker in die Frucht drücken. Aus dem Teig eine ca. 5 cm dicke Rolle formen, in Scheiben schneiden und diese flachdrücken. Zwetschken darin einhüllen und die Knödel in siedendes, leicht gesalzenes Wasser einlegen. Je nach Größe 12 bis 15 Minuten in leicht wallendem Wasser zugedeckt kochen. Knödel gut abtropfen lassen und in mit Butter goldgelb gerösteten Semmelbröseln wälzen. Mit Staubzucker bestreut servieren.

Nudeln

In der Mehlspeisküche werden Nudeln entweder aus Erdäpfelteig, wie zum Beispiel Mohn- und Nußnudeln, oder aus Nudelteig für Aufläufe (siehe Ödenburger Nudelauflauf) hergestellt.
Aus dem Erdäpfelteig werden daumendicke Rollen geformt, diese in nußgroße Teile geschnitten und mit der Hand auf einem bemehlten Brett zu bauchigen, an den Enden spitzen Nudeln geformt (sogenannte „gewuzelte" Nudeln).
In reichlich kochendes, leicht gesalzenes Wasser einlegen und zugedeckt ziehen lassen. Das Wasser darf nicht kochen, da sonst die Nudeln zerfallen würden.
In gerösteten Semmelbröseln, Mohn oder Nüssen gerollt, werden Nudeln mit Kompott oder Röster serviert.

BRÖSELNUDELN *(4 Portionen)*

Erdäpfelteig Grundrezept (siehe Knödel); 60 g Butter, 100 g Semmelbrösel; Staubzucker, Zwetschkenröster oder Kompott

Aus dem Erdäpfelteig daumendicke Rollen formen und in kleine Stücke teilen. Diese mit der Hand auf einem bemehlten Brett zu bauchigen Nudeln formen.
In kochendes, leicht gesalzenes Wasser legen und zugedeckt ca. 5 Minuten ziehen lassen (nicht kochen). Gut abgetropft werden die Nudeln in mit Butter goldgelb gerösteten Semmelbröseln gerollt, mit Staubzucker bestreut und mit Zwetschkenröster oder Kompott serviert.

GRIESSNUDELN *(4 Portionen)*

Erdäpfelteig Grundrezept (siehe Knödel)
160 g Butter, 200 g Grieß, 1/4 l Milch; Zimtzucker, Staubzucker, Kompott oder Fruchtsauce

In einer Pfanne Butter erhitzen, Grieß einlaufen lassen und auf kleiner Flamme hell rösten. Mit Milch aufgießen und langsam dünsten (quellen).
Die gekochten Erdäpfelnudeln zugeben, durchschwenken und im vorgeheizten Backrohr bei 160 Grad Celsius ca. 7 Minuten unter mehrmaligem Wenden nachziehen lassen.
Mit Zimtzucker bestreuen und durchschwenken. Anzuckern, mit Kompott oder Fruchtsauce servieren.

MOHNNUDELN *(4 Portionen)*

Erdäpfelteig Grundrezept (siehe Knödel); 80 g gemahlener Mohn, 40 g Butter; Staubzucker, Zwetschkenröster

Zubereitung wie Bröselnudeln.
In einer Pfanne Butter erhitzen, die gekochten, gut abgetropften Nudeln dazugeben, mit Mohn bestreuen und durchschwenken. Mit Staubzucker bestreuen und eventuell mit Zwetschkenröster servieren.

NUSSNUDELN *(4 Portionen)*

Erdäpfelteig Grundrezept (siehe Knödel); 80 g geriebene, leicht geröstete Walnüsse, 40 g Butter; Staubzucker

Zubereitung wie Mohnnudeln, anstelle von Mohn geriebene Nüsse verwenden.

Tascherln

Diese aus der böhmischen Küche importierte Mehlspeise wird hauptsächlich aus Erdäpfelteig hergestellt. Der ausgerollte Teig wird rund ausgestochen, gefüllt und zu Täschchen zusammengelegt.
Die Tascherln in kochendem, leicht gesalzenem Wasser ziehen lassen, in mit Butter gerösteten Semmelbröseln wenden und mit Röster oder Kompott anrichten.

MARILLENTASCHERLN *(6 Portionen)*

Topfenteig Grundrezept (siehe Knödel); 150 g Marillenmarmelade, 1 Ei; 150 g geriebene Walnüsse, Staubzucker

Den ausgerollten Topfenteig mit einem runden Ausstecher (Durchmesser 7 cm) Kreise ausstechen und in die Mitte einen Kaffeelöffel Marillenmarmelade geben. Den Teigrand mit einem versprudelten Ei bestreichen, über die Mitte zusammenlegen und leicht festdrücken.
Die Tascherln in leicht gesalzenes, siedendes Wasser einlegen und ziehen lassen. Nach ca. 7 Minuten, sobald die Tascherln oben schwimmen, herausheben.
Gut abgetropft in leicht gerösteten Walnüssen wenden und mit Staubzucker bestreut servieren.

POWIDLTASCHERLN AUS BRÜNN *(6 Portionen)*

Erdäpfelteig Grundrezept (siehe Knödel); 150 g Powidl, 20 g Staubzucker, 2 Eßlöffel Rum, eine Prise Zimt; 60 g Butter, 100 g Semmelbrösel, Staubzucker

Powidl mit Staubzucker, Rum und Zimt verrühren. Zubereitung wie Marillentascherln. Anstelle der Walnüsse in mit Butter goldgelb gerösteten Semmelbröseln wenden und mit Staubzucker bestreut servieren.

TOPFENTASCHERLN *(6 Portionen)*

Erdäpfelteig Grundrezept (siehe Knödel); 40 g Butter, 100 g passierter Topfen (10% Fettgehalt), 1 Eidotter, geriebene Zitronenschale, Vanillezucker; 60 g Butter, 100 g Semmelbrösel, Staubzucker

Für die Fülle die weiche Butter mit passiertem Topfen, Eidotter, Zitronenschale und Vanillezucker verrühren.
Weitere Zubereitung wie Marillentascherln.

Palatschinken

Palatschinken werden in einer Pfanne gebacken, mit verschiedenen Füllungen, wie zum Beispiel Marmelade, Topfen- oder Nußfülle, bestrichen und dann eingerollt.
Die Konsistenz des Teiges sollte möglichst dünnflüssig sein, damit die Palatschinken hauchdünn gebacken werden können. Daher empfiehlt es sich, den Teig vor der Verarbeitung rasten zu lassen.
Er wird dadurch etwas fester, was man dann durch Zugabe von etwas Milch korrigieren kann.
Zum Backen werden beschichtete oder gußeiserne Pfannen (diese vor dem Backen mit Salz ausbrennen) verwendet, die ausschließlich für Süßspeisen reserviert bleiben sollten.
Palatschinken werden in wenig Fett (es eignen sich Butterschmalz, Öl oder spezielle Backfette) auf beiden Seiten goldgelb gebacken, auf einem Teller übereinander gestapelt und zugedeckt auf einem Wasserbad warm gehalten.
Ist der Teig aufgearbeitet, die Palatschinken mit der jeweiligen Fülle bestreichen, einrollen und angezuckert servieren.

PALATSCHINKENTEIG *(Grundrezept)*

140 g Mehl, 2 Eier, 1 Eidotter, Vanillezucker, eine Prise Salz, ca. 1/4 l Milch; Öl oder Butterschmalz zum Backen

Mehl, Eier, Eidotter, Vanillezucker, Salz und etwas Milch mit einem Schneebesen glattrühren. Restliche Milch nach und nach unterrühren, sodaß ein dünnflüssiger Teig entsteht. Durch ein Sieb streichen und ca. 20 Minuten rasten lassen. Falls notwendig den Teig mit Milch verdünnen.
Öl oder Butterschmalz in einer Pfanne erhitzen (überschüssiges Fett abgießen, die Pfanne sollte nur leicht befettet sein).
So viel Teig eingießen, daß sich beim Schwenken der Pfanne der Teig gleichmäßig dünn über dem Pfannenboden verteilt. Bei mäßiger Hitze die Palatschinken auf beiden Seiten hellbraun backen und übereinandergelegt warm stellen.

BÖHMISCHE PALATSCHINKEN *(10 Stück)*

Palatschinkenteig Grundrezept, Öl oder Butterschmalz zum Backen; 300 g Powidl, Rum, Zimt; 200 g gemahlener Mohn, Staubzucker

Powidl mit Rum und Zimt abschmecken.
Die Palatschinken damit bestreichen und einrollen.
Mit gemahlenem Mohn bestreuen und angezuckert servieren.

BUDAPESTER PALATSCHINKEN *(10 Stück)*

Palatschinkenteig Grundrezept, Öl oder Butterschmalz zum Backen;
150 g geriebene Walnüsse, 50 g Staubzucker, 1 Eßlöffel Marillenmarmelade, ca. 1/8 l Milch, Rum, Zitronensaft; Schokoladesauce

Walnüsse mit gesiebtem Staubzucker, Marillenmarmelade, Milch, Rum und etwas Zitronensaft verrühren.
Palatschinken damit füllen, anrichten und mit Schokoladesauce übergießen. Eventuell mit Schlagobers garnieren.

GERMPALATSCHINKEN *(10 Stück)*

ca. 1/4 l Milch, 20 g Germ, 140 g Mehl, 3 Eidotter, 2 Eßlöffel Öl, geriebene Zitronenschale, eine Prise Salz, 3 Eiweiß, 20 g Kristallzucker; Öl oder Butterschmalz zum Backen
Topfenfülle: 200 g passierter Topfen (10% Fettgehalt), 40 g Staubzucker, Vanillezucker, Zitronensaft, 50 g Sauerrahm, 1/16 l Schlagobers; Himbeersauce, Staubzucker

Die Milch auf ca. 40 Grad Celsius erhitzen. Die Germ in der halben Milchmenge auflösen und mit etwas Mehl zu einem dickbreiigen Teig verrühren. Mit Mehl zustauben und dieses Dampfl zugedeckt an einen warmen Ort (ca. 30 Grad Celsius) stellen.
Eidotter mit Öl, geriebener Zitronenschale, Salz, dem restlichen Mehl, der Milch und dem Dampfl verrühren.
Das mit Kristallzucker zu Schnee geschlagene Eiweiß unterheben.
In einer Pfanne Öl oder Butterschmalz erhitzen, etwas Teig eingießen, bei mittlerer Hitze auf beiden Seiten hellbraun backen und warm stellen.
Für die Fülle den passierten Topfen mit gesiebtem Staubzucker, Vanillezucker, etwas Zitronensaft und Sauerrahm verrühren und das geschlagene Obers unterheben. Die Palatschinken damit bestreichen, einrollen und angezuckert mit Himbeersauce anrichten.

MARILLENPALATSCHINKEN *(10 Stück)*

Palatschinkenteig Grundrezept; Öl oder Butterschmalz zum Backen;
300 g Marillenmarmelade, Rum; Staubzucker

Marillenmarmelade passieren und mit etwas Rum abschmecken.
Palatschinken damit bestreichen, einrollen und mit Staubzucker bestreuen.

TOPFENPALATSCHINKEN *(6 Portionen)*

Palatschinkenteig Grundrezept, Öl oder Butterschmalz zum Backen; 50 g Butter, 30 g Staubzucker, Vanillezucker, geriebene Zitronenschale, 3 Eidotter, 1/8 l Sauerrahm, 250 g passierter Topfen (10% Fettgehalt), 3 Eiweiß, 40 g Kristallzucker, 30 g Rosinen
Überguß: 1/8 l Milch, 1 Ei, 1 Eidotter, 30 g Kristallzucker, 3 Eßlöffel Sauerrahm; Staubzucker

Die weiche Butter mit gesiebtem Staubzucker, Vanillezucker und geriebener Zitronenschale schaumig rühren. Eidotter, Sauerrahm und den passierten Topfen dazugeben. Eiweiß mit Kristallzucker zu Schnee schlagen, unter die Topfenmasse heben und die Rosinen einrühren.
Palatschinken mit der Topfenmasse füllen, einrollen und halbieren. Eine Backform mit Butter ausstreichen und die halbierten Palatschinken mit der Schnittfläche nach oben schindelartig einlegen
Im vorgeheizten Backrohr bei 180 Grad Celsius ca. 10 Minuten anbacken.
Für den Überguß alle Zutaten versprudeln, über die Palatschinken gießen und ca. 15 Minuten fertigbacken. Portionieren und angezuckert servieren.

TÜRKISCHE PALATSCHINKEN *(10 Stück)*

Palatschinkenteig Grundrezept, Öl oder Butterschmalz zum Backen;
150 g geriebene Walnüsse, 50 g Staubzucker, Vanillezucker, 120 g Honig

Walnüsse mit gesiebtem Staubzucker und Vanillezucker mischen.
Die noch warmen Palatschinken damit bestreuen, einrollen und auf Teller anrichten.
Honig erwärmen und die Palatschinken damit nappieren (übergießen).

WEICHSELPALATSCHINKEN *(10 Stück)*

Palatschinkenteig Grundrezept, Öl oder Butterschmalz zum Backen;
gebundene Weichseln (siehe Fruchtsaucen); Staubzucker, Schlagobers,
eventuell Vanille- oder Haselnußeis

Die noch warmen Palatschinken mit den gebundenen Weichseln füllen. Angezuckert, mit Vanille- oder Haselnußeis servieren. Mit Schlagobers garnieren.

Crêpes

Crêpes sind kleine durch Obers und Eidotter verfeinerte Palatschinken. Die aus der französischen Küche stammende Süßspeise wird im Gegensatz zu den Palatschinken nicht zusammengerollt, sondern zweimal zusammengelegt. Als Fülle eignen sich Cremes, Fruchtpürees, Kompottfrüchte etc.

CRÊPE-TEIG *(Grundrezept)*

100 g Mehl, 1/8 l Schlagobers, 1 Ei, 2 Eidotter, eine Prise Salz, geriebene Zitronenschale,
Vanillezucker, 1/8 l Milch; Butter zum Backen

Mehl, Schlagobers, Ei, Eidotter, Salz, geriebene Zitronenschale und Vanillezucker mit einem Schneebesen glatt verrühren.
Milch nach und nach unterrühren, sodaß ein dünnflüssiger Teig entsteht.
In einer kleinen Pfanne wenig Butter erhitzen, etwas Teig eingießen und die Pfanne so drehen, daß sich der Teig gleichmäßig verteilt.
Crêpes anbacken, wenden und fertigbacken.
Auf einen warmen Teller und zugedeckt können Crêpes kurze Zeit übereinandergelegt und warm gehalten werden.

CRÊPE MIT FRÜCHTEN *(14 Stück)*

Crêpe-Teig Grundrezept, Butter zum Backen; Kompottfrüchte, Maraschino; Staubzucker

Kleingeschnittene Kompottfrüchte mit Maraschino abschmecken und auf einem Viertel der gebackenen Crêpes verteilen. Die Crêpes zu Dreiecken zusammenlegen und angezuckert je zwei servieren.

CRÊPE „SISI“ *(14 Stück)*

Crêpe-Teig Grundrezept, Butter zum Backen; 250 g Rohmarzipan,
Saft einer halben Zitrone, Kirschwasser; Eierlikör, Erdbeeren, Schlagobers

Rohmarzipan mit Zitronensaft und Kirschwasser abschmecken.
Marzipanmasse auf die Hälfte der gebackenen Crêpes streichen und diese zu Dreiecken zusammenlegen. Mit Eierlikör, Erdbeeren und Schlagobers servieren.

CRÊPE „SUCHARD“ *(14 Stück)*

Crêpe-Teig Grundrezept, Butter zum Backen; Buttercreme (halbe Menge), 80 g Tunkmasse (oder Kochschokolade); Schokoladesauce, Schlagobers

Tunkmasse über Wasserbad auflösen und in die Buttercreme einrühren.
Die gebackenen Crêpes zur Hälfte mit der Creme bestreichen und zu Dreiecken zusammenlegen. Je zwei Crêpes mit Schokoladesauce und Schlagobers servieren.

CRÊPE „SUZETTE“ *(14 Stück)*

Crêpe-Teig Grundrezept, Butter zum Backen; 70 g Kristallzucker, 50 g Butter,
1/8 l Orangensaft, Saft einer Zitrone, 2 Eßlöffel Grand Marnier, 1 Eßlöffel Cognac

Kristallzucker in einer Pfanne schmelzen.
Butter beigeben, mit Orangen- und Zitronensaft ablöschen und verkochen, bis der Kristallzucker aufgelöst ist. Mit Grand Marnier abschmecken. Jeweils eine Crêpe durch die Flüssigkeit ziehen und zu einem Dreieck zusammenlegen.
Crêpes auf einer Platte anrichten, die restliche Flüssigkeit darübergießen. Mit Cognac beträufeln und diesen entzünden (flambieren).

Dalken

Diese aus der böhmischen Küche stammende Süßspeise wird zumeist aus einem weich gehaltenen Germteig unter Beigabe von Schnee hergestellt. Aber auch aus Rahmteig, der schneller und einfacher in der Zubereitung ist.
Dalken werden in einer Dalken- oder Spiegeleierpfanne auf dem Herd gebacken.
Je zwei Stück werden mit Nußfülle, Marmelade oder Powidl, der mit Rum und Zimt abgeschmeckt wird, zusammengesetzt. Mit Staubzucker bestreut werden Dalken auf vorgewärmten Tellern serviert.

BÖHMISCHE DALKEN *(10 Portionen)*

3/8 l Milch, 30 g Germ, 250 g Mehl, 40 g Butter, 2 Eidotter, geriebene Zitronenschale, Vanillezucker, eine Prise Salz, 2 Eiweiß, 30 g Kristallzucker; Butter zum Backen; 250 g Powidl, Rum, Zimt; Staubzucker

1/8 l Milch auf 30 Grad Celsius erwärmen. Germ darin auflösen und mit etwas Mehl zu einem dickbreiigen Teig verrühren. Mit Mehl zustauben und zugedeckt an einen warmen Ort (ca. 30 Grad Celsius) stellen (Dampfl).
Restliche Milch mit Butter, Eidotter, geriebener Zitronenschale, Vanillezucker und Salz erwärmen und mit dem restlichen Mehl und dem reifen Dampfl (Risse an der Mehloberfläche) zu einem glatten Teig rühren.
Eiweiß mit Kristallzucker zu Schnee schlagen, unter den Germteig heben und ca. 30 Minuten gehen lassen.
In einer Dalkenpfanne (Pfanne mit Vertiefungen) Butter erhitzen und in jede Vertiefung einen Eßlöffel des Teiges geben.
Langsam anbacken, wenden und fertigbacken.
Powidl mit Rum und Zimt abschmecken und je zwei Dalken damit zusammensetzen.
Mit Staubzucker bestreuen und warm servieren.

RAHMDALKEN *(8 Portionen)*

1/8 l Rahm, 100 g Mehl, geriebene Zitronenschale, Vanillezucker, eine Prise Salz, 3 Eidotter, 3 Eiweiß, 40 g Kristallzucker; Butter zum Backen; Marillen- oder Ribiselmarmelade oder Nußfülle, Staubzucker

Rahm mit Mehl, geriebener Zitronenschale, Vanillezucker, Salz und den Eidottern glatt verrühren.
Eiweiß mit Kristallzucker zu Schnee schlagen und unter die Rahmmasse heben.
In einer Dalkenpfanne (Pfanne mit Vertiefungen) Butter erhitzen und in jede Vertiefung einen Eßlöffel des Teiges geben.
Langsam anbacken, wenden und fertigbacken.
Je zwei Dalken mit beliebiger Fülle zusammensetzen, anzuckern und warm servieren.

Omeletten und Pfannkuchen

Das Wort „Omelette“ stammt aus dem Französischen und heißt Platte. Omeletten werden aus leichter Biskuit- oder Béchamelmasse durch Zugabe von Eischnee hergestellt und zumeist zusammengeklappt serviert.
Pfannkuchen unterscheiden sich durch eine etwas andere Zubereitung. Im allgemeinen sind Pfannkuchen kleinere, dicke, runde Kuchen aus Palatschinkenteig mit Eischnee. Verschiedene Füllen wie Nußfülle, Marmelade oder frische Früchte passen ebenso, wie auch Saucen und Schlagobers dazu gereicht werden können.
Dabei sind der Phantasie keine Grenzen gesetzt.

BISKUITOMELETTE *(Grundrezept)*

3 Eidotter, 20 g Kristallzucker, geriebene Zitronenschale, Vanillezucker, 3 Eiweiß, 40 g Kristallzucker, 50 g Mehl; Butter zum Backen, Marmelade, Staubzucker

Eidotter mit 20 g Kristallzucker, geriebener Zitronenschale und Vanillezucker schaumig rühren.
Eiweiß mit 40 g Kristallzucker zu schmierigem, nicht zu festem Schnee schlagen, unter die Dottermasse heben und das Mehl einmelieren.
In einer Pfanne (Durchmesser ca. 16 cm) wenig Butter erhitzen. Die Hälfte der Masse eingießen, verstreichen und leicht anbacken. Vom Feuer nehmen und im vorgeheizten

Backrohr bei 180 Grad Celsius ca. 5 Minuten fertigbacken. Omelette stürzen, eine Hälfte mit passierter Marmelade bestreichen, die zweite darüberklappen und angezuckert servieren.

ERDBEEROMELETTE *(2 Portionen)*

Biskuitomelette Grundrezept, Butter zum Backen; 350 g Erdbeeren, 40 g Staubzucker, 2 Eßlöffel Weinbrand; Staubzucker, Schlagobers

Zubereitung wie Biskuitomelette.
Erdbeeren waschen, halbieren, mit 40 g Staubzucker und Weinbrand vermischen.
Omelette stürzen, mit den marinierten Erdbeeren belegen und zusammenklappen.
Anzuckern und mit Schlagobers garniert servieren.

OMELETTE „SCHÖNBRUNN" *(2 Portionen)*

Biskuitomelette Grundrezept, Butter zum Backen; Kompottfrüchte, Marillenmarmelade; Schokoladesauce und Schlagobers

Zubereitung wie Biskuitomelette.
Die aus dem Backrohr kommenden Omeletten stürzen und die mit Marillenmarmelade vermischten Kompottfrüchte darauf verteilen.
Omeletten zusammenklappen, mit Schokoladesauce übergießen und mit Schlagobers garniert servieren.

OMELETTE „STEFANIE" *(2 Portionen)*

Biskuitomelette Grundrezept, Butter zum Backen; Marillenmarmelade, gemischte Kompottfrüchte; Staubzucker

Zubereitung wie Biskuitomelette.
Omeletten stürzen und die mit Marillenmarmelade vermischten Kompottfrüchte darauf verteilen.
Omeletten zusammenklappen und angezuckert servieren.

BÉCHAMELOMELETTE *(Grundrezept)*

50 g Butter, 50 g Mehl, $^3/_8$ l Milch, eine Prise Salz, 4 Eidotter, 4 Eiweiß, 30 g Kristallzucker; Butter für die Pfanne; Marmelade, Staubzucker

Butter erhitzen, Mehl beigeben, kurz rösten und mit Milch aufgießen. Salz beigeben und so lange kochen, bis sich die Masse vom Geschirr löst.
Überkühlen lassen und die Eidotter untermengen.
Eiweiß mit Kristallzucker zu schmierigem, nicht zu steifem Schnee schlagen und nach und nach unter die Béchamelmasse heben.
In einer kleinen Pfanne Butter erhitzen und ein Viertel der Masse eingießen. Bei mäßiger Hitze auf dem Herd anbacken, wenden und fertigbacken.

KAISEROMELETTE *(4 Portionen)*

Béchamelomelette Grundrezept; Marillenmarmelade, Staubzucker

Zubereitung wie Béchamelomelette.

Die gebackenen Omeletten zur Hälfte mit passierter Marillenmarmelade bestreichen, zusammenklappen und mit Staubzucker bestreuen.

OMELETTE „JOHANN STRAUSS“ *(4 Portionen)*

50 g Butter, 30 g Mehl, 3/16 l Milch, eine Prise Salz, 3 Eidotter, 3 Eiweiß, 20 g Kristallzucker; Butter für die Pfanne; 2 Orangen, Orangensauce

Zubereitung wie Béchamelomelette.
Die gebackenen Omeletten zusammenklappen, mit je zwei dünnen, geschälten Orangenscheiben belegen und mit Orangensauce übergießen.

PFANNKUCHEN *(Grundrezept)*

100 g Mehl, 3/16 l Milch, 40 g Butter, eine Prise Salz, 5 Eidotter, 5 Eiweiß, 40 g Kristallzucker; Butter für die Pfanne

Mehl mit Milch, zerlassener Butter, Salz und Eidotter zu einem glatten Teig verrühren.
Das mit Kristallzucker zu Schnee geschlagene Eiweiß unterheben.
Butter in einer Pfanne erhitzen, ein Viertel der Masse eingießen, auf dem Herd anbacken und im vorgeheizten Backrohr bei 180 Grad Celsius fertigbacken.

APFELPFANNKUCHEN *(4 Portionen)*

Pfannkuchen Grundrezept, Butter für die Pfanne; 2 Äpfel, Staubzucker

Zubereitung wie Pfannkuchen. Bevor die Pfannkuchen ins Backrohr kommen, mit geschälten, entkernten und in Scheiben geschnittenen Äpfeln bestreuen und fertigbacken. Angezuckert sofort servieren.

PFANNKUCHEN „FRANZ SCHUBERT“ *(3 Portionen)*

Pfannkuchenmasse, Butter für die Pfanne; Weichselmarmelade; Staubzucker

Aus der Pfannkuchenmasse sechs Pfannkuchen backen.
Je zwei mit Weichselmarmelade zusammensetzen, anzuckern und warm servieren.

PFANNKUCHEN „GASTRONOM“ *(6 Portionen)*

70 g Butter, 50 g Mehl, 1/4 l Milch, 5 Eidotter, geriebene Zitronenschale, Vanillezucker, eine Prise Salz, 5 Eiweiß, 50 g Zucker; Butter für die Pfanne
Nußfülle: 60 g geriebene Walnüsse, 30 g Marillenmarmelade, 5 Eßlöffel Milch, Zitronensaft, Cognac; Erdbeersauce, Schokoladesauce, Schlagobers

Butter erhitzen, Mehl einlaufen lassen und kurz durchrösten. Mit Milch aufgießen und so lange rühren, bis sich die Masse vom Geschirr löst.
Eidotter, geriebene Zitronenschale, Vanillezucker und Salz einrühren. Masse überkühlen lassen und das mit Kristallzucker zu Schnee geschlagene Eiweiß unterheben.
Butter in einer Pfanne erhitzen und etwas Teig hineingeben.
Langsam anbacken, wenden und bei schwacher Hitze fertigbacken.
Für die Nußfülle alle Zutaten vermischen und je zwei Pfannkuchen damit zusammensetzen. Eine Hälfte der Pfannkuchen mit Erdbeersauce, die andere Hälfte mit Schokoladesauce übergießen und mit Schlagobers garniert servieren.

PFANNKUCHEN „MÄHRISCHER MARKGRAF“ *(4 Portionen)*

250 g mehlige, gekochte, geschälte Erdäpfel, eine Prise Salz, 4 Eidotter, 6 Eiweiß, 70 g Kristallzucker; Butter für die Pfanne; Staubzucker, Fruchtsauce

Die gekochten, geschälten Erdäpfel etwas ausdampfen lassen, durch eine Erdäpfelpresse drücken und mit einer Prise Salz und den Eidottern vermischen.
Eiweiß mit Kristallzucker zu Schnee schlagen und unter die Erdäpfelmasse heben.
Butter in einer kleinen Pfanne erhitzen, ein Viertel der Masse eingießen und auf kleiner Flamme kurz anbacken. Im vorgeheizten Backrohr bei 200 Grad Celsius ca. 10 Minuten fertigbacken.
Pfannkuchen auf Teller stürzen, anzuckern und mit Fruchtsauce servieren.

Im Fett Gebackenes

Fettgebäck wird aus verschiedenen Teigen wie Backteig, Brandteig oder Germteig hergestellt.
Zum Backen von Früchten verwendet man einen Backteig, der je nach der verwendeten Flüssigkeit als Milch- oder Weinbackteig bezeichnet wird.
Krapfen und gebackene Mäuse sind Fettgebäck aus Germteig, und Spritzkrapfen werden aus Brandteig hergestellt.
Diese Mehlspeisen werden schwimmend im Fett herausgebacken. Dieses sollte nie auf mehr als 180 Grad Celsius erhitzt werden, da es sonst verbrennt. Steht kein Thermometer zur Verfügung, kann die Temperatur mittels Wasserprobe festgestellt werden. Dazu wird ein Kochlöffelstiel erst in Wasser und anschließend in das Fett getaucht. Wenn das Fett zischt und am Kochlöffel kleine Bläschen aufsteigen, hat das Fett die richtige Temperatur. Bei zu langsamem Backen nimmt das Backgut zuviel Fett auf, bei zu schnellem Backen bräunt die Oberfläche zu rasch und das Innere wird nicht gar.
Zum Backen eignet sich spezielles Backfett, das unter verschiedene Bezeichnungen in den Handel kommt.
Öl, Butterschmalz oder Kokosfett eignen sich nur bedingt. Nicht geeignet sind Butter und Margarine.
Alle im Fett gebackenen Speisen müssen gut abtropfen. Man legt sie dazu auf ein Sieb oder auf ein Küchenkrepp.
Fettgebäck soll fast durchwegs frisch gebacken und serviert werden.

MILCHBACKTEIG

1/4 l Milch, 230 g Mehl, eine Prise Salz, 40 g Öl, 3 Eidotter, 3 Eiweiß, 40 g Kristallzucker

Milch mit gesiebtem Mehl mit einem Schneebesen glatt verrühren.
Salz, Öl und Eidotter einrühren und den Teig mindestens eine halbe Stunde rasten lassen.
Danach das mit Kristallzucker zu Schnee geschlagene Eiweiß unter den Teig heben.

WEINBACKTEIG

Wie Milchbackteig, jedoch an Stelle von Milch Wein einrühren.

APFELKRAPFEN *(24 Stück)*

Faschingskrapfenteig; 800 g geschälte, entkernte Äpfel; Fett zum Backen, Zimtzucker, Staubzucker

Den Krapfenteig zu einem Rechteck von 60 cm x 25 cm ausrollen. Mit Wasser bestreichen. Sechzehn Spalten aus jedem Apfel schneiden und diese der Länge nach auf den Teig legen.
Teig einrollen und in 25 mm breite Scheiben schneiden. Die Enden unter die Scheiben ziehen und leicht flach drücken.
Auf ein bemehltes Tuch wegsetzen und zugedeckt an einem warmen Ort (30 Grad Celsius) aufgehen lassen.
Anschließend die Krapfen mit der Oberseite zuerst in heißem Fett (170 Grad Celsius) backen.
Mit Zimtzucker bestreuen und mit Staubzucker anzuckern.

ARME RITTER *(12 Stück)*

6 Semmeln vom Vortag, 100 g Marmelade, 1/2 l Milch, Vanillezucker, Zimt, 2 Eier; Fett zum Backen; Staubzucker, eventuell Fruchtsauce

Die Semmeln entrinden, waagrecht halbieren. Jede Hälfte noch einmal soweit wie möglich einschneiden und diese Zwischenräume mit Marmelade füllen.
Milch mit Vanillezucker und Zimt verrühren. Semmeln darin kurz einweichen, in versprudelte Eier tauchen und in heißem Fett schwimmend goldgelb backen.
Mit Staubzucker bestreuen und eventuell mit Fruchtsauce servieren.

BANANEN IM BACKTEIG *(4 Portionen)*

Milch- oder Weinbackteig, 4 Bananen, 3 Eßlöffel Rum, Zitronensaft, Staubzucker; Fett zum Backen; 4 Eßlöffel Honig

Bananen schälen, der Länge nach halbieren und dann vierteln. Mit Rum und Zitronensaft beträufeln, mit Staubzucker bestreuen und einige Minuten stehen lassen.
Durch den Backteig ziehen und in heißem Fett (180 Grad Celsius) schwimmend herausbacken. Auf einem Gitter abtropfen lassen und mit erwärmtem Honig beträufeln.

BAYRISCHE KÜCHERL *(12 Stück)*

1/8 l Milch, 20 g Germ, 40 g Butter, 30 g Staubzucker, 3 Eidotter, 2 Eßlöffel Rum, 3 g Salz, 300 g Mehl; Fett zum Backen, Staubzucker, Marillenmarmelade

Milch auf ca. 30 Grad Celsius erwärmen und die Germ darin auflösen. Mit zerlassener Butter, gesiebtem Staubzucker, Eidotter, Rum, Salz und Mehl zu einem glatten Teig mischen und zugedeckt an einem warmen Ort (ca. 30 Grad Celsius) eine halbe Stunde aufgehen lassen.
Teig ca. 1 cm dick ausrollen und Kücherln im Durchmesser von 6 cm ausstechen. Teigreste 10 Minuten zugedeckt rasten lassen, nochmals ausrollen und ausstechen. Die Teigstücke auf ein bemehltes Tuch legen, mit Mehl stauben und zugedeckt 20 Minuten an einem warmen Ort aufgehen lassen.
Danach die Kücherln mit dem Daumen in der Mitte eindrücken, sodaß sie ein Grübchen bekommen und mit dieser Seite in heißes Fett (170 Grad Celsius) legen. Beidseitig

backen und gut abtropfen lassen. Zuerst mit Staubzucker bestreuen und dann passierte Marillenmarmelade in die Vertiefung füllen.

FASCHINGSKRAPFEN *(25 Stück, Abb. auf Seite 27)*

ca. 1/4 l Milch, 30 g Germ, 500 g Mehl, 4 Eidotter, 50 g Staubzucker, 20 g Rum, 5 g Salz, geriebene Zitronenschale, 60 g Öl; Fett zum Backen; Staubzucker, Marillenmarmelade

Die Hälfte der Milch auf ca. 30 Grad Celsius erwärmen, die Germ darin auflösen und mit etwas Mehl zu einem dickbreiigen Teig mischen. Mit Mehl zustauben, zudecken und an einen warmen Ort (ca. 30 Grad Celsius) stellen (Dampfl).
Eidotter mit gesiebtem Staubzucker, Rum, Salz und geriebener Zitronenschale schaumig rühren.
Bekommt die Mehloberfläche Risse, so ist das Dampfl reif und wird mit der restlichen Milch, dem Öl, dem Mehl und dem Dotterabtrieb zu einem glatten Teig gemischt. Teig zugedeckt rasten lassen. Danach in 40 g Stücke auswiegen, zu Kugeln schleifen und auf ein bemehltes Tuch wegsetzen.
Teigstücke mit Mehl stauben, mit einem Blech oder Brett flachdrücken und zugedeckt aufgehen lassen.
Anschließend die Krapfen mit der Oberseite zuerst in heißem Fett (170 Grad Celsius) backen und mit passierter Marillenmarmelade füllen. Angezuckert servieren.

GEBACKENE APFELSPALTEN *(6 Portionen)*

Milch- oder Weinbackteig, 3 Äpfel, Zitronensaft, Rum, 50 g Kristallzucker, Zimt; Fett zum Backen, Staubzucker

Äpfel schälen, Kerngehäuse ausstechen und in Scheiben schneiden. Mit Zitronensaft und Rum beträufeln und mit Kristallzucker und einer Prise Zimt bestreuen.
Eine halbe Stunde ziehen lassen. Danach die Apfelscheiben in den Backteig tauchen und schwimmend bei 170 Grad Celsius goldgelb backen.
Abtropfen lassen und mit Staubzucker bestreut servieren.

GEBACKENE BIRNENSPALTEN *(6 Portionen)*

Milch- oder Weinbackteig; 3 Birnen, Saft einer Zitrone, 4 cl Williams-Birnen-Brand, 60 g Staubzucker; Fett zum Backen, Staubzucker, Himbeersauce

Birnen schälen, achteln und entkernen. Zitronensaft mit Williams-Birnen-Brand und Staubzucker vermischen, die Birnenspalten damit beidseitig bestreichen und ca. 30 Minuten ziehen lassen.
Birnenspalten in den Backteig tauchen und schwimmend bei 170 Grad Celsius goldgelb backen. Abtropfen lassen, angezuckert mit Himbeersauce servieren.

GEBACKENE MÄUSE *(20 Stück)*

1/8 l Milch, 20 g Germ, 50 g Butter, 20 g Staubzucker, 4 Eidotter, 2 Eßlöffel Rum, 3 g Salz, 300 g Mehl; Fett zum Backen; Staubzucker, Fruchtsauce

Milch auf ca. 30 Grad Celsius erwärmen und Germ darin auflösen.
Mit zerlassener Butter, gesiebtem Staubzucker, Eidotter, Rum, Salz und Mehl zu einem glatten Teig mischen und zugedeckt an einem warmen Ort (ca. 30 Grad Celsius) eine Stunde aufgehen lassen.

Danach mit einem Suppenlöffel, der vorher jeweils ins heiße Fett getaucht wird, Nocken ausstechen und im Fettbad (170 Grad Celsius) goldgelb backen.
Herausheben und auf einem Gitter abtropfen lassen. Anzuckern und mit Fruchtsauce servieren.

MOHNNÜSSE *(30 Stück)*

1/4 l Milch, 40 g Germ, 3 Eidotter, 40 g Staubzucker, geriebene Zitronenschale, 1 Eßlöffel Rum, 550 g Mehl, 20 g Butter, 5 g Salz; Butter, Staubzucker, 150 g gemahlener Mohn; Staubzucker zum Anzuckern, Marillensauce oder Apfelmus

Milch auf ca. 30 Grad Celsius erwärmen und die Germ darin auflösen.
Eidotter mit gesiebtem Staubzucker, geriebener Zitronenschale und Rum verrühren.
Mit der Milch, der Germ und dem Mehl zu einem Teig mischen. Die weiche Butter und das Salz beigeben und fertigmischen.
Den Teig zugedeckt an einem warmen Ort (ca. 30 Grad Celsius) auf das eineinhalbfache Volumen aufgehen lassen.
Danach mit einem großen Löffel, der vorher jeweils ins heiße Fett getaucht wird, Nocken bzw. Nüsse ausstechen und in heißem Fett (170 Grad Celsius) beidseitig goldgelb backen.
Herausheben und auf einem Gitter abtropfen lassen.
Butter in einer Pfanne erhitzen, Staubzucker und gemahlenen Mohn einrühren. Die Mohnnüsse darin wälzen und angezuckert mit Marillensauce oder Apfelmus servieren.

PALLFYKRAPFEN *(30 Stück)*

Zubereitung wie Faschingskrapfen, jedoch den Teig in 30 g Stücke auswiegen.
Ungefüllt mit Weinchaudeau servieren.

POWIDLKRAPFEN *(25 Stück)*

Faschingskrapfenteig, Powidl, Rum, flüssige Butter, 150 g gemahlener Mohn, 100 g Staubzucker, Vanillezucker

Powidl mit Rum abschmecken und die heißen Krapfen damit füllen.
Mohn mit Staubzucker und Vanillezucker mischen. Die Krapfen mit der Oberseite in flüssige Butter und danach in die Mohnmischung tauchen.

SCHLOSSERBUBEN *(5 Portionen)*

Milch- oder Weinbackteig, 1/2 l Wasser, 100 g Kristallzucker, 1 Zimtrinde, 5 Gewürznelken, Zitronensaft, 30 g getrocknete Zwetschken, 15 weiße Mandeln oder 300 g Marzipan; Fett zum Backen; 100 g geriebene Schokolade, 50 g Staubzucker

Wasser mit Kristallzucker, Zimtrinde, Gewürznelken und Zitronensaft erhitzen, die Zwetschken darin weich kochen und über Nacht in dem Sud stehen lassen.
Je zwei Zwetschken mit abgezogenen Mandeln oder 20 g schweren Marzipanstückchen zusammendrücken, durch den Backteig ziehen und in heißem Fett bei 170 Crad Celsius schwimmend herausbacken.
Abtropfen lassen, in fein geriebener Schokolade vermischt mit Staubzucker rollen.

SCHNEEBALLEN *(20 Stück)*

50 g Mehl, 3/16 l Schlagobers, 80 g Staubzucker, 8 Eidotter, 15 g Essig, 50 g Rum, 30 g Backpulver, geriebene Zitronenschale, Vanillezucker; Fett zum Backen; Staubzucker

Alle Zutaten auf einem Brett zu einem glatten Teig abarbeiten und im Kühlschrank mindestens eine halbe Stunde rasten lassen.
Danach den Teig ca. 3 mm stark ausrollen und mit dem Teigrad in Rechtecke (18 cm x 6 cm) schneiden.
Diese der Länge nach dreimal einschneiden (bis knapp an den Rand).
Anschließend die Rechtecke locker zu Kugeln formen und in „Schneeballenformen" (Metall-Hohlkugelformen mit Löchern) in heißem Fett bei 170 Grad Celsius goldgelb backen. Die Schneeballen müssen mit Fett bedeckt sein.
Aus der Form nehmen, abtropfen lassen und anzuckern.

SPRITZKRAPFEN *(6 Portionen)*

1/8 l Milch, 30 g Butter, eine Prise Salz, 90 g Mehl, 2 Eier, 1 Eßlöffel Rum; Fett zum Backen; Staubzucker, Zimt, Weinchaudeau oder Erdbeer- oder Himbeersauce

Milch mit Butter und Salz aufkochen, Mehl einlaufen lassen und so lange abrösten, bis sich der Teig vom Kochlöffel löst. Etwas überkühlt mit einem Schneebesen die Eier und den Rum einrühren.
Brandteig in einen Dressiersack mit großer Sterntülle füllen und Ringe (Durchmesser 6 cm) auf ein befettetes Papier spritzen. Papier verkehrt in das heiße Fett (160 Grad Celsius) einlegen. Nach kurzer Zeit läßt sich das Papier entfernen. Die Spritzkrapfen unter mehrmaligem Wenden goldgelb backen.
Abtropfen lassen, mit Zimtzucker bestreuen und mit Weinchaudeau oder Fruchtsauce servieren.

SPRITZSTRAUBEN *(6 Portionen)*

Brandmasse (siehe Spritzkrapfen); Fett zum Backen; Staubzucker, Zimt, Erdbeersauce

Aus der Brandmasse anstelle der Ringe Stangen (8 cm Länge) auf ein befettetes Papier spritzen. Backen wie Spritzkrapfen, mit Zimtzucker besieben und mit Erdbeersauce servieren.

TOPFENBÄLLCHEN *(6 Portionen)*

250 g passierter Topfen (20% Fettgehalt), 2 Eidotter, 1 Ei, geriebene Zitronenschale, Vanillezucker, eine Prise Salz, 40 g Butter, 40 g Mehl, 40 g Grieß; Fett zum Backen, Staubzucker, Zimt, Apfelmus

Den durch ein Sieb passierten Topfen mit Eidotter, Ei, Zitronenschale, Vanillezucker, Salz, zerlassener Butter, Mehl und Grieß verrühren und mindestens 2 Stunden im Kühlschrank rasten lassen.
Mit einem Eßlöffel kleine Häufchen ausstechen, zu Knödeln formen und schwimmend in heißem Fett (160 Grad Celsius) goldgelb backen. Abtropfen lassen, mit Zimtzucker bestreuen und mit Apfelmus anrichten. Eventuell mit in Weißwein gedünsteten Apfelscheiben dekorieren.

Bienenstich –
zu Rezept von Seite 118

VANILLEKRAPFEN *(25 Stück)*

Zubereitung wie Faschingskrapfen, jedoch mit Vanillecreme gefüllt.
Die Krapfen mit der Oberseite in heiße Marillenmarmelade und danach in erwärmten (40 Grad Celsius), etwas verdünnten Fondant tauchen.

WIENER WÄSCHERMÄDEL *(5 Portionen)*

Weinbackteig, 10 Marillen, 1/16 l Marillenlikör, Staubzucker, 10 weiße Mandeln oder 200 g Marzipan; Fett zum Backen; Staubzucker, Marillen- oder Vanillesauce

Marillen waschen, halbieren, entkernen, mit Marillenlikör beträufeln und mit Staubzucker bestreuen. Likör einziehen lassen und je zwei Hälften mit einer Mandel oder 20 g schweren Marzipanstückchen zusammendrücken.
Marillen durch den Weinbackteig ziehen und schwimmend in heißem Fett (170 Grad Celsius) goldgelb backen.
Wäschermädel gut abtropfen lassen, anzuckern und mit Vanille- oder Marillensauce servieren.

Desserts aus Germteig

Diese Desserts werden hauptsächlich warm serviert, sind aber auch in kaltem Zustand sehr geschmackvoll. Die Germ sollte stets frisch, also weich und ohne Risse sein. Sie sollte warm, aber niemals heiß (ca. 30 Grad Celsius) behandelt werden. Weiters darf die Germ nie direkt mit Salz oder Fett in Verbindung gebracht werden.
Den fertig gekneteten bzw. gemischten Germteig läßt man zugedeckt ca. 20 Minuten rasten. Danach wird der Germteig noch einmal kurz zusammengeknetet (der Teig erhält dadurch eine feinere Porung) und ausgearbeitet.
Germteiggebäck wird zum Aufgehen an einen warmen Ort (ca. 30 Grad Celsius) gestellt, bis er sein Volumen um ca. 50% vergrößert hat.
Anschließend in das vorgeheizte Backrohr stellen und bei mittlerer Hitze, wobei die Backdauer eine wichtige Rolle spielt, backen. Zu langes Backen trocknet speziell Germteiggebäck sehr stark aus.

BABA MIT RUM *(12 Portionen)*

1/16 l Milch, 20 g Germ, 250 g Mehl, 70 g Butter, 3 Eidotter, 3 Eier, eine Prise Salz, geriebene Zitronenschale, 60 g Staubzucker, 80 g Rosinen, 100 g gestiftelte Mandeln; Butter und Mehl für die Formen
Tränke: 1/2 l Wasser, 1/4 l Orangensaft, 250 g Kristallzucker, geriebene Orangenschale, Saft einer Zitrone, Orangenlikör; Marillenmarmelade, Orangenfilets, Schlagobers

Milch auf ca. 30 Grad Celsius erwärmen und die Germ darin auflösen.
Mit etwas Mehl zu einem dickbreiigen Teig verrühren, die Oberfläche mit Mehl zustauben und zugedeckt an einen warmen Ort (ca. 30 Grad Celsius) stellen (Dampfl).
Butter schmelzen, mit Eidotter, Eier, Salz, geriebener Zitronenschale und gesiebtem Staubzucker gut verrühren.
Das reife Dampfl (es bekommt Risse an der Oberfläche) und das restliche Mehl beigeben und zu einem weichen Teig verrühren (abschlagen).
Zugedeckt an einem warmen Ort (ca. 30 Grad Celsius) ca. 10 Minuten rasten lassen.
Rosinen und gestiftelte Mandeln dazu geben.

Briochegebäck –
zu Rezept von Seite 120

Den Teig nochmals kurz abschlagen und mit einem Dressiersack in ausbebutterte, mit Mehl bestaubte Savarinformen (Ringformen) halbvoll eindressieren. An einem warmen Ort (ca. 30 Grad Celsius) ca. 15 Minuten aufgehen lassen und im vorgeheizten Backrohr bei 180 Grad Celsius ca. 15 Minuten backen.
Aus dem Backrohr nehmen, sofort stürzen und auskühlen lassen.
Für die Tränke alle Zutaten verrühren, aufkochen und mit Orangenlikör abschmecken.
Babas zurück in die Form geben und stark tränken.
Auf ein Gitter setzen, abtropfen lassen und mit kochendheißer Marillenmarmelade bestreichen.
Auf Tellern anrichten und mit Schlagobers und Früchten dekorieren.

DUKATENBUCHTELN *(12 Portionen, Abb. auf Seite 23)*

1/4 l Milch, 30 g Germ, 500 g Mehl, 60 g Butter, 1 Eidotter, 1 Ei, 5 g Salz, geriebene Zitronenschale, 50 g Staubzucker; Butter für die Pfanne; Staubzucker, Vanillesauce

Die halbe Milchmenge auf ca. 30 Grad Celsius erwärmen und die Germ darin auflösen. Mit etwas Mehl zu einem dickbreiigen Teig verrühren, die Oberfläche mit Mehl zustauben und dieses Dampfl zugedeckt an einen warmen Ort (ca. 30 Grad Celsius) stellen.
Butter, Eidotter, Ei, Salz, geriebene Zitronenschale und den gesiebten Staubzucker in der restlichen Milch erwärmen, mit dem reifen Dampfl (es bekommt an der Mehloberfläche Risse) und dem restlichen Mehl zu einem glatten Teig mischen (kneten). Zugedeckt ca. 20 Minuten rasten lassen.
Danach den Germteig auf einem bemehlten Brett fingerdick ausrollen und mit einem runden Ausstecher (Durchmesser 3 cm) Scheiben ausstechen. Diese in flüssige Butter tauchen und reihenweise in eine mit Butter ausgestrichene Pfanne eng aneinandersetzen. An einem warmen Ort (ca. 30 Grad Celsius) ca. 20 Minuten aufgehen lassen und im vorgeheizten Backrohr bei 180 Grad Celsius ca. 20 Minuten backen.
Dukatenbuchteln aus der Pfanne heben und auseinandernehmen.
Auf Vanillesauce anrichten und mit Staubzucker bestreuen.
Pro Portion rechnet man 4 bis 5 Buchteln.

ERDÄPFELBUCHTELN *(8 Portionen)*

250 g mehlige, gekochte, geschälte Erdäpfeln, 1/16 l Milch, 30 g Germ, 1 Ei, 1 Eidotter, 80 g Staubzucker, Vanillezucker, geriebene Zitronenschale, 500 g Mehl, 100 g Butter, 7 g Salz; Nußfülle halbe Menge (siehe Füllen für Kaffeegebäck)
Walnußsauce: 100 g Kristallzucker, 1/16 l Milch, 3/16 l Schlagobers, Rum, 100 g grobgehackte Walnüsse; Butter für die Pfanne; Staubzucker, Vanillezucker, Zimt

Zuerst die Nußfülle kochen, auskühlen lassen und 20 g Stücke auswiegen.
Milch auf ca. 30 Grad Celsius erwärmen und die Germ darin auflösen. Mit etwas Mehl zu einem dickbreiigen Teig verrühren, die Oberfläche mit Mehl zustauben und dieses Dampfl zugedeckt an einen warmen Ort (ca. 30 Grad Celsius) stellen.
Ei und Eidotter mit gesiebtem Staubzucker, Vanillezucker und geriebener Zitronenschale gut verrühren. Mit dem Mehl, dem reifen Dampfl und den passierten Erdäpfeln zu einem Teig kneten. Zuletzt die flüssige Butter und das Salz einarbeiten.
Zugedeckt ca. 20 Minuten rasten lassen.
Danach den Germteig auf einem bemehlten Brett 5 mm dick ausrollen und in Quadrate von 5 cm Länge schneiden.

Plundergebäck –
zu den Rezepten von Seite 127 bis Seite 130

Nußfülle daraufsetzen, die Teigränder über die Fülle stülpen und zusammendrücken. Eine Pfanne mit Butter ausstreichen und die in flüssige Butter getauchten Buchteln mit der Verschlußseite nach unten reihenweise hineinsetzen.
An einem warmen Ort (ca. 30 Grad Celsius) ca. 20 Minuten aufgehen lassen und im vorgeheizten Backrohr bei 170 Grad Celsius ca. 25 Minuten backen.
Für die Walnußsauce Zucker schmelzen (karamelisieren). Mit Milch und Schlagobers ablöschen. Sauce zu cremiger Konsistenz einkochen und mit Rum aromatisieren. Vor dem Anrichten die Nüsse unter die Sauce mischen.
Sauce in Suppenteller gießen und je drei Buchteln einlegen. Angezuckert servieren.

MOHNBUCHTELN *(8 Portionen)*

ca. 1/4 l Milch, 30 g Germ, 500 g Mehl, 50 g Butter, 3 Eidotter, 5 g Salz, geriebene Zitronenschale, Vanillezucker, 50 g Staubzucker, Mohnfülle; 200 g Rohmarzipan; Butter für die Pfanne; Staubzucker, Rum, Vanillesauce

Die halbe Milchmenge auf ca. 30 Grad Celsius erwärmen und die Germ darin auflösen. Mit etwas Mehl zu einem dickbreiigen Teig verrühren, die Oberfläche mit Mehl zustauben und dieses Dampfl zugedeckt an einen warmen Ort (ca. 30 Grad Celsius) stellen.
Butter, Eidotter, Salz, geriebene Zitronenschale, Vanillezucker und den gesiebten Staubzucker in der restlichen Milch erwärmen und dann mit dem reifen Dampfl (es bekommt an der Mehloberfläche Risse) und dem restlichen Mehl zu einem glatten Teig mischen.
Zugedeckt ca. 20 Minuten rasten lassen. Danach den Germteig auf einem bemehlten Brett ca. 5 mm dick ausrollen und in Quadrate von 5 cm Länge schneiden.
Mohnfülle mit Marzipan vermischen, kleine Häufchen daraufsetzen, die Teigränder über die Fülle stülpen und zusammendrücken.
Eine Pfanne mit Butter ausstreichen und die in flüssige Butter getauchten Buchteln mit der Verschlußseite nach unten reihenweise hineinsetzen.
An einem warmen Ort (ca. 30 Grad Celsius) ca. 20 Minuten aufgehen lassen und im vorgeheizten Backrohr bei 180 Grad Celsius ca. 25 Minuten backen.
Buchteln aus der Pfanne heben und auseinandernehmen. Auf mit Rum abgeschmeckter Vanillesauce anrichten und mit Staubzucker bestreuen.
Pro Portion rechnet man 2 bis 3 Buchteln.

SAVARIN MIT FRÜCHTEN *(12 Portionen)*

1/16 l Milch, 20 g Germ, 250 g Mehl, 70 g Butter, 3 Eidotter, 3 Eier, 2 g Salz, geriebene Zitronenschale, 60 g Staubzucker; Butter und Mehl für die Formen
Tränke: 1/2 l Wasser, 1/4 l Orangensaft, 250 g Kristallzucker, geriebene Orangenschale, Saft einer Zitrone, Orangenlikör; Marillenmarmelade, verschiedene Früchte, Schlagobers

Milch auf ca. 30 Grad Celsius erwärmen und die Germ darin auflösen.
Mit etwas Mehl zu einem dickbreiigen Teig verrühren, die Oberfläche mit Mehl zustauben und dieses Dampfl zugedeckt an einen warmen Ort (ca. 30 Grad Celsius) stellen.
Butter schmelzen, mit Eidotter, Eier, Salz, geriebener Zitronenschale und gesiebtem Staubzucker gut verrühren.
Das reife Dampfl (es bekommt Risse an der Oberfläche) und das restliche Mehl beigeben und zu einem weichen Teig verrühren (abschlagen).

Palmblätter –
zu Rezept von Seite 132

Schaumrollen –
zu Rezept von Seite 133

Zugedeckt an einem warmen Ort (ca. 30 Grad Celsius) ca. 10 Minuten rasten lassen. Den Teig nochmals kurz abschlagen und mit einem Dressiersack in ausgebutterte, mit Mehl gestaubte Savarinformen (Ringformen) halbvoll eindressieren. An einem warmen Ort (ca. 30 Grad Celsius) ca. 15 Minuten aufgehen lassen und im vorgeheizten Backrohr bei 180 Grad Celsius ca. 15 Minuten backen.
Aus dem Backrohr nehmen, stürzen und auskühlen lassen.
Für die Tränke alle Zutaten verrühren, aufkochen und mit Orangenlikör abschmecken. Savarin in die ausgekühlte Tränke tauchen und damit vollsaugen lassen (dabei vergrößert sich das Volumen der Savarin).
Auf ein Gitter setzen, abtropfen lassen und mit kochendheißer Marillenmarmelade bestreichen.
Auf Tellern anrichten und mit Schlagobers und Früchten dekorieren.

Cremesaucen

Bei vielen Desserts hängt der Geschmack von der richtigen Begleitsauce ab. Die Cremesaucen werden gekocht und meistens warm serviert.

VANILLESAUCE

1/2 l Milch, 100 g Kristallzucker, 20 g Vanillepuddingpulver, 2 Eidotter, Rum

Die halbe Milchmenge mit Kristallzucker aufkochen.
Die restliche Milch mit Vanillepuddingpulver und Eidottern verrühren, in die kochende Milch gießen und unter ständigem Rühren mit dem Schneebesen auf kleiner Flamme nochmals aufkochen. Kurz überkühlen und mit Rum abschmecken.
Die Hälfte der Milchmenge kann durch Kaffeeobers oder Schlagobers ersetzt werden.

KAFFEESAUCE

3/8 l Milch, 100 g Kristallzucker, 1/8 l starker, schwarzer Kaffee, 20 g Vanillepuddingpulver, 2 Eidotter

Milch mit Kristallzucker aufkochen.
Den kalten Kaffee mit Vanillepuddingpulver und Eidottern verrühren, in die kochende Milch gießen und unter ständigem Rühren mit dem Schneebesen auf kleiner Flamme nochmals aufkochen.

KARAMELSAUCE

1/2 l Milch, 4 Eidotter, 10 g Vanillepuddingpulver, 180 g Kristallzucker

Die halbe Milchmenge aufkochen.
Die restliche Milch mit Vanillepuddingpulver und Eidottern verrühren, in die kochende Milch eingießen und unter ständigem Rühren mit einem Schneebesen auf kleiner Flamme nochmals aufkochen. Kristallzucker hellbraun schmelzen und in die noch heiße Milchmischung einrühren. Sollte sich der Kristallzucker nicht auflösen, nochmals aufkochen und danach abseihen.

MANDELSAUCE

Vanillesauce, 50 g geschälte, geriebene Mandeln, Amaretto

Unter die Vanillesauce die geschälten, geriebenen Mandeln rühren und mit Amaretto abschmecken.

NOUGATSAUCE

Vanillesauce, 150 g Nougat

Unter die heiße Vanillesauce klein geschnittenen Nougat rühren.

SCHOKOLADESAUCE I

Vanillesauce, 170 g Tunkmasse (oder Kochschokolade)

Unter die heiße Vanillesauce gehackte Tunkmasse (oder Kochschokolade) rühren und nochmals aufkochen.

SCHOKOLADESAUCE II

1/4 l Wasser, 200 g Kristallzucker, 30 g Honig, 250 g Tunkmasse (oder Kochschokolade), 50 g Butter

Wasser mit Kristallzucker und Honig aufkochen und die Tunkmasse darin auflösen. Sauce zu dickflüssiger Konsistenz reduzieren. Butter einrühren.

WEINCHAUDEAU

1/4 l Weißwein, 3 Eidotter, 1 Ei, 100 g Kristallzucker

Alle Zutaten mit einem Schneebesen über Dunst schaumig schlagen.

WEINSCHAUMCREME *(4 Portionen)*

4 Eidotter, 1 Ei, 120 g Staubzucker, 3/8 l Marsalawein oder Weißwein

Wasser für das Wasserbad in einem größeren Topf erhitzen. Die Dotter und den gesiebten Staubzucker schaumig rühren. Die Schüssel in das Wasserbad stellen, nach und nach den Marsala- oder Weißwein zugießen und weiterrühren, bis die Creme schaumig wird. Die Weinschaumcreme in 4 Gläser füllen und sofort servieren.

KALTE DESSERTS

Creme- und Fruchtdesserts

Diese im Geschmack sehr erfrischenden Desserts bestehen aus lockeren und leichten Cremen. Die Hauptbestandteile sind neben den namensgebenden Zutaten wie zum Beispiel Früchte, Schokolade, Topfen oder Grieß auch Gelatine, Zucker und geschlagenes Obers.
Für Fruchtdesserts werden frische oder tiefgekühlte Früchte (aufgetaut, aber nicht erhitzt), durch ein Sieb passiert, verwendet.
Bei der Behandlung der Blattgelatine, die in den Rezepten dieses Buches verwendet wird, sind einige Grundregeln zu beachten.
Gelatineblätter immer einzeln in kaltes Wasser einlegen. Sobald die Blätter weich sind, herausnehmen und im Wasserbad auf kleiner Flamme schmelzen.
Die aufgelöste Gelatine in die Grundmasse oder in das Fruchtmark einrühren. Zuerst nur einen kleinen Teil geschlagenes Obers unter die Grundmasse mengen und dann den Rest unterheben. Diesen Vorgang sollte man rasch durchführen, da sonst die Gelatine zu rasch stockt und sich Knollen bilden würden.
Die Creme in Formen füllen und mindestens 2 bis 3 Stunden im Kühlschrank stocken lassen.
Diese Desserts werden kurz vor dem Servieren angerichtet.

BAYRISCHE CREME *(8 Portionen, Abb. auf Seite 28)*

1/4 l Milch, 2 Eidotter, 50 g Kristallzucker, Vanillezucker, 4 Blatt Gelatine, 1/4 l Schlagobers; Frucht- oder Schokoladesauce etc., Schlagobers

Milch, Eidotter, Kristallzucker und Vanillezucker mit einem Schneebesen über Wasserdampf bis kurz vor den Siedepunkt erhitzen (ca. 85 Grad Celsius). Die in kaltem Wasser eingeweichten Gelatineblätter darin auflösen.
Unter öfterem Rühren auskühlen lassen (eventuell in kaltem Wasserbad).
Kurz vor dem Stocken der Grundcreme das geschlagene Obers unterheben, mit einem Dressiersack in Förmchen füllen und im Kühlschrank ca. 2 bis 3 Stunden kühlen.
Danach die Formen kurz in heißes Wasser tauchen, auf Teller stürzen und mit beliebiger Sauce und geschlagenem Obers garnieren.
Man kann die Creme verschieden variieren, indem man sie vor der Beigabe von Schlagobers mit Fruchtmark, Nougat, Likören oder Schokolade abschmeckt. Ebenso können auch Fruchtstücke beigemengt werden.

BLÄTTERKROKANTSTRUDEL *(4 Portionen)*

Strudelteig Grundrezept; Öl zum Bestreichen; 100 g Himbeeren, 80 g Joghurt, 40 g Staubzucker, Saft einer halben Zitrone, 1/4 l Schlagobers;
Einlage: Himbeeren, Erdbeeren, Brombeeren
Garnitur: Fruchtsauce, Staubzucker, Früchte

Aus dem ausgezogenen Strudelteig mit einem Ausstecher (Durchmesser 8 cm) Scheiben ausstechen und auf ein geöltes Backblech legen. Oberseite der Scheiben ebenfalls mit Öl bestreichen und im vorgeheizten Backrohr bei 200 Grad Celsius ca. 10 Minuten goldgelb backen. Nach dem Backen sofort auf ein Küchenpapier legen und trocken aufbewahren.

Für die Creme Himbeeren (tiefgekühlte Himbeeren auftauen) durch ein Sieb passieren und mit Joghurt, gesiebtem Staubzucker und Zitronensaft verrühren und das geschlagene Obers unterheben.
Auf einen Teller etwas Creme dressieren und ein Strudelblatt darauflegen. Darauf abwechselnd Creme mit Früchten und Strudelblätter schichten.
Mit dem fünften Strudelblatt abdecken und dieses anzuckern.
Teller mit Fruchtsauce und Früchten garnieren.

BUTTERMILCH-BISKUIT-TERRINE *(8 Portionen)*

1/2 l Buttermilch, 170 g passierter Topfen (10% Fettgehalt), 140 g Staubzucker, Saft einer Zitrone und Orange, 7 Blatt Gelatine, 150 g gemischte Beerenfrüchte, 1/4 l Schlagobers, eine dünne Biskuitroulade (1/4 Menge der Biskuitrouladenmasse); Fruchtsauce, Beeren zum Garnieren

Buttermilch mit dem durch ein Sieb passierten Topfen, gesiebtem Staubzucker, Saft einer Zitrone und Orange glattrühren.
Die in kaltem Wasser eingeweichten Gelatineblätter mit einem Teil der Buttermilchmasse verrühren und kurz erwärmen, bis die Gelatine aufgelöst ist.
Mit der restlichen Buttermilchmasse vermischen und die gemischten Beerenfrüchte locker untermengen. Sofort das geschlagene Obers unterheben und die halbe Creme in eine Wannenform füllen. Die dünne Biskuitroulade (Durchmesser 4 cm) einlegen und mit der restlichen Creme auffüllen. Im Kühlschrank mindestens drei Stunden kühlen.
Danach die Form in warmes Wasser tauchen, stürzen und die Terrine in Scheiben schneiden. Zwei bis drei Scheiben auf einem Teller anrichten, mit Fruchtsauce und Beeren garnieren.

CREME BRULEE *(6 Portionen)*

1 l Schlagobers, 1 Vanilleschote, 120 g Kristallzucker, 9 Eidotter, 1/4 l geschlagenes Obers, 300 g Beerenfrüchte; Kristallzucker

1 l Schlagobers mit der ausgeschabten Vanilleschote aufkochen. 120 g Kristallzucker mit den Eidottern verrühren und das heiße Schlagobers einrühren.
Das Obers mit den Eidottern wieder aufs Feuer stellen und unter ständigem Rühren mit einem Schneebesen auf 80 Grad Celsius erhitzen. Vom Feuer nehmen und durch ein Sieb seihen.
In einen Suppenteller Beeren einstreuen. Die Creme über den Beeren verteilen.
Zum Abstocken die Creme 4 Stunden in den Kühlschrank stellen.
Creme mit Kristallzucker bestreuen und die Oberfläche abflämmen. (Mit dem Bunsenbrenner oder dem Salamander)

CREME CARAMEL *(8 Portionen)*

150 g Kristallzucker; 4 Eier, 3 Eidotter, 100 g Kristallzucker, Vanillezucker, 1/2 l Milch; Schlagobers zum Garnieren

150 g Kristallzucker am besten in einem Kupfergeschirr schmelzen und den Boden kleiner, glatter Puddingformen damit ausgießen.
Eier, Eidotter, 100 g Kristallzucker und Vanillezucker mit einem Schneebesen gut verrühren. Die Milch aufkochen und unter ständigem Rühren beigeben.
Abseihen, die Puddingförmchen damit auffüllen und in eine feuerfeste Pfanne stellen.

Diese 2 cm hoch mit kochendem Wasser füllen und im vorgeheizten Backrohr bei 120 Grad Celsius ca. 50 Minuten garen. Das Wasser darf nicht kochen!
Um zu überprüfen, ob die Creme fertig ist, mit einem kleinen Messer tief einstechen. Es muß klarer Karamel hochkommen.
Über Nacht in den Kühlschrank stellen. Beim Stürzen mit einem Messer vom Rand lösen und mit geschlagenem Obers garnieren.

ERDBEERCREME *(8 Portionen, Abb. auf Seite 45)*

250 g frische oder tiefgekühlte Erdbeeren, 130 g Staubzucker, Saft einer halben Zitrone, 4 Blatt Gelatine, 3/8 l Schlagobers; Schlagobers und Erdbeeren zum Garnieren

Erdbeeren (tiefgekühlte Erdbeeren auftauen) durch ein Sieb passieren, mit gesiebtem Staubzucker und Zitronensaft verrühren.
Die in kaltem Wasser eingeweichten Gelatineblätter über Wasserdampf auflösen und unter die Erdbeeren mischen.
Die Grundmasse sofort mit einem Teil des geschlagenen Obers vermischen und das restliche Obers unterheben. Die Creme in Cocktailgläser füllen und im Kühlschrank stocken lassen. Mit geschlagenem Obers und frischen Erdbeeren garnieren.

FRÜCHTECHARLOTTE IM GLAS *(12 Portionen)*

1/2 l Milch, 4 Eidotter, 100 g Kristallzucker, 5 Blatt Gelatine, 1/8 l Grand Marnier, 1/2 l Schlagobers
Fruchteinlage: 70 g Ananaskompott, 70 g Pfirsichkompott, 70 g Birnenkompott
Garnitur: 1/8 l Schlagobers, 250 g Erdbeersauce, frische Erdbeeren; 12 Weingläser

Weingläser mit in Scheiben geschnittenen Erdbeeren dekorativ auslegen.
Für die Creme Milch aufkochen. Die Eidotter mit Kristallzucker verrühren. Die heiße Milch in die Eidotter einrühren.
Die in kaltem Wasser eingeweichten und ausgedrückten Gelatineblätter beigeben und die Masse auskühlen lassen. Grand Marnier einrühren und kurz vor dem Stocken das geschlagene Obers und die Fruchteinlage vorsichtig unterheben.
Die Creme in die Gläser füllen, glatt klopfen und kalt stellen.
Vor dem Servieren Fruchtsauce über die Creme gießen (Saucenspiegel), mit geschlagenem Obers und Früchten garnieren.

GRATINIERTE FRÜCHTE *(12 Portionen)*

1 Biskuitfleck (siehe Biskuitmasse für Rouladen), 250 g Fruchtsauce, ca. 700 g frische Früchte (Orangen, Kiwi, Ananas, Himbeeren, Erdbeeren, Mangos usw.)
Gratinier-Creme: 1/4 l Milch, 1/4 l Schlagobers, 50 g Vanillepuddingpulver, 30 g Kristallzucker, 3 Eidotter, 2 cl Maraschino, 3 Eiweiß, 110 g Kristallzucker

Fruchtsauce in der Mitte vom Suppenteller verteilen.
Aus dem Biskuitfleck Scheiben (Durchmesser 5 cm) ausstechen und auf die Fruchtsauce legen.
Die Früchte kreisförmig über die Kante der Biskuitscheiben legen.
Für die Gratinier-Creme etwas Milch mit dem Puddingpulver und den Eidottern verrühren. Restliche Milch mit Schlagobers und 30 g Kristallzucker aufkochen.
In der Zwischenzeit das Eiweiß mit 110 g Kristallzucker zu Schnee schlagen. Puddingpulver nochmals durchrühren, in die kochende Milch gießen und unter ständigem

Rühren nochmals aufkochen. Vom Herd nehmen, Maraschino und das zu Schnee geschlagene Eiweiß unterziehen.
Mit Hilfe eines Dressiersackes mit großer Lochtülle die Creme spiralenförmig über die Früchte dressieren und auskühlen lassen. Vor dem Servieren die Oberfläche mit einem Bunsenbrenner oder Salamander flämmen. Anzuckern und mit Minze dekorieren. Eventuell eine Kugel Eis in die Mitte setzen.

GRIESSCREME MIT HIMBEERESSIG *(6 Portionen)*

1/4 l Milch, Vanillezucker, eine Prise Salz, 30 g Grieß, 1 Eidotter, 40 g Kristallzucker, 4 cl Himbeeressig, 2 Blatt Gelatine, 1/4 l Schlagobers; Fruchtsauce, Himbeeressig, Himbeeren, Schlagobers

Milch mit Vanillezucker und Salz aufkochen. Grieß beigeben und unter ständigem Rühren zu dicklicher Konsistenz einkochen.
Eidotter, Kristallzucker, Himbeeressig und die in kaltem Wasser eingeweichten Gelatineblätter einrühren.
Die Masse auskühlen lassen und kurz vor dem Stocken das geschlagene Obers unterheben. In mit kaltem Wasser ausgespülte Portionsformen füllen und im Kühlschrank stocken lassen.
Vor dem Anrichten die Formen kurz in heißes Wasser tauchen, auf Teller stürzen. Fruchtsauce mit Himbeeressig abschmecken. Mit Himbeeren und Schlagobers garnieren.

HASELNUSS-SCHOKO-CREME *(8 Portionen)*

1/4 l Milch, 30 g Kristallzucker, 20 g Butter, 120 g Nougat, 20 g Vanillepuddingpulver, 1 Eidotter, 100 g gehackte Tunkmasse, 2 cl Cognac, 3/8 l Schlagobers; gehobelte, geröstete Mandeln, Schokoladespäne

Ca. zwei Drittel der Milch mit Kristallzucker, Butter und Nougat unter öfterem Umrühren mit einem Schneebesen aufkochen. Restliche Milch mit Vanillepuddingpulver und dem Eidotter verrühren, in die kochende Milch gießen und unter ständigem Rühren nochmals aufkochen.
Auskühlen lassen, durch ein Sieb passieren, gehackte Tunkmasse, Cognac und das geschlagene Obers unterheben. Creme in einen Dressiersack mit großer Sterntülle füllen, damit in Stielgläser dressieren und im Kühlschrank mindestens eine Stunde kühlen. Danach mit gehobelten, gerösteten Mandeln und Schokospänen garnieren.

KOKOSCREME *(8 Portionen)*

3 Eidotter, 60 g Kristallzucker, 1/4 l Milch, 5 Blatt Gelatine, 50 g Kokosraspel, 2 Eßlöffel Kokoslikör, 1/4 l Schlagobers; Marillensauce, Marillenspalten, Schlagobers

Eidotter mit Kristallzucker schaumig rühren.
Milch aufkochen und unter ständigem Rühren mit einem Schneebesen in die Dottermasse gießen. Die Masse auf kleiner Flamme zu cremiger Konsistenz rühren und die in kaltem Wasser eingeweichten Gelatineblätter darin auflösen.
Creme durch ein Sieb abseihen, Kokosraspel und Kokoslikör beigeben und kurz vor dem Stocken das geschlagene Obers unterheben. Kokoscreme in Förmchen füllen und im Kühlschrank mindestens zwei Stunden kühlen.
Formen aus dem Kühlschrank nehmen, kurz in heißes Wasser tauchen, stürzen und auf Marillensauce anrichten. Mit Schlagobers und Marillenspalten garnieren.

LEBKUCHENCREME *(6 Portionen)*

1/4 l Milch, 40 g Kristallzucker, 20 g Vanillepuddingpulver, 1 Eidotter, 2 Blatt Gelatine, 30 g Lebkuchenbrösel (getrockneter Lebkuchen gerieben), 1/4 l Schlagobers; 1 Orange

Ca. zwei Drittel der Milch mit Kristallzucker unter öfterem Rühren mit einem Schneebesen aufkochen. Restliche Milch mit Vanillepuddingpulver und dem Eidotter verrühren, in die kochende Milch gießen und unter ständigem Rühren nochmals aufkochen. Die Creme auskühlen lassen und durch ein Sieb passieren.
Die in kaltem Wasser eingeweichten Gelatineblätter im Wasserbad auflösen und in die Creme rühren.
Lebkuchenbrösel beimengen und das geschlagene Obers unterheben.
Lebkuchencreme in einen Dressiersack mit großer Sterntülle füllen, in Stielgläser dressieren und im Kühlschrank mindestens zwei Stunden kühlen.
Orange schälen, Filets herausschneiden und die Creme damit garnieren.

MALAKOFFTERRINE *(16 Portionen)*

Biskotten (siehe Biskottenmasse); Creme (siehe Bayrische Creme doppelte Masse), 1/8 l Läuterzucker, 1/8 l Rum; eine Terrinenform; Fruchtsauce, Früchte

Terrinenform mit Klarsichtfolie auslegen. Ein Drittel der Creme einfüllen. Läuterzucker mit Rum mischen. Biskotten in Rum-Läuterzucker tauchen und eng auf die Creme legen. Abwechselnd Creme und Biskotten übereinander schichten, mit Klarsichtfolie abdecken und im Kühlschrank oder Tiefkühler stocken lassen.
Portionieren, mit Fruchtsauce und Früchten anrichten. Eventuell mit Schokoladeornamenten dekorieren.

MANDELCREME *(6 Portionen)*

4 Eidotter, 60 g Kristallzucker, 1/4 l Milch, 5 Blatt Gelatine, 130 g geschälte, geriebene Mandeln, 2 Eßlöffel Mandellikör, 1/4 l Schlagobers; Weichselröster

Eidotter mit Kristallzucker schaumig rühren.
Milch aufkochen und unter ständigem Rühren mit einem Schneebesen in die Dottermasse gießen. Die Masse auf kleiner Flamme zu cremiger Konsistenz rühren und die in kaltem Wasser eingeweichten Gelatineblätter darin auflösen.
Creme durch ein Sieb abseihen, geriebene Mandeln und Mandellikör beigeben und kurz vor dem Stocken das geschlagene Obers unterheben.
Mandelcreme in Cocktailgläser füllen, im Kühlschrank mindestens zwei Stunden kühlen und mit Weichselröster garnieren.

MARILLENCREME *(8 Portionen)*

300 g entkernte Marillen, 1/16 l Wasser, 80 g Kristallzucker, Saft einer Zitrone; 250 g Joghurt, 100 g Staubzucker, 5 Blatt Gelatine, 1/4 l Schlagobers; Marillenspalten, Schlagobers

Marillen waschen, halbieren und entkernen. Mit 1/16 l Wasser, Kristallzucker und Zitronensaft aufkochen und kurz dünsten. Auskühlen lassen, pürieren und durch ein Sieb passieren.
Zwei Drittel des Marillenpürees mit Joghurt und gesiebtem Staubzucker verrühren. Die in kaltem Wasser eingeweichten Gelatineblätter im Wasserbad auflösen, in die

Marillenmasse rühren und das geschlagene Obers unterheben. Creme in Cocktailgläser füllen und im Kühlschrank stocken lassen.
Danach das restliche Marillenpüree auf der Creme verteilen und mit geschlagenem Obers und Marillenspalten garnieren.

MARONIREIS *(6 Portionen)*

500 g gekochte, passierte Maroni, 120 g Staubzucker, 2 Eßlöffel Rum, Vanillezucker; 1/2 l Schlagobers

Maroni mit Wasser bedeckt weich kochen.
Mit einem Messer nicht ganz durchschneiden, das Fruchtmark herausdrücken und dieses durch ein Sieb passieren.
Das Mark auskühlen lassen und mit gesiebtem Staubzucker, Rum und Vanillezucker vermischen.
Schlagobers portionsweise auf Teller dressieren. Maronimasse über das geschlagene Obers durch ein mittleres Reibeisen drücken.

MARZIPANMOUSSE *(6 Portionen)*

3 Eidotter, 90 g Kristallzucker, 250 g Rohmarzipan, 1/4 l Milch, 5 Blatt Gelatine, 2 Eßlöffel Rum, 1/4 l Schlagobers; Marillensauce, gehackte Pistazien

Eidotter mit Kristallzucker schaumig rühren.
Rohmarzipan in kleine Stücke schneiden, mit Milch unter ständigem Rühren mit einem Schneebesen aufkochen, in die Dottermasse einrühren und auf kleiner Flamme zu cremiger Konsistenz kochen. Die in kaltem Wasser eingeweichten Gelatineblätter darin auflösen und den Rum beigeben. Danach die Creme durch ein Sieb streichen und kalt stellen.
Kurz vor dem Stocken das geschlagene Obers unterheben, in eine Schüssel füllen und im Kühlschrank ziehen lassen (mindestens zwei Stunden).
Aus dem Marzipanmousse mit einem in kaltes Wasser getauchten Löffel Nocken ausstechen und auf Marillensauce anrichten. Mit gehackten Pistazien bestreuen.

MILCHSCHOKOLADECREME *(10 Portionen)*

1 l Schlagobers, 300 g Milchtunkmasse; Kokosecken (siehe Dekormassen- und Variationen)
Eierlikör: 1/4 l Schlagobers, 1/4 l Kaffeeobers, 300 g Kristallzucker, 8 Eidotter, Vanillezucker, eine Prise Salz, 1/8 l Congnac (Weinbrand)

Für die Creme Schlagobers aufkochen. Milchtunkmasse zerkleinern und im heißen Schlagobers schmelzen. Mit dem Stabmixer ca. 5 Minuten mixen (homogenisieren) und rasch abkühlen. Über Nacht im Kühlschrank reifen lassen.
Für den Eierlikör Schlagobers mit Kaffeeobers, Vanillezucker und einer Prise Salz aufkochen. Dotter mit Kristallzucker glatt rühren, die heiße Obersmischung einrühren und unter ständigem Rühren auf 80 Grad Celsius erhitzen. Nach dem Auskühlen den Alkohol beigeben.
Milchschokoladecreme halb aufschlagen und mit einem Dressiersack in Gläser portionieren. Eierlikör darüber gießen und mit Kokosecken dekorieren.

MOCCAMOUSSE *(6 Portionen)*

100 g Kaffeebohnen 1/2 l Schlagobers, 3 Eidotter, 2 Eier, 70 g Kristallzucker, 1 Teelöffel Löskaffee, 50 g weiße Tunkmasse, 70 g Tunkmasse, 1 Teelöffel Kaffeelikör, 3 Blatt Gelatine; Weichselkompott (siehe Kompotte), Kaffeetassen

Kaffeebohnen grob zerdrücken, mit dem Schlagobers vermengen und gut verschlossen 24 Stunden ziehen lassen.
Eier und Eidotter mit Kristallzucker über Wasserbad warm aufschlagen (ca. 40 Grad Celsius), Löskaffee einrühren und anschließend kalt schlagen.
Die über Wasserbad erwärmten Tunkmassen beigeben. Die in kaltem Wasser eingeweichten Gelatineblätter im warmen Kaffeelikör schmelzen und in die Eiermasse einrühren.
Schlagobers abseihen, aufschlagen und unter die Eier heben. In vorgekühlte Kaffeetassen füllen, kühlen und mit Weichselkompott servieren.

MOUSSE AU CHOCOLAT *(6 Portionen, Abb. auf Seite 47)*

5 Eidotter, 1 Ei, 90 g Kristallzucker, 200 g Tunkmasse (oder Kochschokolade), 2 cl weißer Rum, 3/8 l Schlagobers; geeiste Vanillesauce, Schlagobers, Schokoladespäne

Eidotter und Ei mit Kristallzucker mit einem Schneebesen über Wasserdampf warm (ca. 40 Grad Celsius) aufschlagen.
Kalt schlagen und die über Wasserdampf aufgelöste, auf ca. 30 Grad Celsius temperierte Tunkmasse und den Rum beigeben. Sofort das geschlagene Obers unterheben, in eine Schüssel füllen und im Kühlschrank gut durchkühlen.
Danach mit einem Suppenlöffel, der immer wieder in kaltes Wasser getaucht wird, Nocken ausstechen und auf kaltgerührter Vanillesauce anrichten.
Mit Schlagobers und Schokoladespänen garnieren. Das Mousse kann auch in Gläser portioniert und dann gekühlt werden.

NOUGATMOUSSE *(8 Portionen)*

Mandelkrokant: 60 g Kristallzucker, 60 g Mandeln; 6 Eidotter, 50 g Kristallzucker, 4 Blatt Gelatine, 1/16 l Amaretto, 80 g Nougat, 2 Eiweiß, 60 g Kristallzucker, 1/2 l Schlagobers; Mandelkrokant für Dekor (siehe Dekormassen und Variationen); 8 Weingläser

Für den Krokant 60 g Kristallzucker auf kleiner Flamme schmelzen. Mandeln dazugeben, durchrühren und auf ein geöltes Blech leeren. Ausgekühlt zu Brösel reiben.
Für die Creme Eidotter mit 50 g Kristallzucker über Wasserbad warm aufschlagen (ca. 40 Grad Celsius) und anschließend kalt schlagen. Amaretto erwärmen und die in kaltem Wasser eingeweichten und ausgedrückten Gelatineblätter darin schmelzen.
Gelatine und das über Wasserbad geschmolzene Nougat der Dottermasse beigeben.
Eiweiß mit 60 g Kristallzucker zu Schnee schlagen, unter die Dottermasse heben und das geschlagene Obers einmelieren. Zuletzt die Krokantbrösel vorsichtig beimengen.
Creme mit Hilfe eines Dressiersackes mit großer Sterntülle in Gläser portionieren und kühlen. Mit Mandelkrokantornamenten (siehe Dekormassen und Variationen) dekoriert servieren.

ORANGENCREME *(6 Portionen)*

2 Eidotter, 1 Ei, 1/8 l Orangensaft, geriebene Orangenschale, 90 g Kristallzucker, 4 cl Grand-Marnier, 3 Blatt Gelatine, 1/2 l Schlagobers; Orangensauce; kleine Biskotten, Schlagobers; 6 Weingläser

Eidotter mit Ei, Orangensaft, Orangenschale und Kristallzucker unter ständigem Rühren auf 80 Grad Celsius erhitzen.
Die in kaltem Wasser eingeweichten Gelatineblätter ausdrücken und darin auflösen.
Orangensaft kalt rühren bis er zu stocken beginnt und das geschlagene Obers vorsichtig einmelieren.
In die vorbereiteten Weingläser ein wenig Orangensauce eingießen und die Orangencreme rasch eindressieren. Creme kühlen, mit Schlagobers garnieren und mit Biskotten dekoriert servieren.

PANNA COTTA *(6 Portionen)*

1/2 l Schlagobers, 70 g Kristallzucker, 1 Vanilleschote, eine Prise Salz, 2 Blatt Gelatine, 200 g geschlagenes Obers; Karamelsirup (siehe Creme Caramel), Früchte

Schlagobers mit Kristallzucker, Vanilleschote und einer Prise Salz auf 80 Grad Celsius erhitzen und ca. 10 Minuten ziehen lassen.
Die Vanilleschote herausnehmen, das Mark herauskratzen und in die Obersmischung einrühren. Die in kaltem Wasser eingeweichte Gelatine in das heiße Obers einrühren und rasch abkühlen.
Beginnt die Masse zu stocken, das geschlagene Obers unterheben. Die Creme in Gläser portionieren und im Kühlschrank stocken lassen.
Mit Karamelsirup und Früchten dekorieren.

REIS TRAUTTMANSDORFF *(6 Portionen)*

200 g Früchte (Birnen, Trauben, Kirschen etc.), 2 Eßlöffel Weinbrand; 1/4 l Milch, 50 g Kristallzucker, Vanillezucker, geriebene Zitronenschale, eine Prise Salz, 70 g Rundkornreis, 3 Blatt Gelatine, 1/4 l Schlagobers; Erdbeer- oder Himbeersauce, geriebene Pistazien, Schlagobers

Früchte in kleine Würfel schneiden und mit Weinbrand marinieren.
Milch mit Kristallzucker, Vanillezucker, Zitronenschale und Salz aufkochen.
Den mit heißem Wasser abgeschwemmten Reis beigeben. Nochmals aufkochen lassen und zugedeckt im vorgeheizten Backrohr bei 150 Grad Celsius ca. 15 Minuten dünsten lassen. Die in kaltem Wasser eingeweichten Gelatineblätter unter den heißen Reis mengen.
Auskühlen lassen, die marinierten Früchte und das geschlagene Obers unterheben.
Die Masse in Portionsförmchen füllen und im Kühlschrank stocken lassen.
Die Formen kurz in heißes Wasser tauchen und den Reis auf Erdbeer- oder Himbeersauce stürzen. Mit Pistazien und Schlagobers garnieren.

SCHMANKERLCREME *(4 Portionen)*

Schmankerln: 1 Ei, 40 g Staubzucker, 40 g Mehl; Butter und Mehl für das Blech
Creme: 3 Eidotter, 40 g Kristallzucker, Vanillezucker, 1 Eßlöffel Rum, geriebene Orangenschale, 2 Blatt Gelatine, 1/4 l Schlagobers; Himbeersauce, Schlagobers

Für die Schmankerln das Ei mit gesiebtem Staubzucker und Mehl glattrühren. Die Masse auf ein mit Butter befettetes, mit Mehl bestaubtes Blech hauchdünn streichen. Im vorgeheizten Backrohr bei 200 Grad Celsius goldgelb backen. Sofort vom Blech lösen und in kleine Stücke brechen.
Für die Creme Eidotter mit Kristallzucker, Vanillezucker, Rum und geriebener Orangenschale mit einem Schneebesen warm aufschlagen.
Die in kaltem Wasser eingeweichten Gelatineblätter in der heißen Dottermasse auflösen. Masse kalt schlagen und kurz vor dem Stocken der Masse die Hälfte der Schmankerln einrühren und das geschlagene Obers unterheben. Creme in Portionsformen füllen und im Kühlschrank mindestens zwei Stunden kühlen.
Formen kurz in heißes Wasser tauchen und die Creme stürzen. Mit Himbeersauce anrichten, mit Schlagobers und den restlichen Schmankerln garnieren.

SCHOKOLADECREME *(8 Portionen)*

1/4 l Milch, 60 g Kristallzucker, Vanillezucker, 3 Eidotter, 3 Blatt Gelatine, 70 g Tunkmasse (oder Kochschokolade), 3/8 l Schlagobers; geeiste Vanillesauce, Weichselröster, Schlagobers

Milch mit Kristallzucker, Vanillezucker und Eidotter unter ständigem Rühren mit einem Schneebesen auf ca. 80 Grad Celsius erhitzen (nicht aufkochen). Die in kaltem Wasser eingeweichten Gelatineblätter sowie die kleingeschnittene Tunkmasse darin auflösen. Masse auskühlen lassen und kurz vor dem Stocken das geschlagene Obers unter die Creme heben. In Portionsformen füllen und im Kühlschrank mindestens zwei Stunden kühlen.
Formen kurz in heißes Wasser tauchen und die Creme auf kaltgerührte (geeiste) Vanillesauce stürzen. Mit Weichselröster und Schlagobers garnieren.

SCHOKOLADE-GRIESS-CREME *(8 Portionen)*

1/4 l Milch, Vanillezucker, eine Prise Salz, 30 g Grieß, 1 Eidotter, 40 g Kristallzucker, 3 Blatt Gelatine, 70 g Tunkmasse (oder Kochschokolade), 3/8 l Schlagobers; Weichselröster, Schlagobers

Milch mit Vanillezucker und Salz aufkochen, Grieß beigeben und unter ständigem Rühren zu dicklicher Konsistenz einkochen.
Eidotter, Kristallzucker und die in kaltem Wasser eingeweichten Gelatineblätter einrühren. Die Grießmasse teilen und in eine Hälfte die im Wasserbad aufgelöste Tunkmasse einrühren.
Die beiden Massen auskühlen lassen und kurz vor dem Stocken das geschlagene Obers je zur Hälfte unter die beiden Massen heben. Die Schokolademasse schräg in eine mit Klarsichtfolie ausgelegte, schmale Kastenform streichen, mit der hellen Masse auffüllen und im Kühlschrank stocken lassen.
Schokolade-Grieß-Creme aus der Form stürzen, Folie abziehen und mit einem in heißes Wasser getauchten Messer in Scheiben portionieren. Diese auf Teller mit Weichselröster anrichten und mit Schlagobers garnieren.

TIRAMISU *(6 Portionen)*

5 Eidotter, 60 g Staubzucker, 500 g Mascarpone (italienischer Doppelrahm-Frischkäse), 3 Eiweiß, 60 g Kristallzucker, 1/4 l schwarzer Kaffee, 2 Eßlöffel Rum, ca. 30 Biskotten; Kakao zum Bestreuen

Eidotter mit gesiebtem Staubzucker schaumig rühren und den Mascarpone langsam einrühren. Eiweiß mit Kristallzucker zu Schnee schlagen und unter die Mascarponemasse heben.
Kaffee mit Rum vermengen, die Biskotten darin tränken und den Boden einer Form damit auslegen. Einen Teil der Creme einfüllen und glattstreichen. Abwechselnd Biskotten und Creme einfüllen.
Zum Schluß mit Creme abstreichen und im Kühlschrank mindestens zwei bis drei Stunden kühlen.
In Rechtecke schneiden und kurz vor dem Servieren mit Kakao bestreuen.
(Beachten Sie unbedingt die Hinweise in diesem Buch über den Umgang mit rohen Eiern!)

TOPFENSPAGHETTI *(4 Portionen)*

500 g passierter Topfen (20% Fettgehalt), 100 g Staubzucker, 1/8 l Joghurt, Saft einer Orange; Weichselröster, gehobelte, geröstete Mandeln

Topfen durch ein Sieb passieren und mit gesiebtem Staubzucker, Joghurt und Orangensaft verrühren. Im Kühlschrank mindestens eine Stunde kühlen.
Weichselröster auf Teller anrichten. Topfenmasse durch eine Erdäpfelpresse portionsweise auf den Röster drücken. Mit gehobelten, gerösteten Mandeln locker bestreuen.

ZWETSCHKEN-TOPFEN-CREME *(6 Portionen)*

200 g Zwetschkenröster, 1 Eßlöffel Rum, 250 g passierter Topfen (10% Fettgehalt), 60 g Staubzucker, Vanillezucker, Saft einer Zitrone, 1/4 l Schlagobers; Zwetschkenröster, Schlagobers

Zwetschkenröster mit einem Stabmixer pürieren, durch ein Sieb passieren und mit Rum abschmecken.
Topfen durch ein Sieb passieren und mit gesiebtem Staubzucker, Vanillezucker und Zitronensaft verrühren. Mit dem passierten Zwetschkenröster vermischen und das geschlagene Obers unterheben. Masse in einen Dressiersack mit großer Sterntülle füllen, in Cocktailgläser dressieren und im Kühlschrank mindestens eine Stunde kühlen.
Vor dem Servieren mit Zwetschkenröster und Schlagobers garnieren.

ZITRONEN-JOGHURT-CREME *(6 Portionen)*

1/2 l Joghurt, 170 g Staubzucker, 1 Eßlöffel Rum, Vanillezucker, Saft einer Zitrone, 3 Blatt Gelatine; Himbeeren, Minzeblätter, Schlagobers; 6 Weingläser

Joghurt mit gesiebtem Staubzucker, Rum und Vanillezucker glatt rühren.
Zitronensaft erwärmen und die in kaltem Wasser eingeweichten Gelatineblätter darin schmelzen.
Zügig unter das nicht zu kalte Joghurt rühren und das geschlagene Obers unterheben.
Mit einem Dressiersack in die vorbereiteten Weingläser füllen und kühlen.
Mit geschlagenem Obers und Himbeeren garnieren, mit Minzeblättern dekorieren.

Parfaits

Parfait heißt wörtlich übersetzt „Halbgefrorenes" und läßt sich im Gegensatz zu Speiseeis ohne Eismaschine herstellen.
Grundsätzlich wird Parfait hergestellt, indem man ganze Eier, Dotter und Kristallzucker über Wasserdampf warm (ca. 45 Grad Celsius) mit einem Schneebesen und dann sehr rasch kalt (auf Eiswasser) schlägt. Danach werden die Geschmacksträger wie Schokolade, Nougat, Liköre usw. beigegeben und das geschlagene Obers untergehoben. Diese Masse in Formen füllen und im Tiefkühler frieren.
Für Fruchtparfaits sollten keine Eidotter verwendet werden. Hierfür wird Eiweiß mit Kristallzucker warm und kalt geschlagen (siehe Fachausdrücke), das Fruchtmark beigegeben und mit dem geschlagenen Obers meliert. Diese Masse in Formen füllen und im Tiefkühler frieren. Nach dem Frieren die Formen in kaltes Wasser tauchen und auf eine kleine Biskuitunterlage, um ein Rutschen auf dem Teller zu verhindern, stürzen.
Parfaits werden mit verschiedenen Saucen, Früchten und Schlagobers angerichtet. Auch aus Hippenmasse angefertigte Röllchen, Schmetterlinge, Blumen usw. können als Dekor verwendet werden.

ERDBEERPARFAIT *(8 Portionen)*

2 Eiweiß, 80 g Kristallzucker, 180 g passierte Erdbeeren, 70 g Kristallzucker, Zitronensaft, 3/8 l Schlagobers; Erdbeersauce, 1/8 l Joghurt, Staubzucker, Zitronensaft, frische Erdbeeren, Biskuitboden

Eiweiß mit 80 g Kristallzucker warm und kalt schlagen (siehe Fachausdrücke), die passierten Erdbeeren mit 70 g Kristallzucker und etwas Zitronensaft verrühren, unterheben und das geschlagene Obers einmelieren. Die Masse in Formen füllen und im Tiefkühler frieren. Formen in kaltes Wasser tauchen und die Parfaits auf kleine, ausgestochene Biskuitböden stürzen.
Joghurt mit gesiebtem Staubzucker und etwas Zitronensaft verrühren, Parfaits mit Joghurtsauce, Erdbeersauce und Schlagobers anrichten und mit frischen Erdbeeren garnieren.

HASELNUSSPARFAIT *(6 Portionen)*

100 g Haselnüsse, 60 g Kristallzucker, 2 Eier, 1 Eidotter, 80 g Kristallzucker, Vanillezucker, 40 g Nougat, 1/4 l Schlagobers; geröstete, geriebene Haselnüsse, Weichselröster, Schlagobers

Haselnüsse auf einem Blech im vorgeheizten Backrohr bei 180 Grad Celsius hell rösten, auf ein Drahtsieb leeren und die Schale herunterreiben.
60 g Kristallzucker langsam (am besten in einem Kupfergeschirr) zu Karamel schmelzen, die Haselnüsse beigeben und auf ein geöltes Blech gießen. Nach dem Erkalten reiben und beiseite stellen.
Eier, Eidotter, 80 g Kristallzucker und Vanillezucker mit einem Schneebesen im Wasserbad warm und kalt schlagen (siehe Fachausdrücke), den aufgelösten Nougat locker einrühren und dann mit geschlagenem Obers und Grillage melieren. Die Masse in eine schmale Kastenform füllen und im Tiefkühler frieren.
Die Form in kaltes Wasser tauchen, Parfait stürzen, mit gerösteten, geriebenen Haselnüssen einstreuen und in Schnitten teilen. Je drei Stück mit Weichselröster anrichten und mit Schlagobers garnieren.

HIMBEERPARFAIT *(8 Portionen)*

Zubereitung wie Erdbeerparfait. Anstelle der Erdbeeren Himbeeren verwenden. Mit Himbeersauce anrichten, mit Schlagobers und frischen Himbeeren garnieren.

HONIGPARFAIT *(8 Portionen)*

2 Eier, 2 Eidotter, Vanillezucker, 130 g Honig, 3/8 l Schlagobers; Schokoladesauce oder Rumtopffrüchte, Schlagobers, Biskuitboden

Eier, Eidotter, Vanillezucker und Honig mit einem Schneebesen warm und kalt schlagen (siehe Fachausdrücke) und das geschlagene Obers unterheben. Masse in Förmchen füllen und im Tiefkühler frieren.
Die Formen in kaltes Wasser tauchen und das Parfait auf einen kleinen Biskuitsockel stürzen. Mit Rumtopffrüchten oder Schokoladesauce anrichten und mit Schlagobers garnieren.

KAFFEEPARFAIT *(8 Portionen)*

2 Eidotter, 2 Eier, 40 g Kristallzucker, Vanillezucker, 70 g weiße Tunkmasse, 40 g schwarzer Kaffee, 1 Eßlöffel Baileys, 3/8 l Schlagobers; geeiste Vanillesauce, Schlagobers, Weichselröster, Grillageboden (siehe Grillagemasse)

Eidotter, Eier, Kristallzucker und Vanillezucker mit einem Schneebesen warm und kalt schlagen (siehe Fachausdrücke). Kaffee, Baileys, die über Wasserdampf aufgelöste, auf 35 Grad Celsius temperierte Tunkmasse beigeben und das geschlagene Obers unterheben. Parfaitmasse in Förmchen füllen und im Tieflkühler frieren. Formen in kaltes Wasser tauchen und das Parfait auf eine kleine Grillagemasseunterlage stürzen.
Das Kaffeeparfait auf kaltgerührter (geeister) Vanillesauce anrichten, mit Weichselröster und Schlagobers garnieren.

KOKOSPARFAIT *(6 Portionen)*

2 Eidotter, 1 Ei, 100 g Kristallzucker, Vanillezucker, 50 g Kokosraspel, 1/4 l Schlagobers; Schokolademasseboden (siehe Schokolademasse), Ribisel- oder Marillensauce, Marillenspalten, Schlagobers

Eidotter, Ei, Kristallzucker und Vanillezucker mit einem Schneebesen warm und kalt schlagen (siehe Fachausdrücke), Kokosraspel beigeben und das geschlagene Obers unterheben. Parfait in eine schmale Kastenform füllen und im Tiefkühler frieren.
Form in kaltes Wasser tauchen, Parfait herausstürzen, auf den Schokoladeboden setzen und in Schnitten teilen. Pro Portion je drei Stücke fächerartig auflegen. Mit Ribisel- oder Marillensauce anrichten, mit Marillenspalten und Schlagobers garnieren.

LEBKUCHENPARFAIT *(6 Portionen)*

2 Eidotter, 1 Ei, 50 g Kristallzucker, Vanillezucker, 100 g Lebkuchenbrösel, 1/4 l Schlagobers; Orangensauce, Biskuitboden

Eidotter, Ei, Kristallzucker und Vanillezucker mit einem Schneebesen warm und kalt schlagen (siehe Fachausdrüche), die Lebkuchenbrösel beigeben und das geschlagene Obers unterheben. Die Lebkuchenmasse in Förmchen füllen und im Tiefkühler frieren.
Vor dem Servieren Formen in kaltes Wasser tauchen, Parfaits auf kleine, ausgestochene Biskuitböden stürzen und mit Orangensauce anrichten.

MANDARINENPARFAIT *(8 Portionen)*

2 Eiweiß, 20 g Kristallzucker, 130 g Kristallzucker, 40 g Wasser, 1/4 l Mandarinensaft, Schale von 4 Mandarinen, 100 g Kristallzucker, 1/2 l Schlagobers; Biskuitboden, Mandarinensauce (siehe Orangensauce), Schlagobers, Terrinenform

Eiweiß mit 20 g Kristallzucker zu Schnee schlagen. 130 g Kristallzucker mit Wasser auf 120 Grad Celsius kochen, langsam in den Schnee rühren und diesen kalt schlagen. Mandarinenschale mit 100 g Kristallzucker verreiben und zum Mandarinensaft geben. Den Saft mixen, abseihen und in den Eischnee einmelieren.
Zuletzt das geschlagene Obers unterheben. Terrinenform mit Klarsichtfolie auslegen, die Masse einfüllen, mit Biskuitboden abdecken und frieren.
Parfait stürzen, portionieren, mit Mandarinensauce und Schlagobers anrichten.

MOHNPARFAIT *(8 Portionen, Abb. auf Seite 49)*

1/8 l Milch, 80 g Butter, 20 g Kristallzucker, 20 g Mohn, Vanillezucker, 1 Eidotter; 2 Eier, 2 Eidotter, 100 g Kristallzucker, 1/4 l Schlagobers; Himbeersauce, Biskuitboden

Milch mit Butter, 20 g Kristallzucker, Mohn und Vanillezucker aufkochen. Eidotter beigeben, die Masse mit einem Mixstab ca. 7 Minuten mixen und auskühlen lassen.
Eier, Eidotter und 100 g Kristallzucker mit einem Schneebesen warm und kalt schlagen (siehe Fachausdrücke), die Mohnmasse beigeben und das geschlagene Obers unterheben. Die Parfaitmasse in Förmchen füllen und im Tiefkühler frieren.
Formen in kaltes Wasser tauchen, die Parfaits auf kleine, ausgestochene Biskuitböden stürzen und mit Himbeersauce anrichten.

ORANGENPARFAIT *(8 Portionen)*

2 Eiweiß, 80 g Kristallzucker, 1/8 l Orangensaft, geriebene Orangenschale (von 2 Orangen), 70 g Kristallzucker, 1/8 l Schlagobers; Orangenfilets, Orangensauce, Biskuitboden

Eiweiß mit 80 g Kristallzucker warm und kalt schlagen (siehe Fachausdrücke), den Orangensaft mit Orangenschale und 70 g Kristallzucker verrühren, unterheben und das geschlagene Obers einmelieren. Die Masse in Förmchen füllen und im Tiefkühler frieren.
Formen in kaltes Wasser tauchen und die Parfaits auf kleine, ausgestochene Biskuitböden stürzen. Mit Orangensauce und Orangenfilets anrichten.

PISTAZIENPARFAIT *(6 Portionen)*

2 Eidotter, 2 Eier, 100 g Kristallzucker, Vanillezucker, 70 g geriebene Pistazien, 1/4 l Schlagobers; Nougatsauce, gehackte Pistazien, Schlagobers, Biskuitboden

Eidotter, Eier, Kristallzucker und Vanillezucker mit einem Schneebesen warm und kalt schlagen (siehe Fachausdrücke).
Die geriebenen Pistazien beigeben und das geschlagene Obers unterheben. Die Masse in Förmchen füllen und im Tiefkühler frieren.
Formen in kaltes Wasser tauchen, Parfaits auf kleine, ausgestochene Biskuitböden stürzen und mit kaltgerührter Nougatsauce anrichten. Mit Schlagobers und gehackten Pistazien garnieren.

SCHMANKERLPARFAIT *(6 Portionen)*

Vanilleparfait; Schmankerl (siehe Schmankerlcreme); Weichselröster, Schlagobers, Biskuitboden

Parfait auf kleine, ausgestochene Biskuitböden stürzen, mit Schmankerln garnieren (bestreuen) und mit Weichselröster und Schlagobers anrichten.

SCHOKOLADEPARFAIT *(8 Portionen)*

1/8 l Wasser, 30 g Kakao, 30 g Tunkmasse (oder Kochschokolade); 2 Eidotter, 2 Eier, 100 g Kristallzucker, Vanillezucker, 3/8 l Schlagobers; geeiste Vanille- oder Erdbeersauce, Schlagobers, Schokoladespäne

Wasser mit Kakao aufkochen, vom Feuer nehmen, Tunkmasse darin schmelzen und auskühlen lassen.
Eidotter, Eier, Kristallzucker und Vanillezucker mit einem Schneebesen warm und kalt schlagen (siehe Fachausdrücke), das Schokolade-Kakao-Gemisch beimengen und das geschlagene Obers unterheben. Die Parfaitmasse in eine schmale Kastenform füllen und im Tiefkühler frieren.
Die Form in kaltes Wasser tauchen, Parfait herausstürzen, in Schnitten teilen und je drei Scheiben mit kaltgerührter Vanille- oder Erdbeersauce anrichten. Mit Schlagobers und Schokoladespänen garnieren.

VANILLEPARFAIT *(6 Portionen)*

2 Eidotter, 2 Eier, 80 g Kristallzucker, 20 g Vanillezucker, 1/4 l Schlagobers; Karamel-, Erdbeer- oder Himbeersauce, Schlagobers, Biskuitboden

Eidotter, Eier, Kristallzucker und Vanillezucker mit einem Schneebesen warm und kalt schlagen (siehe Fachausdrücke) und das geschlagene Obers unterheben. Die Masse in Formen füllen und im Tiefkühler frieren.
Formen in kaltes Wasser tauchen, Parfaits auf kleine, ausgestochene Biskuitböden stürzen. Mit Karamel-, Erdbeer- oder Himbeersauce anrichten und mit Schlagobers garnieren.

ZIMTPARFAIT *(6 Portionen)*

3 Eidotter, 1 Ei, 1/16 l Wasser, 80 g Kristallzucker, eine Prise Zimtpulver, Vanillezucker, 50 g weiße Tunkmasse, 1/4 l Schlagobers; Apfel- oder Himbeersauce, Biskuitboden

Eidotter, Ei, Wasser, Kristallzucker, Zimt und Vanillezucker warm und kalt schlagen (siehe Fachausdrücke).
Die über Wasserdampf aufgelöste weiße Tunkmasse beigeben und das geschlagene Obers einmelieren. Die Masse in Förmchen füllen und im Tiefkühler frieren.
Formen in kaltes Wasser tauchen, Parfaits auf kleine, ausgestochene Biskuitböden stürzen und mit Apfel- oder Himbeersauce anrichten. Eventuell mit pochierten Apfelscheiben oder frischen Himbeeren garnieren.

Fruchtsaucen

Fruchtsaucen werden in kaltem Zustand hauptsächlich zu warmen, aber auch zu kalten Desserts serviert. Die verwendeten Früchte sollen voll ausgereift und frisch sein

Mohn-Topfenkuchen –
zu Rezept von Seite 134

und nur kurz gewaschen werden, um einen Aromaverlust zu vermeiden. Für die Zubereitung der Saucen werden die Früchte, wenn notwendig, geschält und entkernt, im Wasser weich gedünstet und dann passiert (z. B. Apfelsauce, Marillensauce). Beerenfrüchte werden, ohne sie zu erhitzen, passiert.
Das Fruchtmark schmeckt man mit gesiebtem Staubzucker und Zitronensaft ab, eventuell unter Zugabe von Weißwein oder Likör.

APFEL-BIRNEN-SAUCE

500 g geschälte, entkernte Äpfel, 250 g geschälte, entkernte Birnen „Gute Luise", 1/4 l Wasser, 1/4 l Weißwein, 150 g Kristallzucker, Saft einer Zitrone, Zimtstange, 3 cl Calvados

Äpfel und Birnen schälen, entkernen und in Achtel schneiden. Mit Wasser, Weißwein, Kristallzucker, Zitronensaft und Zimtstange weich dünsten. Im Mixer pürieren und kalt stellen. Mit Apfelbrand (Calvados) abschmecken.

ERDBEERSAUCE

250 g Erdbeeren, Staubzucker und Zitronensaft nach Geschmack

Erdbeeren waschen, passieren, mit gesiebtem Staubzucker und Zitronensaft abschmecken.

GEBUNDENE WEICHSELN

500 g entkernte Weichseln (frisch oder tiefgekühlt), 1/8 l Wasser (nur bei frischen Weichseln), 3/8 l Rotwein, 130 g Kristallzucker, 20 g Maizena

Nur frische Früchte mit Wasser aufkochen. Tiefgekühlte auftauen lassen. Früchte abseihen.
Etwas Rotwein mit Maizena verrühren. Restlichen Wein mit Weichselsaft und Kristallzucker aufkochen. Glattgerührtes Maizena beigeben und unter ständigem Rühren nochmals aufkochen. Die Weichseln mit einem Kochlöffel vorsichtig untermengen und abkühlen lassen.

HIMBEERSAUCE

250 g Himbeeren, Staubzucker und Zitronensaft nach Geschmack

Himbeeren waschen, passieren, mit gesiebtem Staubzucker und Zitronensaft abschmecken.

MARILLENSAUCE

250 g entkernte Marillen, 1/8 l Wasser, 100 g Staubzucker, Zitronensaft nach Geschmack

Marillen waschen, entkernen und im Wasser weich kochen. Passieren und mit gesiebtem Staubzucker und Zitronensaft abschmecken.

ORANGENSAUCE

300 g Orangensaft, 100 g Kristallzucker, 15 g Maizena, 1/8 l Schlagobers, Cointreau oder Grand Marnier

Cracker –
zu Rezept von Seite 136

Ca. zwei Drittel des Orangensaftes mit Kristallzucker aufkochen. Restlichen Orangensaft mit Maizena glattrühren, in den kochenden Orangensaft gießen und unter ständigem Rühren mit einem Schneebesen nochmals aufkochen. Passieren, auskühlen lassen und Schlagobers (flüssig) dazurühren. Mit Cointreau oder Grand Marnier abschmecken.

RIBISELSAUCE

250 g Ribiseln, 250 g Staubzucker

Ribiseln waschen und passieren. Mit gesiebtem Staubzucker glattrühren.

WEICHSELSAUCE

300 g entkernte Weichseln, 100 g Kristallzucker, 1/8 l Rotwein, Zitronensaft, Zimtstange

Gewaschene, entkernte Weichseln mit den übrigen Zutaten weich dünsten. Zimtstange entfernen, passieren und auskühlen lassen.

Fruchtsalate

Dazu werden frische, ausgereifte Früchte verwendet. Diese werden geschält, in Scheiben, Spalten oder Würfel geschnitten, mit Läuterzucker (siehe Zuckerkochtabelle) und dazupassendem Alkohol versetzt.

ANANASSALAT

Ananas, Staubzucker, Cointreau (Orangenlikör), Erdbeeren zum Garnieren

Ananas schälen, zuerst in Scheiben und dann in nicht zu kleine Stücke schneiden. Mit gesiebtem Staubzucker bestreuen und mit Cointreau marinieren. Kühlen, in Cocktailschalen anrichten und mit Erdbeeren garnieren.

BANANENSALAT

Bananen, Zitronensaft, Läuterzucker, Maraschino (Kirschlikör)

Geschälte Bananen in Scheiben schneiden und sofort mit Zitronensaft beträufeln, um ein Braunwerden der Bananen zu verhindern. Mit Läuterzucker und Maraschino marinieren. Kühlen und in Cocktailschalen anrichten.

FRÜCHTESALAT

verschiedene frische Früchte, Kompottfrüchte, Läuterzucker, Orangensaft, Grand Marnier (Orangenlikör), Maraschino (Kirschlikör)

Frische Früchte und Kompottfrüchte möglichst bunt gemischt in nicht zu kleine Stücke schneiden. Mit Läuterzucker, Orangensaft, Grand Marnier und Maraschino marinieren. Kühlen und in Cocktailschalen anrichten.
Früchtesalat kann auch mit Eis oder Schlagobers serviert werden.

Käsemürbteig –
zu Rezept von Seite 137

MELONENSALAT

Zuckermelone, Staubzucker, Cognac, Ribiseln zum Garnieren

Melone vierteln, Schale und Kerngehäuse entfernen. In dünne Scheiben schneiden, mit gesiebtem Staubzucker bestreuen und mit Cognac beträufeln. Kühlen, anrichten und mit Ribiseln garnieren.

ORANGENSALAT

Kernlose Orangen, Läuterzucker, Grand Marnier (Orangenlikör)

Orangen schälen und die weiße Innenhaut entfernen. In Scheiben schneiden, mit Läuterzucker und Grand Marnier beizen und gekühlt anrichten.

Kompotte, Röster, Mus

Kompotte können als Beilage zu bestimmten warmen Desserts oder als eigenständiges Dessert serviert werden. In diesem Fall reicht man Mürbteigbäckerei, Biskotten, Biskuitroulade usw. dazu. Frische, reife Früchte verwenden, die in Zuckerwasser, eventuell gemischt mit Wein, Zitronensaft, Nelken- und Zimtrinde, vorsichtig gekocht und ausgekühlt serviert werden.

APFELKOMPOTT

800 g geschälte, entkernte Äpfel, Saft einer Zitrone, 1/2 l Wasser, 150 g Kristallzucker, Zimtrinde, Gewürznelken, dünn geschälte Schale einer halben Zitrone

Die geschälten Äpfel entkernen, je nach Größe in Spalten teilen und mit Zitronensaft marinieren.

Wasser mit Kristallzucker, Zimtrinde, Gewürznelken und Zitronenschale einige Minuten kochen lassen. Die Apfelstücke einlegen und langsam kernig (nicht zu weich) garen. Gewürznelken und Zimtrinde entfernen und Kompott auskühlen lassen.

APFELMUS

800 g geschälte, entkernte Äpfel, Saft einer Zitrone, 1/4 l Wasser, 200 g Kristallzucker, Zimtrinde, Gewürznelken, Weißwein

Die geschälten Äpfel vierteln, entkernen und mit Zitronensaft mischen. Wasser mit Kristallzucker, Zimtrinde und Gewürznelken einige Minuten kochen lassen. Zimtrinde und Gewürznelken herausnehmen, Apfelstücke einlegen, zugedeckt weich kochen und danach passieren. Auskühlen lassen und eventuell mit Weißwein abschmecken.

BIRNENKOMPOTT

800 g geschälte, entkernte Birnen, 1/2 l Wasser, 150 g Kristallzucker, Saft einer Zitrone

Die geschälten Birnen vierteln und entkernen. Wasser mit Kristallzucker und Zitronensaft aufkochen. Birnenstücke einlegen, auf kleiner Flamme kernig garen und auskühlen lassen.

Topfen-Schinkenkipferln –
zu Rezept von Seite 140

Käsestangen –
zu Rezept von Seite 138

BIRNENMUS

800 g geschälte, entkernte Birnen, 1/4 l Wasser, 150 g Kristallzucker, Saft einer Zitrone, Williams (Birnenbrand)

Die geschälten Birnen vierteln und entkernen. Wasser mit Kristallzucker und Zitronensaft aufkochen. Die Birnenstücke einlegen, weich kochen und passieren. Auskühlen lassen und eventuell mit Birnenbrand vollenden.

HOLUNDERRÖSTER

1 kg Holunder gerebelt, 100 g geschälte, entkernte Birnen, 100 g entkernte Zwetschken, 1/8 l Wasser, 200 g Kristallzucker, Zimtrinde, Gewürznelken

Holunder waschen, die geschälten Birnen entkernen und in Scheiben schneiden. Gewaschene Zwetschken halbieren und entkernen. Holunder, Birnen und Zwetschken mit Wasser, Kristallzucker, Zimtrinde und Gewürznelken auf kleiner Flamme weich dünsten und auskühlen lassen. Der Röster soll eine dickflüssige Konsistenz aufweisen.

KIRSCHENKOMPOTT

1 kg Kirschen, 1/2 l Wasser, 150 g Kristallzucker, Zimtrinde

Die Kirschen entstielen und waschen. Wasser mit Kristallzucker und Zimtrinde aufkochen. Kirschen einlegen und ziehen lassen. Zimtrinde entfernen und Kompott auskühlen lassen.

MARILLENKOMPOTT

900 g entkernte Marillen, 1/2 l Wasser, 200 g Kristallzucker, Zitronensaft

Marillen waschen, halbieren und entkernen. Wasser mit Kristallzucker und etwas Zitronensaft aufkochen. Marillenstücke einlegen und auf kleiner Flamme nicht zu weich dünsten.

MARILLENRÖSTER

900 g entkernte Marillen, 1/8 l Wasser, 200 g Kristallzucker, Zitronensaft

Marillen waschen, halbieren und entkernen. Wasser mit Kristallzucker und Zitronensaft aufkochen. Marillenstücke einlegen, auf kleiner Flamme weich dünsten und auskühlen lassen. Der Röster soll eine dickflüssige Konsistenz aufweisen.

MELONENKOMPOTT

800 g geschälte, entkernte Zuckermelone, 1/4 l Wasser, 120 g Kristallzucker, Zitronensaft

Die geschälten, entkernten Melonen achteln und in ca. 1 cm breite Stücke schneiden. Wasser mit Kristallzucker und etwas Zitronensaft aufkochen. Melonenstücke einlegen, auf kleiner Flamme kernig weich dünsten und auskühlen lassen.

PFIRSICHKOMPOTT

900 g geschälte, entkernte Pfirsiche, 1/2 l Wasser, 200 g Kristallzucker

Pfirsiche kurz in kochendes Wasser legen. Danach schälen, halbieren und entkernen. Wasser mit Kristallzucker aufkochen, Pfirsichhälften einlegen, auf kleiner Flamme kernig weich dünsten und auskühlen lassen.

PREISELBEERKOMPOTT

1/8 l Wasser, 1/16 l Rotwein, 250 g Kristallzucker, Zimtrinde, 1 kg Preiselbeeren

Wasser mit Rotwein, Kristallzucker und Zimtrinde aufkochen. Die gewaschenen Preiselbeeren beigeben, ca. 10 Minuten auf kleiner Flamme kochen, Zimtrinde herausnehmen und auskühlen lassen.

ROTWEINBIRNEN

6 Birnen, 1/2 l Rotwein, 1/4 l Wasser, Saft einer Zitrone, 150 g Kristallzucker, Zimtrinde, Vanillezucker

Birnenstiele abschaben. Birnen schälen, mit Stiel halbieren und entkernen. Restliche Zutaten aufkochen und die Birnen darin kernig weich ziehen lassen.

WEICHSELRÖSTER

900 g entkernte Weichseln, 1/8 l Wasser, 300 g Kristallzucker, Zimtrinde, Gewürznelken, Orangensaft

Weichseln waschen und entkernen. Wasser mit Kristallzucker, Zimtrinde, Gewürznelken und Orangensaft aufkochen. Weichseln beigeben und unter wiederholtem Umrühren langsam weich dünsten. Der Röster soll eine dickflüssige Konsistenz aufweisen. Auskühlen lassen und die Gewürze herausnehmen.

ZWETSCHKENKOMPOTT

1 kg Zwetschken, 1/2 l Wasser, 200 g Kristallzucker, Zimtrinde, Gewürznelken

Zwetschken waschen und mit einer Gabel einstechen, damit die Haut nicht aufplatzen kann. Wasser mit Kristallzucker, Zimtrinde und Gewürznelken aufkochen, die Zwetschken einlegen und weich kochen. Die Gewürze herausnehmen und auskühlen lassen.

ZWETSCHKENRÖSTER

1 kg entkernte Zwetschken, 1/8 l Wasser, 200 g Kristallzucker, Zimtrinde, Gewürznelken

Zwetschken waschen, halbieren und entkernen. Wasser mit Kristallzucker, Zimtrinde und Gewürznelken aufkochen. Zwetschken beigeben und unter wiederholtem Umrühren langsam weich dünsten. Der Röster soll eine dickflüssige Konsistenz aufweisen. Auskühlen lassen und die Gewürze herausnehmen.

DEKORMASSEN UND VARIATIONEN

(Abb. auf Seite 51)

Diese Variationen dienen dazu, um hauptsächlich „Kalte Desserts“ dekorativer zu gestalten. Cremen, Mousses und Parfaits erhalten so ihren sogenannten letzten Schliff bzw. ihre besondere Note.
Doch nicht nur zu Dekorationszwecken, sondern auch zur geschmacklichen Vollendung werden diese Massen verwendet. Vom einfachen Schokoladegitter bis hin zur fantasievoll geformten Hippenmasse, der Kreativität sind keine Grenzen gesetzt. Hier einige Möglichkeiten:

HIPPENMASSE

250 g Rohmarzipan, 170 g Staubzucker, 70 g Mehl, 4 Eiweiß, 1/8 l Schlagobers (flüssig), Vanillezucker, Zimt; Öl und Mehl für das Blech

Alle Zutaten gut verrühren, durch ein Sieb passieren und mindestens eine halbe Stunde im Kühlschrank rasten lassen.
Masse auf ein mit Öl leicht befettetes, mit Mehl bestaubtes Blech, mit Hilfe einer Schablone in gewünschter Form, hauchdünn streichen.
Im vorgeheizten Backrohr bei 180 Grad Celsius ca. 3 bis 5 Minuten hell backen. Noch heiß in die gewünschte Form bringen.
Aus dieser Masse werden Dekorstücke wie z. B. Hippenrollen (diese werden rechteckig auf das Blech gestrichen und nach dem Backen mit Hilfe eines Kochlöffelstiels gerollt), Schmetterlinge oder Blüten für Eis oder kalte Desserts hergestellt.

KARAMELZUCKER

Zucker auf kleiner Flamme zu Karamel schmelzen. Durch rasches kreuz und quer Bewegen mit einem in Karamel getauchten Kochlöffel ein Gitter auf Backpapier spritzen. Gitter sehr dünn und eng auftragen. Zuckergitter auskühlen bzw. fest werden lassen, in Stücke brechen und Dessert damit dekorieren.
Zweite Möglichkeit: Karamel gitterförmig über einen geölten Schöpflöffel spritzen. Karamelgitter auskühlen lassen und vorsichtig vom Schöpfer heben.

KOKOSECKEN

300 g Kokosraspel, 300 g Puderzucker, 5 Eier, Vanillezucker, eine Prise Salz, 30 g heiße Butter

Alle Zutaten kurz mischen. Zuletzt die heiße Butter beifügen. Masse mit Hilfe einer Schablone dünn auf Backpapier streichen (mit Palette) und im vorgeheizten Backrohr bei 180 Grad Celsius ca. 5 Minuten goldgelb backen.
Nach dem Backen auskühlen lassen oder noch heiß in verschiedene Formen bringen.

KOKOSFLOCKEN

1 Kokosnuß, 100 g Butter, 100 g Staubzucker

Eine frische Kokosnuß oben und unten einstechen und die Milch auslaufen lassen. Die Frucht in ein Tuch einwickeln und mit einem Hammer aufschlagen. Das Fruchtfleisch in möglichst große Stücke mit einem Löffel von der harten Schale lösen.
Ein Backblech mit Butter bestreichen und mit Staubzucker bestreuen. Am besten mit einem Schneidehobel feine Kokosflocken auf das Blech hobeln.
Die Flocken mit flüssiger Butter beträufeln, mit Staubzucker bestreuen und im vorgeheizten Backrohr bei 200 Grad Celsius ca. 6 Minuten knusprig backen. Während des Backens mehrmals wenden.

MANDELKROKANT

125 g weiche Butter, 125 g gehobelte Mandeln, 250 g Kristallzucker, 60 g Mehl, Saft und Schale von 3 Orangen

Alle Zutaten mit einem Kochlöffel verrühren und ca. zwei Stunden kühlen.
Mit Hilfe einer Schablone in gewünschte Form auf Backpapier streichen. Im vorgeheizten Backrohr bei 160 Grad Celsius goldbraun backen.
Noch heiß in gewünschte Form biegen. Z. B. rund aufgestrichene Form in eine Kaffeetasse drücken. So erhält man kleine Schüsserln. Dreiecke oder Rechtecke über eine Terrinenform legen. So erhält man Bögen usw.

SESAMMASSE

125 g weiche Butter, 125 g Sesam, 250 g Kristallzucker, 60 g Mehl, Saft und Schale von 2 Orangen

Alle Zutaten mit einem Kochlöffel verrühren und ca. zwei Stunden kühlen.
Masse dünn auf ein gebuttertes, mit Mehl gestaubtes Blech (oder Backtrennpapier) streichen und im vorgeheizten Backrohr bei 160 Grad Celsius goldbraun backen.
Nach dem Backen mit einem scharfen, spitzen Messer dreieckig schneiden. Mit einem Mousse zu einer Pyramide zusammensetzen.

SPINNZUCKER

630 g Kristallzucker, 1/4 l Wasser, 60 g Stärkesirup

Kristallzucker mit Wasser und Stärkesirup auf 145 Grad Celsius kochen. Geölte Holz- oder Metallstäbe im Abstand von 30 cm auflegen und fixieren. Sie sollen 30 cm über den Tischrand hinausragen. Den Untergrund mit Backtrennpapier abdecken. Eine Drahtrute (abgeschnittener Schneebesen, im Fachhandel erhältlich) in die heiße Zuckerlösung tauchen und durch heftiges Schleudern über den Stäben die Zuckertropfen zu Zuckerfäden spinnen.

BROT UND GEBÄCK *(Abb. auf Seite 52)*

Weißbrot

Weißbrot ist nicht nur durch das wohl bekannteste, das französische Baguette, sondern auch durch seine vielseitige Verwendbarkeit sehr beliebt.
Aufgeschnitten kann es zur Herstellung von belegten Broten verwendet werden, aber auch zu deftigen Speisen wird es gerne gegessen.
Die Hauptbestandteile sind Weizenmehl, Wasser, Germ und Salz. Der Teig wird direkt, das heißt ohne Dampfl, hergestellt. Die Verwendung von Backmalz (ersatzweise Zucker) ist für die Rösche (knusprige Oberfläche) und Farbe ebenso notwendig wie das Bestreichen mit Wasser.
Durch Bestreuen mit verschiedenen Gewürzen kann der Geschmack variiert werden.
Weißbrot wird nach einer ca. 20minütigen Garzeit im vorgeheizten Backrohr zwischen 200 und 220 Grad Celsius goldgelb gebacken. Dieses Brot schmeckt am besten im frischen Zustand, da es bei längerer Lagerung zuerst zäh und dann trocken wird.

BAGUETTE *(4 Stück à 200 g)*

5/16 l Wasser, 15 g Germ, 500 g Mehl, 10 g Salz, 15 g Diamalt (Backmalz), 20 g aufgelöste Butter; Mehl zum Stauben

Wasser auf ca. 30 Grad Celsius erwärmen. Germ darin auflösen und mit den restlichen Zutaten zu einem glatten Teig mischen (kneten).
In 200 g schwere Stücke auswiegen, diese zu Kugeln schleifen und auf einem bemehlten Brett zugedeckt ca. 15 Minuten rasten lassen.
Teigstücke zur Mitte zusammenklappen und mit dem Handballen zusammenklopfen. Diesen Vorgang noch einmal wiederholen, dann auf einem Brett zu Stangen formen und auf ein Blech legen. Mit Wasser bestreichen und an einem warmen Ort (ca. 30 Grad Celsius) ca. 25 Minuten aufgehen lassen. Nochmals mit Wasser bestreichen, mit einer scharfen Klinge der Länge schräg einschneiden und im vorgeheizten Backrohr bei 200 Grad Celsius ca. 25 Minuten backen.
Aus dem Ofen kommend sofort mit Wasser bestreichen und auskühlen lassen.

DINKELVOLLKORNBROT *(1 Kastenform 30 cm x 10 cm)*

500 g Dinkelvollkornmehl, 15 g Salz, 7 g Trockengerm (= 1 Packung), 10 g Brotgewürz, 70 g Sesamkerne, 70 g Sonnenblumenkerne, 70 g Kürbiskerne, 30 g Kümmel, 1/2 l lauwarmes Wasser; Kastenform; Kürbiskerne, Sonnenblumenkerne und Sesamkerne zum Bestreuen

Alle Zutaten trocken durchmischen, lauwarmes Wasser beigeben und gut durchkneten.
Teig zugedeckt ca. 30 Minuten rasten lassen.
Eine Schüssel mit heißem Wasser in das Backrohr stellen.
Teig in eine mit Backpapier ausgelegte Kastenform füllen, mit Wasser bestreichen und mit Sesam-, Kürbis- und Sonnenblumenkernen bestreuen. Im vorgeheizten Backrohr bei 190 Grad Celsius ca. 75 Minuten backen.

GRISSINI *(20 Stück à 50 g)*

40 g Germ, 1/4 l Wasser, 560 g Mehl, 1 Ei, 30 g Diamalt (Backmalz), 60 g weiche Butter, Mehl zum Stauben

Germ im Wasser auflösen und mit den restlichen Zutaten zu einem glatten Teig mischen (kneten). Den Teig auf einem bemehlten Brett zugedeckt ca. 15 Minuten rasten lassen.
Danach in 50 g Stücke auswiegen und diese zu ca. 1 cm dicken Stangen formen. Auf ein Blech legen, im Kühlschrank ca. 15 Minuten rasten lassen, mit Wasser bestreichen und im vorgeheizten Backrohr bei 200 Grad Celsius ca. 15 Minuten backen.
Dieses italienische Stangenbrot wird in hohen Gläsern zu Tisch gebracht und vorwiegend zu Nudelgerichten (Vorspeisen) gegessen. Es kann auch vor dem Backen mit Parmesan bestreut werden.

KÜRBISKERNBROT *(1 Laib oder Kastenform 30 cm x 10 cm)*

380 g Weizenmehl, 120 g Roggenmehl, 5/16 l Wasser, 15 g Germ, 10 g Salz, 50 g Kürbiskernöl, 100 g Kürbiskerne; Kastenform; Kürbiskerne

Beide Mehlsorten mischen. Die Hälfte des Wassers auf ca. 30 Grad Celsius erwärmen, die Germ darin auflösen und mit etwas Mehl zu einem dickbreiigen Teig mischen. Mit Mehl zustauben, zudecken und an einen warmen Ort (ca. 30 Grad Celsius) stellen (Dampfl). Bekommt die Mehloberfläche Risse, so ist das Dampfl reif und wird mit den restlichen Zutaten zu einem Teig geknetet. Zuletzt die Kürbiskerne einarbeiten.
Den Teig zugedeckt ca. 30 Minuten rasten lassen. Auf einer bemehlten Arbeitsfläche nochmals durchkneten und in eine mit Backpapier ausgelegte Kastenform legen.
Zugedeckt nochmals an einem warmen Ort (ca. 30 Grad Celsius) ca. 30 Minuten aufgehen lassen. Eine Schüssel mit heißem Wasser in das Backrohr stellen.
Den Teig mit Wasser bestreichen, mit Kürbiskernen bestreuen und im vorgeheizten Backrohr bei 190 Grad Celsius ca. 40 Minuten backen.
Der Teig muss nicht unbedingt in eine Kastenform. Es kann auch ein Laib geformt werden.

LANGOS *(12 Stück)*

450 g Weizenmehl, 10 g Staubzucker, 40 g Germ, 1/4 l Wasser, 100 g Butter, 10 g Salz, Öl zum Backen; 8 Knoblauchzehen, 5 Eßlöffel Olivenöl

Staubzucker und Germ in lauwarmem Wasser auflösen. Mehl mit Salz mischen, aufgelöste Germ beimengen, weiche Butter einarbeiten und zu einem glatten Teig kneten.
Zugedeckt an einem warmen Ort (ca. 30 Grad Celsius) ca. 20 Minuten rasten lassen.
Den Teig in 70 g Stücke auswiegen und diese zu Kugeln schleifen. Danach zugedeckt nochmals an einem warmen Ort (ca. 30 Grad Celsius) ca. 35 Minuten rasten lassen.
Teigstücke auf einer bemehlten Arbeitsfläche leicht oval ausrollen, mit den Händen auf einen Durchmesser von ca. 17 cm formen, sodaß das Innere dünn ist und außen ein Wulst entsteht. In einer Pfanne ausreichend Öl auf 160 Grad Celsius erhitzen und die Teigfladen auf beiden Seiten ca. 60 Sekunden backen.
Abtropfen lassen und mit einem Küchenkrepp abtupfen.
Für das Knoblauchöl die geschälten Knoblauchzehen in Olivenöl legen und mit dem Stabmixer pürieren.
Die heißen Langos salzen und mit Knoblauchöl bestreichen.

PIZZABROT *(25 Stück à 40 g)*

Teig siehe Grissini; 1/8 l Öl, 4 Zehen Knoblauch

Den fertigen Teig in 40 g Stücke auswiegen, zu Kugeln formen, diese rund ca. 5 mm dick ausrollen und auf ein Blech legen.
Öl und die geschälten Knoblauchzehen mit einem Mixstab pürieren und die Pizzabrote damit bestreichen. An einem warmen Ort (ca. 30 Grad Celsius) ca. 10 Minuten aufgehen lassen und im vorgeheizten Backrohr bei 200 Grad Celsius ca. 15 Minuten backen.
Aus dem Ofen kommend sofort noch einmal mit der Knoblauchmischung bestreichen und auskühlen lassen.

TOASTBROT *(2 Kastenformen ca. 30 cm x 10 cm)*

1 kg Weizenmehl (Typ W 480), 1/4 l Wasser, 1/4 l Milch, 30 g Germ, 10 g Zucker, 50 g Olivenöl, 10 g Salz; 2 Kastenformen, Butter für die Formen, Milch zum Bestreichen

Wasser auf ca. 30 Grad Celsius erwärmen. Germ darin auflösen und mit etwas Mehl zu einem dickbreiigen Teig mischen. Mit Mehl stauben, zudecken und an einen warmen Ort (ca. 30 Grad Celsius) stellen (Dampfl).
Bekommt die Mehloberfläche Risse, so ist das Dampfl reif und wird mit dem restlichen Mehl, der lauwarmen Milch, Zucker, Olivenöl und Salz zu einem glatten Teig gemischt.
Zugedeckt an einem warmen Ort ca. 30 Minuten rasten lassen. Teig teilen, durchkneten und in die mit Butter ausgefetteten Kastenformen legen. Zudecken und an einem warmen Ort (ca. 30 Grad Celsius) ca. 20 Minuten aufgehen lassen.
Eine Schüssel heißes Wasser in den Ofen stellen.
Toastbrot mit Milch bestreichen und im vorgeheizten Backrohr bei 190 Grad Celsius ca. 30 Minuten backen.

Schwarzbrot

Schwarzbrot ist hauptsächlich im mitteleuropäischen Raum beheimatet und wird sehr oft, vor allem vom Bäcker, mit Sauerteig hergestellt. Dieser ist auf Bestellung in den Bäckereien erhältlich. Weitere Hauptbestandteile sind Schrote (z. B. Vollkornschrot) oder dunkle Mehle (z. B. Roggenmehl), Wasser, Germ, Salz und namensgebende Körner (z. B. Sonnenblumenkerne, Kürbiskerne usw.) und Gewürze (z. B. Kümmel, Anis usw.).
Nach einer etwas längeren Garzeit als bei Weißbrot, beträgt die Backdauer je nach Größe des Backgutes zwischen 30 und 90 Minuten bei 220 bis 250 Grad Celsius, fallend auf 190 Grad Celsius.
Schwarzbrot ist sehr saftig und auch länger haltbar als Weißbrot.

FLADENBROT *(4 Stück à 200 g)*

1/4 l Wasser, 1/16 l Milch, 30 g Germ, 300 g Weizenmehl, 300 g Roggenmehl, 10 g Salz, 1 Eßlöffel Kümmel, 1 Eßlöffel gestoßener Koriander; Roggenmehl zum Stauben

Wasser und Milch auf ca. 30 Grad Celsius erwärmen. Die Hälfte davon beiseite stellen und die Germ darin auflösen. Mit etwas Mehl zu einem dickbreiigen Teig verrühren. Ein wenig Mehl darüberstauben und dieses Dampfl zugedeckt an einen warmen Ort (ca. 30 Grad Celsius) stellen.
Bekommt die Mehloberfläche Risse, ist das Dampfl reif und wird mit den restlichen Zutaten zu einem glatten Teig gemischt (geknetet). Danach in 200 g schwere Stücke

auswiegen, zu Kugeln schleifen und auf einem bemehlten Brett zugedeckt 20 Minuten rasten lassen.
Jedes Stück auf einem mit Mehl bestaubten Brett zu einem Fladen ausrollen, auf ein Blech legen und mit etwas Mehl bestäuben. An einem warmen Ort (ca. 30 Grad Celsius) ca. 20 Minuten aufgehen lassen, mit einer Gabel stupfen und im vorgeheizten Backrohr bei 200 Grad Celsius ca. 30 Minuten backen.

KLETZENBROT *(3 Laibe à 1 kg)*

1 kg Brotteig (vom Bäcker), 450 g Kletzen (getrocknete Birnen), 450 g Feigen, 300 g Dörrpflaumen (getrocknete Zwetschken), 250 g Rosinen, 150 g Datteln, 150 g Haselnüsse (grob gehackt), 150 g getrocknete Marillen, 80 g Aranzini, 20 g Zitronat, 1/8 l Rum, 1/16 l Slibowitz, 10 g Anis, 10 g Zimt, 15 g Nelkenpulver; weiße halbe Mandeln, kandierte Kirschen

Kletzen ca. 12 Stunden einweichen, weich kochen und würfelig schneiden.
Früchte waschen, mit restlichen Zutaten mischen, mit Alkohol beizen und 24 Stunden ziehen lassen. Mit dem Brotteig mischen, in drei Portionen teilen und diese auf einer bemehlten Arbeitsfläche rund formen.
An einem warmen Ort (ca. 30 Grad Celsius) 40 Minuten aufgehen lassen. Mit versprudeltem Ei bestreichen, mit halben, weißen Mandeln und kandierten Kirschen dekorieren und im vorgeheizten Backrohr bei 160 Grad Celsius ca. 70 Minuten backen. Nach 15 Minuten Backzeit und nach dem Fertigbacken mit Wasser bestreichen.

NUSSBROT *(4 Stück à 220 g)*

3/16 l Wasser, 1/16 l Milch, 25 g Germ, 250 g Weizenmehl, 150 g Weizenvollkornmehl, 25 g Diamalt (Backmalz), 15 g Salz, 60 g flüssige Butter, 150 g gehackte Walnüsse; Mehl zum Stauben

Wasser mit Milch auf ca. 30 Grad Celsius erwärmen. Germ darin auflösen und mit den restlichen Zutaten zu einem glatten Teig mischen (kneten). Zuletzt die gehackten Walnüsse kurz untermischen. Teig in vier gleich große Stücke auswiegen, zu Kugeln schleifen und auf einem bemehlten Brett zugedeckt ca. 15 Minuten rasten lassen.
Teigstücke zur Mitte zusammenklappen, mit dem Handballen zusammenklopfen und auf einem leicht bemehlten Brett zu Stangen formen. Auf ein Blech legen, mit Wasser bestreichen und an einem warmen Ort (ca. 30 Grad Celsius) ca. 20 Minuten aufgehen lassen. Nochmals mit Wasser bestreichen, mit einer scharfen Klinge der Länge nach schräg einschneiden und im vorgeheizten Backrohr bei 220 Grad Celsius ca. 20 Minuten backen.

ROGGENBROT *(4 Laibe á 550 g)*

1 kg Roggenmehl, ca. 1/4 l lauwarmes Wasser, 20 g Germ, 25 g Salz, 350 g Sauerteig (vom Bäcker); eventuell Brotsimperl, Roggenmehl zum Stauben

Die Germ im lauwarmen Wasser auflösen und mit den restlichen Zutaten zu einem Teig mischen (kneten).
Ca. 30 Minuten rasten lassen und nochmals durchkneten.
Nach einer weiteren Teigruhe von 40 Minuten den Teig in 4 Stücke á 550 g auswiegen und zu Wecken oder Laiben formen.
Auf ein Backblech oder in Simperl (durch Simperl behalten die Laibe eine schönere

Form und bekommen das für Brot typische Muster) legen, mit Roggenmehl stauben und an einem warmen Ort (ca. 30 Grad Celsius) aufgehen lassen.
Eine Schüssel Wasser ins Backrohr stellen.
Die Brotlaibe (aus dem Simperl auf das Blech legen) kreuzweise einschneiden. Ins vorgeheizte Backrohr bei 270 Grad Celsius einschießen, auf 180 Grad Celsius zurückdrehen und ca. 60 Minuten backen.

SONNENBLUMENBROT *(2 Laibe à 1,20 kg)*

1 kg Roggenmehl, 100 g Sauerteig (vom Bäcker), ca. 1 l Wasser, 20 g Germ, 20 g Salz, 300 g Sonnenblumenkerne; Roggenmehl zum Stauben

Die Hälfte des Roggenmehls mit dem Sauerteig, Wasser und der Germ verrühren. Zugedeckt über Nacht bei Raumtemperatur stehen lassen.
Das restliche Mehl, Salz und 200 g der Sonnenblumenkerne mit dem gesäuerten Teig verkneten, zwei runde Laibe daraus formen und auf ein bemehltes Blech legen. Mit Wasser bestreichen und mit den restlichen Sonnenblumenkernen bestreuen. Die Brote an einem warmen Ort (ca. 30 Grad Celsius) ca. 30 Minuten aufgehen lassen und im vorgeheizten Backrohr bei 250 Grad Celsius anbacken und auf 200 Grad Celsius fallend ca. 70 Minuten backen.

ZWIEBELBROT *(4 Stück à 200 g)*

Teig siehe Nußbrot; anstatt der Nüsse 150 g geschälte, fein gehackte Zwiebeln; Mehl zum Stauben, Kümmel zum Bestreuen, Öl

Die Hälfte der Zwiebeln in etwas Öl, ohne Farbe zu nehmen, anrösten. Die restlichen Zwiebeln anstelle der Nüsse in den Teig einarbeiten. Weitere Zubereitung wie Nußbrot. Vor dem Backen mit Kümmel bestreuen.

Gebäck

Gebäck kann durch die verschiedenen Formen und Geschmacksrichtungen sehr vielfältig und individuell hergestellt werden.
Nicht nur zum Frühstück ofenfrisch, sondern auch vor einem Menü in Form von Jourgebäck mit Butter serviert, ist Gebäck eine Gaumenfreude.
Die Hauptbestandteile sind verschiedene Mehle (z. B. Roggenmehl, Weizenschrotmehl usw.), Wasser, Germ, Salz und Backmalz (ersatzweise Zucker). Auch Weißbrotteig kann verschieden geformt und bestreut werden.
Der fertig gemischte (geknetete) Teig wird in 30 g bis 50 g Stücke ausgewogen und zu Weckerln, Striezerln, Kugeln usw. geformt.
Diese werden mit Wasser bestrichen und mit Käse, ungemahlenem Mohn, Kümmel usw. bestreut. Nach einer Garzeit von ca. 15 Minuten (bei ca. 30 Grad Celsius) wird das Gebäck im vorgeheizten Backrohr bei 200 Grad Celsius ca. 20 Minuten gebacken.
Gebäck läßt sich auf Vorrat herstellen. Man friert vor dem Backen, also noch in ungebackenem Zustand, ein. Bei Bedarf auftauen, aufgehen lassen, backen und ofenfrisch servieren.

GRAHAMWECKERLN *(16 Stück à 50 g)*

5/16 l Wasser, 40 g Germ, 400 g Weizenschrotmehl, 20 g Diamalt (Backmalz), 40 g Öl, 5 g Salz; Mehl zum Stauben

Wasser auf ca. 30 Grad Celsius erwärmen, die Germ in der halben Wassermenge auflösen und mit etwas Mehl zu einem dickbreiigen Teig verrühren.
Ein wenig Mehl darüberstauben und dieses Dampfl zugedeckt an einen warmen Ort (ca. 30 Grad Celsius) stellen und aufgehen lassen.
Bekommt die Mehloberfläche Risse, so ist das Dampl reif und wird mit den restlichen Zutaten zu einem glatten Teig gemischt (geknetet). Den Teig auf einem bemehlten Brett zugedeckt ca. 15 Minuten rasten lassen. Danach in 50 g Stücke auswiegen, diese zu Kugeln schleifen, leicht mit Mehl stauben und auf ein Backblech legen.
An einem warmen Ort (ca. 30 Grad Celsius) ca. 15 Minuten aufgehen lassen und im vorgeheizten Backrohr bei 210 Grad Celsius ca. 20 Minuten backen.
Für Jourgebäck den Teig in 30 g Stücke auswiegen.

KÄSEWECKERLN *(20 Stück à 40 g)*

Teig siehe Baguette; 400 g Reibkäse

Den fertigen Teig in 40 g Stücke auswiegen, die Teigstücke zweimal zusammenschlagen und zu Stangen formen. Auf ein Blech legen, an einem warmen Ort (ca. 30 Grad Celsius) ca. 20 Minuten aufgehen lassen, mit Wasser bestreichen, dreimal der Länge nach schräg einschneiden und mit Käse bestreuen. Im vorgeheizten Backrohr bei 210 Grad Celsius ca. 20 Minuten backen. Für Jourgebäck den Teig in 30 g Stücke auswiegen.

MOHNSTRIEZELN *(20 Stück à 40 g)*

Teig siehe Baguette; 200 g ungemahlener Mohn

Den fertigen Teig in 40 g Stücke auswiegen, diese dritteln und Stränge mit spitzen Enden (Durchmesser ca. 1 cm) formen. Je drei Stränge an einem der beiden Enden zusammendrücken und zu einem Striezel flechten, indem man abwechselnd den linken und rechten Teigstrang über den mittleren legt. Die Oberfläche mit Wasser bestreichen, in ungemahlenen Mohn tauchen und auf ein Blech legen. An einem warmen Ort (ca. 30 Grad Celsius) ca. 15 Minuten aufgehen lassen und im vorgeheizten Backrohr bei 210 Grad Celsius ca. 20 Minuten backen.
Für Jourgebäck den Teig in 30 g Stücke auswiegen.

WACHAUER *(25 Stück à 40 g)*

3/8 l Wasser, 30 g Germ, 400 g Weizenmehl, 200 g Roggenmehl, 10 g Diamalt (Backmalz), 10 g Salz; Roggenmehl zum Stauben, Kümmel

Wasser auf ca. 30 Grad Celsius erwärmen. Germ darin auflösen und mit den restlichen Zutaten zu einem glatten Teig mischen (kneten). Teig auf einem bemehlten Brett zugedeckt ca. 15 Minuten rasten lassen. Danach in 40 g Stücke auswiegen und diese zu Kugeln schleifen. Etwas Roggenmehl mit Kümmel vermischen, die Wachauer mit der Unterseite eintauchen und umgedreht, mit der Mehlseite nach oben auf ein Blech legen. An einem warmen Ort (ca. 30 Grad Celsius) ca. 15 Minuten aufgehen lassen und im vorgeheizten Backrohr bei 200 Grad Celsius ca. 20 Minuten backen.
Für Jourgebäck den Teig in 30 g Stücke auswiegen.

MEHLSPEISEN

Beugelteig

Der Beugelteig ist ein mürber, fettreicher Germteig. Er wird direkt, also ohne Dampfl, hergestellt. Alle Zutaten werden mit kalter Milch kurz zu einem Teig gemischt (geknetet). Aus diesem Teig stellt man Mohn- und Nußbeugel sowie Beugelstrudel her. Die Beugel werden mit versprudelten Ei bestrichen und getrocknet. Durch diesen Vorgang, den man ein zweites Mal wiederholt, entstehen beim Backen, die für die Beugel charakteristischen feinen Risse an der Oberfläche.

BEUGELTEIG

50 g Germ, 1/8 l Milch, 75 g Staubzucker, 500 g Mehl, 7 g Salz, 200 g Butter oder Margarine

Germ in die kalte Milch einbröseln und mit den restlichen Zutaten (die Butter sollte mittelfest sein) kurz zu einem Teig mischen (kneten). Zugedeckt mindestens eine halbe Stunde im Kühlschrank rasten lassen.

Briocheteig

Die Fachwelt unterscheidet zwischen Französischem Briocheteig und Wiener Briocheteig. Der „Französische“ besteht aus einem butter- und eierreichen Germteig. Dies erfordert eine lange Mischzeit und die Verwendung möglichst kalter Zutaten. Der richtige Ausbackzeitpunkt ist hier sehr wichtig. Durch den hohen Eianteil führt ein Überbacken zu einem trockenen Gebäck. Eine große und kleine Teigkugel übereinander zusammengesetzt in einer Portionsform oder im Ganzen in einer Kastenform wird dieser Briocheteig mit flüssiger Butter oder Ei bestrichen gebacken.
Der „Wiener Briocheteig“ wird aus einem einfachen, leichten Germteig hergestellt. Dieser Teig besteht aus einem geringeren Butter- und Eianteil als der „Französische“. Portioniert, wird der Teig zu den bekannten Formen wie Kipferln, Knöpfen, Striezeln, Schnecken usw. verarbeitet.
Mit Ei bestrichen und mit Hagelzucker bestreut wird er gebacken.

BRIOCHETEIG *(Französische Art)*

4 Eier, 60 g Staubzucker, 1/16 l Milch, 30 g Germ, 10 g Diamalt (Backmalz), Vanillezucker, geriebene Zitronenschale, 500 g Mehl, 250 g Butter, 10 g Salz

Eier mit gesiebtem Staubzucker, kalter Milch, Germ, Diamalt, Vanillezucker und geriebener Zitronenschale verrühren. Mit Mehl und ca. 50 g der weichen (nicht flüssigen) Butter mischen. Nach halber Mischzeit restliche Butter und Salz zugeben und in der Maschine fertig kneten.
Den Teig mit Klarsichtfolie zugedeckt ca. 30 Minuten rasten lassen, portionieren und aufarbeiten.

BRIOCHETEIG *(Wiener Art)*

2 Eier, 50 g Staubzucker, 3/16 l Milch, 30 g Germ, Vanillezucker, geriebene Zitronenschale, 500 g Mehl, 50 g Butter, 5 g Salz

Eier mit gesiebtem Staubzucker, kalter Milch, Germ, Vanillezucker und geriebener Zitronenschale verrühren. Mit Mehl zu einem Teig mischen. Nach halber Mischzeit die weiche (nicht flüssige) Butter und Salz zugeben und fertig mischen.
Den Teig mit Klarsichtfolie zugedeckt ca. 30 Minuten rasten lassen, portionieren und aufarbeiten.

Butterteig (Blätterteig)

Wird statt Butter Margarine oder Ziehmargarine verwendet, spricht man von Blätterteig. Weitere Bestandteile sind Mehl, Wasser, Salz, Rum oder Essig. Aus diesen Zutaten wird ein Vorteig hergestellt, in den man die Butter oder Margarine einschlägt (touriert). Der Teig erhält zwei sogenannte einfache und zwei doppelte Touren.
Weitere Zubereitungsarten sind die „französische", wobei der Vorteig in die sehr feste Butter eingeschlagen wird, oder die „holländische" bei der alle Zutaten, inklusive grob geschnittener Butter, kurz durchgemischt werden. Auch bei diesen beiden Arten erhält der Teig zwei einfache und zwei doppelte Touren.
Der Teig soll beim Tourieren nicht dünner als 1 cm ausgerollt werden, da er sonst an Triebkraft verliert. Zu dick ausgerollt schrumpft er beim Backen stärker zusammen. Bevor der ausgerollte Teig touriert (zusammengeklappt) wird, muß unbedingt das Staubmehl abgekehrt werden. Den Butterteig nach einer einfachen und einer doppelten Tour zugedeckt im Kühlschrank mindestens eine halbe Stunde rasten lassen und anschließend wieder mit einer einfachen und einer doppelten Tour tourieren.
Butterteiggebäck wird nach einer Rastzeit von ca. 15 Minuten, um ein zu starkes Zusammenziehen zu verhindern, möglichst rasch gebacken. Butterteig findet nicht nur in der Patisserie Verwendung (z. B. für Apfel- oder Topfenstrudel, Schaumrollen, Cremeschnitten etc.), sondern auch in der Küche (z. B. für Fleurons, Bouchés etc.). Er soll so frisch wie möglich angeboten werden.

BUTTERTEIG *(Blätterteig)*

Vorteig: 500 g Mehl, 1/4 l Wasser, 10 g Salz, 10 g Rum oder Essig, eventuell 50 g Diamalt (Backmalz)
Butterziegel: 400 g Butter oder Margarine (Ziehmargarine), Mehl

Für den Vorteig alle Zutaten glatt abarbeiten, zu einer Kugel schleifen, kreuzweise einschneiden und zugedeckt ca. eine halbe Stunde rasten lassen.
Auf einer mit Mehl bestaubten Arbeitsfläche die kalte Butter zu einem flachen, ca. 15 cm x 15 cm großen Ziegel formen.
Teig und Butter sollten die gleiche Konsistenz (Festigkeit) aufweisen. Nach der Rastzeit den Teig auf einem bemehlten Brett vierlappig ausrollen, daß er in der Mitte dicker bleibt. Den Butterziegel auflegen und die vier Teiglappen darüberspannen. Mit Mehl stauben, mit einem Rollholz von der Mitte weg zum Rand klopfen und zu einem Rechteck von 1 cm Stärke ausrollen. Das Staubmehl abkehren und die Teigfläche dreiteilig zusammenlegen, das heißt, das linke Drittel der ausgerollten Teigfläche über das mittlere Drittel legen und das rechte Drittel darüberschlagen = EINFACHE TOUR.

Danach den Teig wieder gleichmäßig zu einem Rechteck ausrollen. Abermals das Staubmehl abkehren und vierteilig zusammenlegen = DOPPELTE TOUR.
Zugedeckt im Kühlschrank ca. eine halbe Stunde rasten lassen. Anschließend wieder mit einer einfachen und einer doppelten Tour tourieren. Mit Klarsichtfolie abgedeckt, am besten über Nacht, im Kühlschrank rasten lassen.

Germteig

Die Hauptbestandteile sind Mehl, Flüssigkeit und Germ. Letztere sollte nur in frischem Zustand, das heißt nicht ausgetrocknet, ohne Risse und brauner Färbung, verwendet werden. Daher sollte Germ immer luftdicht verpackt im Kühlschrank gelagert werden. Weitere Zutaten wie Zucker, Ei, Butter oder Margarine und Salz sind geschmacksbildend. Aus Germteig werden Striezel, Buchteln, Streuselkuchen, Bienenstich usw. hergestellt.
Es gibt zwei Herstellungsarten für Germteig. Grundsätzlich wird bei der „direkten" Führung die Germ in einem Teil der erwärmten Milch (ca. 30 Grad Celsius) aufgelöst. Die restlichen Zutaten werden ebenfalls erwärmt und mit dem Mehl, dem Germansatz und der weichen Butter zu einem glatten Teig gemischt (geknetet). Zu einer Kugel geschliffen läßt man den Teig auf einem bemehlten Brett zugedeckt ca. 20 Minuten aufgehen, wirkt ihn kurz zusammen und läßt ihn nochmals ca. 20 Minuten rasten.
Die „indirekte" Führung wird hauptsächlich bei schweren Germteigen (Germteig mit höherem Fett- und Eianteil) angewandt. Hierfür wird die Germ in der halben erwärmten Milchmenge aufgelöst und mit etwas Mehl zu einem dickbreiigen Teig verrührt. Ein wenig Mehl darüberstauben und dieses Dampfl zugedeckt an einem warmen Ort (ca. 30 Grad Celsius) aufgehen lassen.
Das reife Dampfl, erkennbar durch doppeltes Volumen und Risse an der Mehloberfläche, wird mit dem Mehl, den restlichen erwärmten Zutaten (ca. 30 Grad Celsius) und der temperierten Butter zu einem glatten Teig gemischt (geknetet). Vor der Ausarbeitung läßt man den Teig ca. 15 Minuten rasten.
Wichtig: Die Germ in ca. 30 Grad Celsius warmer Flüssigkeit auflösen. Bei 55 Grad Celsius stirbt sie ab. Ebenso die Germ nicht direkt mit Fett oder Salz in Verbindung bringen. Auch hier erzielt sie nicht ihre Wirkung.

GERMTEIG

3/16 l Milch, 30 g Germ, 350 g Mehl, 30 g Staubzucker, 3 Eidotter, 30 g Butter, 3 g Salz, Vanillezucker

Milch auf ca. 30 Grad Celsius erwärmen. Die Germ in der halben Milchmenge auflösen und mit etwas Mehl zu einem dickbreiigen Teig verrühren. Ein wenig Mehl darüberstauben und dieses Dampfl zugedeckt an einem warmen Ort aufgehen lassen.
Die restlichen Zutaten werden ebenfalls erwärmt (ca. 30 Grad Celsius) und mit dem Mehl, dem reifen Dampfl (erkennbar an den Rissen auf der Mehloberfläche) und der weichen Butter zu einem glatten Teig gemischt (geknetet).
Den Germteig auf einem bemehlten Brett zugedeckt ca. 15 Minuten rasten lassen und danach ausarbeiten.

Plunderteig (Germbutterteig)

Plunderteig mit Butter hergestellt, wird auch Germbutterteig genannt und besteht wie der Blätterteig aus einem Vorteig (der in diesem Fall ein Germteig ist) und einem Butter- oder Fettziegel.
Aus Plunderteig wird Kaffeegebäck wie zum Beispiel Topfengolatschen, Zimtschnecken, Nußkipferln usw. hergestellt.
Der Teig soll erst vor dem Backen aufgehen, daher ist es notwendig, alle Zutaten so kühl wie möglich zu verarbeiten.
Für den Vorteig löst man die Germ in kalter Milch auf und mischt sie mit den anderen Zutaten zu einem glatten Teig. Zu einer Kugel geschliffen wird der Teig kreuzweise eingeschnitten. Man legt ihn auf ein bemehltes Brett und läßt ihn zugedeckt ca. 10 Minuten rasten.
Für den Butter- oder Fettziegel, den man einige Stunden vor der Verwendung im Kühlschrank aufbewahren sollte, arbeitet man die Butter oder Margarine mit etwas Mehl ab und formt einen Ziegel. Nach der Rastzeit den Teig auf einem bemehlten Brett vierlappig so ausrollen, daß er in der Mitte dicker bleibt. Den Butterziegel auflegen, die vier Teiglappen darüberspannen, mit einem Rollholz von der Mitte zum Rand klopfen und tourieren.
Die Anzahl der Touren hängt von der Fettmenge ab, die eingeschlagen wird. Je mehr Fett, desto mehr Touren.
Vor der Ausarbeitung läßt man den tourierten Plunderteig im Kühlschrank zugedeckt ca. zwei Stunden rasten.
Plunderteiggebäck nur kurz an einem warmen Ort aufgehen lassen, um einen schönen Nachtrieb im Backrohr zu erreichen. Das Gebäck wird in noch heißem Zustand aprikotiert (mit kochendheißer Marillenmarmelade bestrichen) und mit erwärmtem Fondant dünn glasiert oder nur mit gesiebtem Staubzucker bestreut.
Plundergebäck kann auch auf Vorrat hergestellt werden. Dazu wird das Gebäck, bevor man es aufgehen läßt, eingefroren. Bei Bedarf auftauen, aufgehen lassen und backen.

PLUNDERTEIG

Vorteig: 40 g Germ, 1/4 l Milch, 500 g Mehl, 60 g Staubzucker, 50 g Butter, 1 Ei, 1 Eidotter, 5 g Salz, Vanillezucker
Butterziegel: 300 g Butter (Plunderplatte = Ziehmargarine), Mehl

Germ in kalter Milch auflösen und mit den restlichen Zutaten zu einem glatten Teig mischen (kneten). Teig zu einer Kugel schleifen, kreuzweise einschneiden und auf einem bemehlten Brett zugedeckt ca. 15 Minuten rasten lassen.
Auf einer mit Mehl bestaubten Arbeitsfläche die kalte Butter zu einem flachen Ziegel in der Größe von ca. 15 cm x 15 cm formen. Der Butterziegel wird in festem Zustand in den Vorteig eingeschlagen. Daher empfiehlt es sich, ihn schon einige Stunden vor der Verwendung gekühlt aufzubewahren.
Nach der Rastzeit den Teig auf einem bemehlten Brett vierlappig so ausrollen, daß er in der Mitte dicker bleibt. Den Butterziegel auflegen und die vier Teiglappen darüberspannen. Mit Mehl stauben, mit einem Rollholz von der Mitte weg zum Rand klopfen und zu einem Rechteck von 1 cm Stärke ausrollen. Das Staubmehl abkehren und die Teigfläche vierteilig zusammenlegen, das heißt, die linke und rechte Seite jeweils bis zur Mitte klappen und danach die linke über die rechte Hälfte legen = DOPPELTE TOUR.

Im Kühlschrank zugedeckt ca. 20 Minuten rasten lassen und anschließend noch einmal mit einer doppelten Tour tourieren. Nach einer weiteren Rastzeit kann der Teig weiterverarbeitet werden.

Mürbteig (Linzerteig)

Der Mürbteig wird wegen seiner Zutatenbemessung auch Eins-Zwei-Drei-Teig genannt (1 Teil Zucker, 2 Teile Butter, 3 Teile Mehl). Er ist ein fettreicher, mürber Teig, der vielseitig z. B. für Kekse, Teegebäck, Tortenböden usw. verwendet wird. Durch Beigabe von geschälten Mandeln (= weißer Linzerteig), ungeschälten Mandeln (= brauner Linzerteig) oder aufgelöster Tunkmasse (Kochschokolade) kann der Teig geschmacklich variiert werden.
Das Wichtigste bei der Herstellung ist das möglichst rasche Zusammenkneten, da durch zu langes Bearbeiten die Butter im Teig zu weich wird und der Teig die Bindung verlieren würde. Der Fachmann spricht von „brandig“ werden.
Sollte er trotzdem brandig werden, kann man mit etwas Milch den Teig wieder binden. Durch Zugabe von Eidotter wird der Teig nicht nur geschmacklich verbessert, sondern er erhält auch eine bessere Bindung. Nach einer Rastzeit von mindestens einer halben Stunde im Kühlschrank wird der Mürbteig auf ca. 2 mm ausgerollt und durch Ausstechen oder Schneiden in die gewünschte Form gebracht. Größere Flächen von Mürbteig werden in regelmäßigen Abständen mit einer Gabel gestupft (eingestochen), um Blasenbildung zu vermeiden.
Mürbteig sollte, ohne stark Farbe zu nehmen, da er sonst bitter schmeckt, gebacken werden.

MÜRBTEIG

300 g Mehl, 200 g kalte Butter, 100 g Staubzucker, 2 Eidotter, eine Prise Salz, Vanillezucker, geriebene Zitronenschale

Alle Zutaten rasch zu einem Teig kneten. In eine Klarsichtfolie eingewickelt mindestens eine halbe Stunde im Kühlschrank rasten lassen.

Füllen für Kaffeegebäck

Diese backfesten Füllen werden für Germ-, Plunder- und Mürbteige verwendet. Sie sind für Strudel, Golatschen, Kipferln, Schnitten, Kuchen usw. geeignet. Füllen, gekocht oder kalt hergestellt, erhalten durch Biskuitbrösel (getrocknete, geriebene Biskuitreste), Biskuitwürfel oder Vanillecremepulver ihre Backfestigkeit.

APFELFÜLLE

1,2 kg geschälte, entkernte Äpfel, Saft einer Zitrone, 100 g Kristallzucker, 50 g Rosinen, 150 g Biskuitbrösel

Die geschälten Äpfel achteln, entkernen und blättrig schneiden. Apfelstücke mit Zitronensaft kernig weich dünsten. Kristallzucker beigeben und kurz weiter dünsten. Zuletzt die Rosinen und Biskuitbrösel untermengen und auskühlen lassen.

MARZIPANFÜLLE *(Bürgermeisterfülle)*

400 g Rohmarzipan, 2 Eidotter, 2 Eier, 60 g Mehl, 120 g weiche Butter, Vanillezucker, geriebene Zitronenschale

Alle Zutaten glatt abarbeiten, eventuell durch ein Sieb passieren. Die Fülle im Kühlschrank anziehen lassen.

MOHNFÜLLE

1/4 l Milch, 100 g Honig, 100 g Kristallzucker, 300 g gemahlener Mohn, 100 g Powidl, Rum, Zimt, geriebene Zitronenschale

Milch mit Honig und Kristallzucker aufkochen. Mohn dazugeben und am Feuer gut durchrühren. Überkühlen lassen, den Powidl und die Geschmackszutaten beimengen.

MOHNFÜLLE FÜR BEUGELN

1/8 l Milch, 100 g Honig, 100 g Kristallzucker, 40 g Margarine, 370 g gemahlener Mohn, 100 g Biskuitbrösel, Rum, Vanillezucker, Zimt

Milch mit Honig, Kristallzucker und Margarine aufkochen. Mohn dazugeben und am Feuer gut durchrühren. Biskuitbrösel beimengen, überkühlen lassen und die Geschmackszutaten einrühren.

NUSSFÜLLE

1/4 l Milch, 160 g Kristallzucker, 320 g geriebene Walnüsse, 130 g Biskuitbrösel, Rum, Zimt, geriebene Zitronenschale

Milch mit Kristallzucker aufkochen. Geriebene Walnüsse dazugeben und am Feuer gut durchrühren. Biskuitbrösel beimengen, überkühlen lassen und die Geschmackszutaten einrühren.

NUSSFÜLLE FÜR BEUGELN

1/8 l Milch, 50 g Honig, 200 g Kristallzucker, 50 g Margarine, 500 g geriebene Walnüsse, 250 g Biskuitbrösel, Rum, Zimt

Milch mit Honig, Kristallzucker und Margarine aufkochen, geriebene Walnüsse dazugeben und am Feuer gut durchrühren. Biskuitbrösel beimengen, überkühlen lassen und die Geschmackszutaten einrühren.

TOPFENFÜLLE

500 g passierter Topfen (20% Fettgehalt), 4 Eidotter, 120 g Staubzucker, 30 g Vanillepuddingpulver, geriebene Zitronenschale, 40 g Rosinen

Den durch ein Sieb passierten Topfen mit den restlichen Zutaten kurz durchmischen. Zuletzt die Rosinen beifügen.

Lebkuchen zum Ausstechen –
zu Rezept von Seite 144

BATZERLGUGELHUPF *(16 Portionen)*

Germteig Grundrezept, Powidl, Mohn-, Nuß- und Topfenfülle;
Butter und Mehl für die Form

Germteig auf einer mit Mehl bestaubten Arbeitsfläche ca. 3 mm dick zu einem Rechteck ausrollen. Teig kurz rasten lassen und in 50 mm x 50 mm große Stücke schneiden. In die Mitte der Teigstücke abwechselnd Powidl, Mohn-, Nuß- und Topfenfülle dressieren.
Die vier Enden der einzelnen Teigstücke über der Fülle zusammendrücken und nacheinander in eine mit weicher Butter ausgestrichene, mit Mehl ausgestaubte Gugelhupfform legen. An einen warmen Ort (ca. 30 Grad Celsius) stellen und ca. 25 Minuten aufgehen lassen. Im vorgeheizten Backrohr bei 170 Grad Celsius ca. 50 Minuten backen.

BEUGELN *(45 Stück)*

Beugelteig; Mohn- oder Nußbeugelfülle; 2 Eidotter, 1 Ei für die Eistreiche

Beugelteig in 20 g Stücke auswiegen und zu Kugeln schleifen.
Mohn- oder Nußbeugelfülle in 20 g Stücke auswiegen und zu Rollen von ca. 9 cm Länge formen.
Teigstücke auf einer bemehlten Arbeitsfläche zu Ovalen von ca. 10 cm Länge ausrollen, Mohn- oder Nußbeugelfülle auflegen und die Teigränder über der Fülle zusammendrücken. Jedes Stück zu einer bauchigen, beiderseits spitz zulaufenden Rolle formen.
Die Nußbeugeln werden nur in der Mitte spitz abgebogen, während die Mohnbeugeln in der ganzen Länge leicht gerundet und nur die beiden spitzen Enden stark einwärts gebogen werden.
Die Beugeln mit dem Schluß nach unten auf ein Blech legen, mit Eistreiche gut streichen und stehen lassen, bis diese trocken ist. Diesen Vorgang noch einmal wiederholen und im eingehängten, vorgeheizten Backrohr bei 180 Grad Celsius ca. 20 Minuten backen.
Die Charakteristik der Beugeln sind die Risse, die sie beim Backen durch die getrocknete Eistreiche bekommen.

BIENENSTICH *(15 Stück, Abb. auf Seite 69)*

Germteig Grundrezept (halbe Menge)
Belag: 40 g Butter, 40 g Kristallzucker, 15 g Honig, 25 g Milch, 75 g gehobelte Mandeln
Fülle: 1/2 l Milch, 60 g Vanillepuddingpulver, 1 Eidotter, 3 Eiweiß, 70 g Kristallzucker

Germteig auf einer bemehlten Arbeitsfläche ca. 4 mm stark zu einem Rechteck (20 cm x 30 cm) ausrollen und mit einem Kapselrahmen umstellen.
Für den Belag Butter mit Kristallzucker, Honig und Milch aufkochen, die gehobelten Mandeln einrühren und kurz durchrösten. Diese Masse gleichmäßig auf dem ausgerollten Teig verstreichen und an einem warmen Ort (ca. 30 Grad Celsius) ca. 20 Minuten aufgehen lassen. Im vorgeheizten Backrohr bei 180 Grad Celsius ca. 25 Minuten backen.
Nach dem Erkalten waagrecht mit einem Sägemesser durchschneiden, den Unterteil in den Kapselrahmen zurücklegen und den Oberteil in gleich große Stücke schneiden.

Kaiserin „Sisi"-Torte –
zu Rezept von Seite 161

Für die Fülle zwei Drittel der Milch aufkochen. Restliche Milch mit Vanillepuddingpulver und Eidotter mit einem Schneebesen verrühren, in die kochende Milch gießen und unter ständigem Rühren nochmals aufkochen lassen. Eiweiß mit Kristallzucker zu Schnee schlagen und unter die heiße Vanillecreme heben. Die Creme auf dem Bienenstichboden verstreichen, die Oberteile darauflegen, auskühlen lassen und schneiden.

BRIOCHES *(20 Stück oder 1 Kastenform 18 cm x 10 cm)*

Briocheteig französische Art; Butter und Mehl für die Briocheformen (Durchmesser 7 cm), Ei zum Bestreichen

Teig nach dem Rasten in 50 g Stücke auswiegen. Aus jedem Teigling eine große und eine kleine Kugel (Verhältnis 3:1) formen. Die große Kugel zuerst in die ausgebutterte, mit Mehl ausgestaubte Form setzen, die kleine Kugel fest in die Große drücken.
An einem warmen Ort (ca. 30 Grad Celsius) ca. 20 Minuten aufgehen lassen. Mit Ei bestreichen und im vorgeheizten Backrohr bei 190 Grad Celsius ca. 12 Minuten backen.
Für den Briocheteig in der Kastenform den ganzen Teig in die ausgebutterte, mit Mehl ausgestaubte Form legen. An einem warmen Ort (ca. 30 Grad Celsius) ca. 35 Minuten aufgehen lassen. Mit Ei bestreichen und im vorgeheizten Backrohr bei 170 Grad Celsius ca. 40 Minuten backen.

BRIOCHEGEBÄCK *(20 Stück, Abb. auf Seite 71)*

Briocheteig Wiener Art; Ei zum Bestreichen, Hagelzucker

Teig nach dem Rasten in 40 g Stücke auswiegen. Die Teiglinge zu Knöpfen, Zöpfen, Schnecken und Striezerln formen
Für Kipferln Teigstücke oval ausrollen. Mit der Hand von oben nach unten einrollen und zu Kipferln drehen.
Briochegebäck an einem warmen Ort (ca. 30 Grad Celsius) ca. 20 Minuten aufgehen lassen. Mit versprudeltem Ei bestreichen, mit Hagelzucker bestreuen und im vorgeheizten Backrohr bei 170 Grad Celsius ca. 25 Minuten backen.

BUCHTELN *(20 Stück)*

1/4 l Milch, 30 g Germ, 50 g Staubzucker, 50 g Butter, 5 g Salz, 500 g Mehl, Vanillezucker, geriebene Zitronenschale; 300 g Powidl, 2 Eßlöffel Rum, Zimt, flüssige Butter, Staubzucker

Milch auf ca. 30 Grad Celsius erwärmen. Die Germ in der halben Milchmenge auflösen und mit etwas Mehl zu einem dickbreiigen Teig verrühren. Ein wenig Mehl darüberstauben und dieses Dampfl zugedeckt an einem warmen Ort (ca. 30 Grad Celsius) aufgehen lassen.
Die anderen Zutaten in der restlichen Milch erwärmen, mit dem Mehl und dem reifen Dampfl (erkennbar durch grobe Risse auf der Mehloberfläche) zu einem glatten Teig mischen (kneten).
Nach 20minütiger Rastzeit den Teig 25 cm x 20 cm ausrollen und in Quadrate (5 cm x 5 cm) schneiden. In die Mitte der Teigstücke den mit Rum und Zimt abgeschmeckten Powidl dressieren. Teigränder über der Fülle zusammendrücken und jedes einzelne Stück in flüssige Butter tauchen. Mit dem Schluß nach unten in eine mit Butter ausgestrichene Pfanne eng aneinander legen.

Linzer Torte –
zu Rezept von Seite 162

Zugedeckt an einem warmen Ort (ca. 30 Grad Celsius) ca. 20 Minuten aufgehen lassen. Im vorgeheizten Backrohr bei 180 Grad Celsius ca. 25 Minuten backen. Überkühlen lassen und anzuckern.

BUTTERKIPFERLN *(25 Stück)*

40 g Germ, 1/4 l Milch, 50 g weiche Butter, 70 g Staubzucker, 2 Eier, 5 g Salz, 550 g Mehl
Butterziegel: 300 g Butter, Mehl

Germ in der kalten Milch auflösen und mit den restlichen Zutaten zu einem glatten Teig mischen (kneten). Teig zu einer Kugel schleifen und auf einer bemehlten Arbeitsfläche zugedeckt ca. 15 Minuten rasten lassen.
Auf einer bemehlten Arbeitsfläche die kalte Butter zu einem flachen Ziegel in der Größe von ca. 15 cm x 15 cm formen und im Kühlschrank rasten lassen. Der Butterziegel sollte in festem Zustand in den Teig eingeschlagen werden, daher empfiehlt es sich, ihn einige Stunden vor Verwendung zu kühlen. Den Ziegel, wie beim Blätterteig beschrieben, mit drei einfachen Touren in den Germteig einschlagen. Nach mindestens einer halben Stunde Rastzeit den Teig ca. 2,5 mm stark zu einem Rechteck ausrollen und in 10 cm breite und 17 cm hohe Dreiecke schneiden. Von der breiten Seite zum Spitz rollen, zu Kipferln drehen und auf ein Blech setzen. An einem warmen Ort (ca. 30 Grad Celsius) ca. 15 Minuten aufgehen lassen und im vorgeheizten Backrohr bei 200 Grad Celsius ca. 20 Minuten backen.

CHRISTSTOLLEN *(2 Stück)*

1/4 l Milch, 50 g Germ, 750 g Mehl, 300 g weiche Butter, 2 Eidotter, 70 g Staubzucker, 10 g Salz, 2 Eßlöffel Rum, Vanillezucker, geriebene Zitronenschale, Kardamom, Zimt
Früchtemischung: 150 g Aranzini, 150 g Zitronat, 250 g Rosinen, 50 g gehackte Haselnüsse, 2 Eßlöffel Rum; flüssige Butter, Vanillezucker, Staubzucker zum Bestreuen

Milch auf ca. 30 Grad Celsius erwärmen. Die Germ in der halben Milchmenge auflösen und mit etwas Mehl zu einem dickbreiigen Teig verrühren.
Ein wenig Mehl darüberstauben und dieses Dampfl zugedeckt an einem warmen Ort (ca. 30 Grad Celsius) aufgehen lassen. Die weiche Butter kurz aufrühren, Eidotter, gesiebten Staubzucker und die Geschmackszutaten beimengen. Die Buttermasse mit der restlichen Milch, dem Mehl und dem reifen Dampfl (erkennbar durch grobe Risse an der Mehloberfläche) zu einem glatten Teig mischen (kneten). Den Teig auf einer bemehlten Arbeitsfläche zugedeckt ca. 15 Minuten rasten lassen.
Für die Früchtemischung die gewaschenen Rosinen, Aranzini, Zitronat (kleinwürfelig geschnitten) und die gehackten Haselnüsse mit Rum vermischen. Danach rasch in den Teig einarbeiten, diesen in zwei gleich schwere Stücke teilen und zu Kugeln schleifen.
Den Teig auf einer bemehlten Arbeitsfläche rechteckig ausrollen (ca. 1 cm stark), die linke und die rechte Kante ein wenig einschlagen und glattrollen. Die Längskanten etwas mehr umklappen und mit dem Rollholz festdrücken. Den Teig von oben und unten zur Mitte klappen und die obere Hälfte nicht ganz über die untere legen.
Den zweiten Teig genauso zum Stollen formen. Auf ein mit Backtrennpapier belegtes Blech legen, ca. 20 Minuten an einem warmen Ort (ca. 30 Grad Celsius) aufgehen lassen. Danach im vorgeheizten Backrohr bei 180 Grad Celsius ca. 50 Minuten backen. In heißem Zustand mit flüssiger Butter bestreichen und mit vanilliertem Staubzucker bestreuen.

Panamatorte –
zu Rezept von Seite 173

Apfelschnitten –
zu Rezept von Seite 176

EGERLÄNDER *(15 Stück à 40 g)*

Germteig Grundrezept; Mohn- und Topfenfülle, Powidl
Streusel: 150 g Mehl, 100 g Butter, 100 g Kristallzucker, Zimt, Vanillezucker, eine Prise Salz; Ei zum Bestreichen

Germteig in 40 g Stücke auswiegen und zu Kugeln schleifen. Auf ein Blech legen und an einem warmen Ort (ca. 30 Grad Celsius) aufgehen lassen.
Ein Glas in Mehl tauchen und damit die Mitte der Teigstücke bis auf das Blech eindrücken. Den wulstigen Rand mit Ei bestreichen und in die Vertiefung Powidl, Mohn- und Topfenfülle dressieren.
Für den Streusel alle Zutaten miteinander abarbeiten und durch ein grobes Sieb drükken. Den Streusel im Kühlschrank fest werden lassen, über die Egerländer streuen und im vorgeheizten Backrohr bei 180 Grad Celsius ca. 25 Minuten backen.

ERDÄPFELBROT *(2 Laibe)*

200 g mehlige Erdäpfel, 3/16 l Milch, 50 g Germ, 500 g Mehl, 200 g Butter, 50 g Staubzucker, 1 Ei, 1 Eidotter, 10 g Salz, geriebene Zitronenschale, Rum, 60 g Rosinen; Ei zum Bestreichen

Erdäpfel waschen, schälen, vierteln und in leicht gesalzenem Wasser kochen. Abseihen, ausdampfen, passieren und erkalten lassen.
Milch auf ca. 30 Grad Celsius erwärmen. Germ darin auflösen und mit etwas Mehl zu einem dickbreiigen Teig verrühren. Ein wenig Mehl darüberstauben und dieses Dampfl zugedeckt an einem warmen Ort (ca. 30 Grad Celsius) aufgehen lassen.
Die weiche Butter, gesiebten Staubzucker, Ei, Eidotter, Salz, geriebene Zitronenschale und etwas Rum einrühren, mit dem Mehl und dem reifen Dampfl (erkennbar durch grobe Risse an der Mehloberfläche) zu einem glatten Teig mischen (kneten). Rosinen kurz einmengen und den Teig auf einer bemehlten Arbeitsfläche zugedeckt ca. 30 Minuten rasten lassen.
Teig in zwei Teile schneiden, zu Kugeln schleifen und auf ein Blech legen. Zugedeckt an einem warmen Ort (ca. 30 Grad Celsius) ca. 30 Minuten aufgehen lassen, mit Ei bestreichen und im vorgeheizten Backrohr bei 170 Grad Celsius ca. 45 Minuten backen.

GERMGUGELHUPF

3/16 l Milch, 30 g Germ, 400 g Mehl, 160 g Butter, 120 g Staubzucker, 4 Eidotter, 4 g Salz, geriebene Zitronenschale, 50 g Rosinen; Butter und Mehl für die Form, 16 geschälte Mandeln; Staubzucker

Milch auf ca. 30 Grad Celsius erwärmen. Germ in der halben Milchmenge auflösen und mit etwas Mehl zu einem dickbreiigen Teig verrühren. Ein wenig Mehl darüberstauben und dieses Dampfl zugedeckt an einem warmen Ort (ca. 30 Grad Celsius) aufgehen lassen. Die weiche Butter mit gesiebtem Staubzucker schaumig rühren, Eidotter, Salz und die geriebene Zitronenschale beigeben. Den Butterabtrieb mit dem Mehl, der restlichen Milch und dem reifen Dampfl (erkennbar durch grobe Risse an der Mehloberfläche) zu einem weichen Teig verrühren und zuletzt die Rosinen beigeben.
Eine Gugelhupfform mit weicher Butter ausstreichen, mit Mehl ausstauben und die geschälten Mandeln einlegen. Den Teig einfüllen und an einem warmen Ort (ca. 30 Grad Celsius) ca. 20 Minuten aufgehen lassen. Im vorgeheizten Backrohr bei 170 Grad Celsius ca. 70 Minuten backen. Leicht überkühlt aus der Form stürzen und anzuckern.

MOHN- UND NUSSSTRUDEL *(2 Stück)*

1/8 l Milch, 20 g Germ, 250 g Mehl, 50 g Staubzucker, 40 g Öl, 2 g Salz, geriebene Zitronenschale, Rum, 500 g Mohn- oder Nußfülle; Ei zum Bestreichen

Milch auf ca. 30 Grad Celsius erwärmen. Germ in der halben Milchmenge auflösen und mit etwas Mehl zu einem dickbreiigen Teig verrühren. Ein wenig Mehl darüberstauben und dieses Dampfl zugedeckt an einem warmen Ort (ca. 30 Grad Celsius) aufgehen lassen.

Das reife Dampfl (erkennbar durch grobe Risse an der Mehloberfläche) mit dem Mehl und den anderen in der restlichen Milch erwärmten Zutaten zu einem glatten Teig mischen. In 250 g Stücke auswiegen, zu Kugeln schleifen und auf einer bemehlten Arbeitsfläche zugedeckt ca. 20 Minuten rasten lassen.

Die Teigstücke auf einer bemehlten Arbeitsfläche rechteckig (ca. 4 mm stark) ausrollen. Je 250 g Fülle (sollte diese zu fest sein, mit etwas Milch verdünnen) auf den Rechtecken verstreichen und die Teigflächen von oben nach unten einrollen. Auf ein Blech legen und an einem warmen Ort (ca. 30 Grad Celsius) ca. 20 Minuten aufgehen lassen. Mit Ei bestreichen, mit einer Gabel fünfmal stupfen (einstechen, um Blasenbildung zu vermeiden) und im vorgeheizten Backrohr bei 170 Grad Celsius ca. 35 Minuten backen.

NUSS-MARZIPAN-STOLLEN *(3 Stollen à 450 g)*

1/4 l Milch, 50 g Germ, 750 g Mehl, 300 g weiche Butter, 2 Eidotter, 70 g Staubzucker, 10 g Salz, 2 Eßlöffel Rum, Vanillezucker, geriebene Zitronenschale, Zimt, Kardamom
Fülle: 200 g Rohmarzipan, 100 g geriebene Walnüsse, 5 Eßlöffel Rum, 200 g gehackte Walnüsse

Milch auf ca. 30 Grad Celsius erwärmen. Die Germ in der halben Milchmenge auflösen und mit etwas Mehl zu einem dickbreiigen Teig rühren. Etwas Mehl darüberstauben und dieses Dampfl zugedeckt an einem warmen Ort aufgehen lassen.

Die weiche Butter mit Staubzucker und Geschmackszutaten schaumig rühren und die Eidotter beigeben.

Die Buttermasse mit der restlichen Milch, dem Mehl und dem reifen Dampfl (erkennbar durch grobe Risse an der Mehloberfläche) zu einem glatten Teig kneten. Den Teig auf einer bemehlten Arbeitsfläche zugedeckt ca. 15 Minuten rasten lassen.

Für die Fülle Rohmarzipan, geriebene Nüsse und Rum vermischen und zu sechs, an den Enden spitz werdenden, Stangen formen.

Den Teig auf einer bemehlten Arbeitsfläche rechteckig ausrollen und die Längskanten umschlagen. Je zwei Stück Fülle auflegen und die Hälfte der gehackten Nüsse darüberstreuen.

Die untere Längskante zur Mitte einschlagen und die Obere nicht ganz darüberlegen. Teig mit flüssiger Butter bestreichen und aufgehen lassen. Danach nochmals mit flüssiger Butter bestreichen, mit gehackten Walnüssen bestreuen und bei 160 Grad Celsius ca. 45 Minuten backen. Noch heiß mit flüssiger Butter bestreichen und mit vanilliertem Staubzucker bestreuen.

NUSS-PLUNDERZOPF *(2 Kastenformen 30 cm x 10 cm)*

Plunderteig Grundrezept; Nußfülle (siehe Füllen für Kaffeegebäck); Butter und Mehl für die Kastenformen, Marillenmarmelade, Fondant

Den tourierten Plunderteig rechteckig 60 cm x 50 cm (Stärke 2,5 mm) ausrollen. Nußfülle aufstreichen. Teig der Länge nach halbieren. Beide Teigflächen von oben nach unten einrollen. Diese beiden Strudel der Länge nach halbieren. Je zwei Hälften mit der Schnittfläche nach oben miteinander flechten.
Diese Zöpfe in die mit Butter ausgestrichenen, mit Mehl ausgestaubten Formen legen und an einem warmen Ort (ca. 30 Grad Celsius) ca. 30 Minuten aufgehen lassen. Im vorgeheizten Backrohr bei 180 Grad Celsius ca. 35 Minuten backen. Der noch heiße Zopf wird aprikotiert und mit erwärmten Fondant (siehe Glasuren) glasiert.

OSTERPINZEN *(2 Stück à 500 g)*

100 g mehlige Erdäpfel, 3/16 l Milch, 30 g Germ, 550 g Mehl, 10 g Erdäpfelmehl (Kartoffelstärke), 100 g Butter, 100 g Staubzucker, 3 Eidotter, 8 g Salz, 2 Eßlöffel Rum; Ei zum Bestreichen

Erdäpfel waschen, schälen und in leicht gesalzenem Wasser kochen. Abseihen, ausdampfen, heiß passieren und erkalten lassen.
Milch auf ca. 30 Grad Celsius erwärmen. Germ darin auflösen und mit etwas Mehl zu einem dickbreiigen Teig verrühren. Ein wenig Mehl darüberstauben und dieses Dampfl zugedeckt an einem warmen Ort (ca. 30 Grad Celsius) aufgehen lassen.
Butter erwärmen, gesiebten Staubzucker, Eidotter, Salz und Rum einrühren, mit dem Mehl und dem reifen Dampfl (erkennbar durch grobe Risse an der Mehloberfläche) zu einem glatten Teig mischen (kneten).
Den Teig auf einer bemehlten Arbeitsfläche zugedeckt ca. 15 Minuten rasten lassen, in zwei Teile schneiden, zu Kugeln schleifen und an einem warmen Ort (ca. 30 Grad Celsius) ca. 30 Minuten aufgehen lassen. Mit Ei bestreichen, mit einer Schere, die in heißes Wasser getaucht wird, von der Mitte zum Rand dreimal einschneiden und im vorgeheizten Backrohr bei 170 Grad Celsius ca. 40 Minuten backen.

STRIEZEL

Germteig Grundrezept; Ei zum Bestreichen, Hagelzucker oder gehobelte Mandeln

Den Germteig nach der Rastzeit in drei Teile teilen, diese in der Mitte zu bauchigen und an den Enden zu spitzen Strängen formen.
Die Stränge an einem Ende fest zusammendrücken und abwechselnd den linken und rechten Strang über den mittleren legen. Den Striezel auf ein Blech legen und an einem warmen Ort (ca. 30 Grad Celsius) ca. 20 Minuten aufgehen lassen.
Mit Ei bestreichen, mit Hagelzucker oder gehobelten Mandeln bestreuen und im vorgeheizten Backrohr bei 170 Grad Celsius ca. 35 Minuten backen.

Plunderteiggebäck *(Abb. auf Seite 73)*

BÄRENTATZEN *(30 Stück)*

Plunderteig; Bürgermeisterfülle, gehobelte Haselnüsse; Ei zum Bestreichen, Marillenmarmelade, Fondant

Plunderteig auf einer bemehlten Arbeitsfläche ca. 3 mm stark ausrollen. Den Teig ca. 5 Minuten rasten lassen (damit er die Spannung verliert) und in 11 cm x 11 cm große Stücke schneiden. Den Rand der Teigstücke mit Ei bestreichen, Bürgermeisterfülle mit einem Dressiersack mit glatter Tülle (Durchmesser 10 mm) waagrecht aufdressieren und den Teig von oben nach unten über die Fülle klappen. An der Längskante sechsmal ca. 2 cm tief einschneiden, die Oberseite mit Ei bestreichen und in gehobelten Haselnüssen panieren. Kipferlförmig biegen, auf ein Blech legen und an einem warmen Ort (ca. 30 Grad Celsius) ca. 15 Minuten aufgehen lassen. Im vorgeheizten Backrohr bei 190 Grad Celsius ca. 20 Minuten backen. Danach aprikotieren und mit erwärmtem (ca. 40 Grad Celsius), mit Läuterzucker verdünntem Fondant dünn glasieren.

PRAGER KLOSTERKIPFERLN *(30 Stück)*

Plunderteig, Marillenmarmelade; Ei zum Bestreichen, Hagelzucker

Zubereitung wie Bärentatzen, jedoch mit Marillenmarmelade füllen. Die Kipferln mit Ei bestreichen und leicht mit Hagelzucker bestreuen.

MARILLENSPITZ *(30 Stück)*

Plunderteig, 30 Marillen, Vanillecreme; Ei zum Bestreichen, Marillenmarmelade, Fondant

Plunderteig auf einer bemehlten Arbeitsfläche ca. 3 mm stark ausrollen. Den Teig ca. 5 Minuten rasten lassen (damit er die Spannung verliert) und in 11 cm x 11 cm große Stücke schneiden. Vanillecreme mit einem Dressiersack mit glatter Tülle (Durchmesser 10 mm) diagonal aufdressieren. Auf die Enden der Creme je eine halbe Marille setzen. Die zwei freien Ecken mit Ei bestreichen und über der Vanillecreme zusammendrücken. Aus den Teigresten rechteckige Streifen (2 cm x 6 cm) schneiden und über die zusammengedrückten Ecken legen.

Marillenspitz auf ein Blech setzen und an einem warmen Ort (ca. 30 Grad Celsius) ca. 15 Minuten aufgehen lassen. Im vorgeheizten Backrohr bei 190 Grad Celsius ca. 20 Minuten backen. Danach aprikotieren und mit erwärmtem (ca. 40 Grad Celsius), mit Läuterzucker verdünntem Fondant dünn glasieren.

MOHNFÄCHER *(30 Stück)*

Plunderteig, Mohnfülle; Marillenmarmelade, Fondant

Plunderteig auf einer bemehlten Arbeitsfläche 20 cm breit und 3 mm stark ausrollen. Den Teig ca. 5 Minuten rasten lassen (damit er die Spannung verliert) und dünn mit Mohnfülle (sollte diese zu fest sein, mit etwas Milch verdünnen) bestreichen.

Aufrollen und in 5 cm breite Stücke schneiden. Diese zweimal, fast ganz durch einschneiden und fächerartig geformt auf ein Blech wegsetzen.

An einem warmen Ort (ca. 30 Grad Celsius) ca. 15 Minuten aufgehen lassen und im vorgeheizten Backrohr bei 190 Grad Celsius ca. 20 Minuten backen. Danach aprikotieren und mit erwärmtem (ca. 40 Grad Celsius), mit Läuterzucker verdünntem Fondant dünn glasieren.

NUSSKIPFERLN *(30 Stück)*

Plunderteig, Nußfülle; Marillenmarmelade, Fondant

Plunderteig auf einer bemehlten Arbeitsfläche ca. 3 mm stark ausrollen. Den Teig ca. 5 Minuten rasten lassen (damit er die Spannung verliert) und in 11 cm x 11 cm große Stücke schneiden.

Nußfülle mit einem Dressiersack ohne Tülle diagonal aufdressieren. Eine der beiden freien Ecken über die Fülle legen, aufrollen und zu Kipferln formen.
Die Kipferln so auf ein Blech legen, daß die Fülle sichtbar ist und an einem warmen Ort (ca. 30 Grad Celsius) ca. 15 Minuten aufgehen lassen. Im vorgeheizten Backrohr bei 190 Grad Celsius ca. 20 Minuten backen. Danach aprikotieren und mit erwärmtem (ca. 40 Grad Celsius), mit Läuterzucker verdünntem Fondant dünn glasieren.

POWIDLZIPF *(30 Stück)*

Plunderteig, Powidl; Ei zum Bestreichen, Marillenmarmelade, Fondant

Plunderteig auf einer bemehlten Arbeitsfläche ca. 3 mm stark ausrollen. Den Teig ca. 5 Minuten rasten lassen (damit er die Spannung verliert) und in 11 cm x 11 cm große Stücke schneiden.
Den Rand der Teigstücke mit Ei bestreichen, Powidl aufdressieren und diagonal zu Dreiecken zusammenklappen. Auf ein Blech legen, an einem warmen Ort (ca. 30 Grad Celsius) ca. 15 Minuten aufgehen lassen und im vorgeheizten Backrohr bei 190 Grad Celsius ca. 20 Minuten backen. Danach aprikotieren und mit erwärmtem (ca. 40 Grad Celsius), mit Läuterzucker verdünntem Fondant dünn glasieren.

SCHOKOPLUNDER *(30 Stück)*

Plunderteig Grundrezept
Canache: 1/4 l Läuterzucker, 500 g Tunkmasse (oder Kochschokolade), Staubzucker

Für die Canache Läuterzucker aufkochen, kleingeschnittene Tunkmasse darin auflösen und mit dem Stabmixer homogenisieren. Auskühlen lassen bis die Canache dressierfähig ist.
Plunderteig auf einer bemehlten Arbeitsfläche ca. 3 mm stark ausrollen. Den Teig ca. 5 Minuten rasten lassen (damit er die Spannung verliert) und in 12 cm x 9 cm große Stücke schneiden.
Canache der Länge nach bis fast zum Rand aufdressieren. Teigränder dünn mit Ei bestreichen und die Teigstücke einrollen. Die schmalen Seiten schließen und auf ein Backblech wegsetzen.
An einem warmen Ort (ca. 30 Grad Celsius) ca. 20 Minuten aufgehen lassen und im vorgeheizten Backrohr bei 190 Grad Celsius ca. 20 Minuten backen. Überkühlt anzuckern.

TOPFENGOLATSCHEN *(30 Stück)*

Plunderteig, Topfenfülle; Ei zum Bestreichen, Staubzucker zum Bestreuen

Plunderteig auf einer bemehlten Arbeitsfläche ca. 3 mm stark ausrollen. Den Teig ca. 5 Minuten rasten lassen (damit er die Spannung verliert) und in 11 cm x 11 cm große Stücke schneiden.
In die Mitte Topfenfülle aufdressieren, die vier Ecken mit Ei bestreichen und über der Fülle zusammenklappen. Aus den Teigresten Quadrate (2 cm x 2 cm) schneiden, mit Ei bestreichen und in die Mitte der Golatschen legen. Auf ein Blech legen, an einem warmen Ort (ca. 30 Grad Celsius) ca. 15 Minuten aufgehen lassen und im vorgeheizten Backrohr bei 190 Grad Celsius ca. 20 Minuten backen. Überkühlt mit Staubzucker bestreuen.

ZIMTSCHNECKEN *(30 Stück)*

Plunderteig; 500 g geriebene Walnüsse, 300 g Kristallzucker, Zimt; flüssige Butter, Marillenmarmelade, Fondant

Plunderteig auf einer bemehlten Arbeitsfläche 50 cm hoch und ca. 3 mm stark ausrollen. Den Teig ca. 5 Minuten rasten lassen (damit er die Spannung verliert) und mit flüssiger Butter bestreichen.
Geriebene Walnüsse, Kristallzucker und Zimt vermischen und auf der Teigfläche verteilen. Teig einrollen und in ca. 2 cm breite Scheiben schneiden. Die Schnecken auf ein Blech legen, die Enden darunterschlagen und an einem warmen Ort (ca. 30 Grad Celsius) ca. 15 Minuten aufgehen lassen. Im vorgeheizten Backrohr bei 190 Grad Celsius ca. 20 Minuten backen. Danach aprikotieren und mit erwärmtem, mit Läuterzucker verdünntem Fondant dünn glasieren.

Kaffeegebäck aus Blätterteig

APFELTASCHERLN *(10 Stück)*

500 g Blätterteig, 300 g Apfelfülle (siehe Füllen für Kaffeegebäck); Ei zum Bestreichen, Marillenmarmelade, Fondant

Blätterteig auf einer bemehlten Arbeitsfläche ca 2,5 mm stark ausrollen und in 12 cm x 12 cm große Stücke schneiden. Die Ränder der Teigstücke mit Ei bestreichen, in die Mitte etwas Apfelfülle geben und die Tascherln zu einem Dreieck zusammenklappen. Auf ein Blech legen, ca. 15 Minuten rasten lassen (um ein zu starkes Zusammenziehen der Tascherln beim Backen zu verhindern) und im vorgeheizten Backrohr bei 180 Grad Celsius ca. 20 Minuten backen. Danach aprikotieren und mit erwärmtem (ca. 40 Grad Celsius), mit Läuterzucker verdünntem Fondant dünn glasieren.

ÄPFEL IM SCHLAFROCK *(10 Stück)*

600 g Blätterteig, 10 kleine Äpfel, Vanillecreme (siehe Cremen für Torten und Schnitten); Ei zum Bestreichen, Marillenmarmelade, Fondant, gehobelte, geröstete Mandeln

Blätterteig auf einer bemehlten Arbeitsfläche ca. 2,5 mm stark ausrollen und in 12 cm x 12 cm große Stücke schneiden.
Äpfel schälen, Kerngehäuse ausstechen und auf die Teigstücke legen. Die Aushöhlung der Äpfel mit Vanillecreme füllen, die Teigecken mit Ei bestreichen und über den Äpfeln schließen. Oben mit Ei bestreichen und mit einer ausgestochenen Teigrosette dekorieren.
Auf ein Blech legen, ca. 15 Minuten rasten lassen (um ein zu starkes Zusammenziehen beim Backen zu verhindern) und im vorgeheizten Backrohr bei 180 Grad Celsius ca. 25 Minuten backen.
Danach aprikotieren, mit erwärmtem (ca. 40 Grad Celsius), mit Läuterzucker verdünntem Fondant dünn glasieren und mit gehobelten, gerösteten Mandeln bestreuen.

APFELSTRUDEL *(10 Portionen)*

500 g Blätterteig, 40 g Butter, 60 g Semmelbrösel, 800 g geschälte, entkernte Äpfel, Saft einer Zitrone, 80 g Kristallzucker, Zimt, 30 g Rosinen; Ei zum Bestreichen, Staubzucker

Butter erhitzen, Semmelbrösel beigeben und unter ständigem Rühren goldbraun rösten.
Die geschälten Äpfel achteln, entkernen und dünnblättrig schneiden. Blätterteig auf bemehlter Arbeitsfläche zu einem ca. 2,5 mm starken und 20 cm breiten Streifen ausrollen. Die Teigränder mit Ei bestreichen und die gerösteten Semmelbrösel in die Mitte streuen. Die blättrig geschnittenen Äpfel mit Zitronensaft vermischen und über den Semmelbröseln verteilen. Kristallzucker mit Zimt und Rosinen darüberstreuen.
Den Teig von links und rechts über die Fülle schlagen und den Strudel mit dem Schluß nach unten auf ein Blech legen. Die Oberseite mit Ei bestreichen, aus dem restlichen Teig schmale Streifen (1 cm breit) schneiden und diese kreuzweise auf den Strudel legen. Nochmals mit Ei bestreichen, mit einer Gabel stupfen (damit keine Luftblasen entstehen können) und nach 15minütiger Rastzeit (um ein zu starkes Zusammenziehen beim Backen zu verhindern) im vorgeheizten Backrohr bei 180 Grad Celsius ca. 35 Minuten backen.
Überkühlt anzuckern und portionieren.

BIRNEN AUF BLÄTTERTEIG *(10 Stück)*

600 g Blätterteig, 5 Birnen, 1/2 l Wasser, 200 g Kristallzucker, Saft einer Zitrone, Vanillecreme (siehe Cremen für Torten und Schnitten); Ei zum Bestreichen, Vanillesauce (siehe Cremesaucen), Zimt

Die Birnen schälen, halbieren, entkernen und mit Wasser, Kristallzucker und Zitronensaft kernig weich kochen.
Blätterteig auf einer bemehlten Arbeitsfläche ca. 2,5 mm stark ausrollen.
Aus Karton in Birnenform eine Schablone ausschneiden, die um ca. 1,5 cm größer ist als die Birnenhälften. Den Teig entsprechend ausschneiden, auf ein Backblech legen und mit Ei bestreichen.
Etwas Vanillecreme aufdressieren und die Birnenhälften daraufsetzen. Aus dem restlichen Teig Stiele und Blätter ausschneiden, mit Ei bestreichen, auf den oberen Rand setzen und im vorgeheizten Backrohr bei 180 Grad Celsius ca. 15 Minuten backen.
Noch warm mit Vanillesauce anrichten und leicht mit Zimt bestauben.

CREMEROLLEN *(10 Stück)*

500 g Blätterteig, Vanillecreme (siehe Cremen für Torten und Schnitten), 2 Eiweiß, 120 g Kristallzucker; Ei zum Bestreichen, Tunkmasse

Blätterteig auf einer bemehlten Arbeitsfläche 45 cm breit und ca. 2,5 mm stark ausrollen. Den Teig in 45 cm lange und 3 cm breite Streifen schneiden und diese mit Wasser bestreichen.
Je einen Streifen spiralenförmig überlappend auf Schaumrollenröhrchen (konisch zusammenlaufende Röhrchen aus Blech) drehen bzw. wickeln. Die Rollen mit dem Teigende nach unten auf ein Blech legen und ca. 15 Minuten rasten lassen (um ein zu starkes Zusammenziehen beim Backen zu verhindern).
Mit Ei, das mit Wasser verdünnt wurde, bestreichen und im vorgeheizten Backrohr bei 180 Grad Celsius ca. 30 Minuten backen. Danach sofort vorsichtig von den Röhrchen streifen, erkalten lassen und die Oberseite in temperierte Tunkmasse (siehe Glasuren) tunken.
Eiweiß mit Kristallzucker zu Schnee schlagen, unter die noch heiße Vanillecreme heben und mit Hilfe eines Dressiersackes in die Rollen füllen.

JALOUSIEN *(12 Stück)*

500 g Blätterteig, 3 Äpfel, Vanillecreme (siehe Cremen für Torten und Schnitten); Ei zum Bestreichen, Marillenmarmelade, Fondant, gehobelte, geröstete Mandeln

Blätterteig auf einer bemehlten Arbeitsfläche rechteckig, ca. 2,5 mm stark ausrollen. Den Teig in Rechtecke von 12 cm x 6 cm schneiden, mit Ei bestreichen und etwas Vanillecreme aufdressieren. Äpfel schälen, vierteln und entkernen. Die Apfelstücke in dünne Scheiben schneiden und fächerartig auf die Vanillecreme legen. Nach 15minütiger Rastzeit die Jalousien im vorgeheizten Backrohr bei 180 Grad Celsius ca. 25 Minuten backen. Ausgekühlt aprikotieren und mit erwärmtem (ca. 40 Grad Celsius), mit Läuterzucker verdünntem Fondant dünn glasieren und mit gehobelten, gerösteten Mandeln leicht bestreuen.

JOURGEBÄCK *(40 Stück)*

Blätterteig, Mohn-, Nuß- oder Topfenfülle; Ei zum Bestreichen, Staubzucker

Blätterteig auf einer bemehlten Arbeitsfläche ca. 2,5 mm stark ausrollen und in 8 cm x 8 cm große Stücke schneiden. Die Ränder der Teigstücke mit Ei bestreichen und eine beliebige Fülle in die Mitte dressieren. In verschiedene Formen (z. B. Dreiecke, Rechtecke, Golatschen) zusammenlegen und nach kurzer Rastzeit (ca. 15 Minuten) im vorgeheizten Backrohr bei 180 Grad Celsius ca. 20 Minuten backen.
Auskühlen lassen und mit Staubzucker bestreuen.

PALMBLÄTTER *(30 Stück, Abb. auf Seite 75)*

Blätterteig; Staubzucker, Zimt, 50 g fein geriebene Walnüsse

Blätterteig auf einer mit Staubzucker bestreuten Arbeitsfläche ca. 3 mm stark und 50 cm hoch ausrollen.
Gesiebten Staubzucker mit Zimt und Walnüssen vermischen, die Teigfläche damit bestreuen und von oben und unten zur Mitte hin jeweils vierfach zusammenlegen. Die obere Hälfte auf die untere legen, sodaß der Teig acht Schichten erhält.
In 5 mm breite Scheiben schneiden und mit der Schnittfläche nach oben in großem Abstand auf ein Backblech legen. Nach kurzer Rastzeit (ca. 15 Minuten) im vorgeheizten Backrohr bei 180 Grad Celsius ca. 15 Minuten anbacken (die Unterseite sollte eine goldgelbe Farbe haben), mit einer Spachtel umdrehen und fertigbacken.

POLSTERZIPF *(40 Stück)*

Blätterteig, Ribiselmarmelade; Ei zum Bestreichen, Staubzucker

Blätterteig auf einer bemehlten Arbeitsfläche ca. 2,5 mm stark ausrollen und in 8 cm x 8 cm große Stücke schneiden.
Die Ränder der Teigstücke mit Ei bestreichen, die durch ein Sieb passierte Ribiselmarmelade in die Mitte dressieren und diagonal zusammenlegen. Auf ein Blech setzen, nach kurzer Rastzeit (ca. 15 Minuten) mit Ei bestreichen und im vorgeheizten Backrohr bei 180 Grad Celsius ca. 20 Minuten backen.
Auskühlen lassen und mit Staubzucker bestreuen.

SCHAUMROLLEN *(10 Stück, Abb. auf Seite 76)*

500 g Blätterteig, Ei zum Bestreichen, 8 Eiweiß, 450 g Kristallzucker; Staubzucker

Verarbeitung des Blätterteiges wie bei den Cremerollen.
Für die Fülle Eiweiß mit einem Drittel des Kristallzuckers zu Schnee schlagen. Währenddessen den restlichen Zucker mit Wasser im Verhältnis 3:1 zum „Kettenflug" (siehe Zuckerkochtabelle) kochen. Den heißen Zucker in dünnem Strahl in das geschlagene Eiweiß rühren und so lange in der Maschine weiterrühren, bis die Schaummasse kalt ist.
Diese in einen Dressiersack füllen, die Schaumrollen damit füllen und anzuckern.

SCHILLERLOCKEN *(10 Stück)*

500 g Blätterteig, Ei zum Bestreichen, 3/8 l Schlagobers, 50 g Kristallzucker; Staubzucker

Verarbeitung des Blätterteiges wie bei den Cremerollen.
Die Formen, auf die der Teig gewickelt wird, sind ähnlich den Schaumrollenröhrchen, nur an einem Ende spitz und geschlossen.
Die Schillerlocken werden mit gesüßtem, geschlagenem Obers gefüllt und mit Staubzucker bestreut.

STREUSELZUNGEN *(10 Stück)*

300 g Blätterteig (siehe Teige), 1 Dotter, Streusel (siehe Egerländer); Staubzucker

Den Blätterteig gleichmäßig ausrollen und mit einem runden Ausstecher von ca. 5 cm Durchmesser Plätzchen ausstechen. Diese werden nun mit dem Rollholz nur nach einer Richtung ausgerollt, damit eine Ellipse von ca. 12 bis 13 cm Länge entsteht. Diese auf ein Backblech legen. Die Blätterteigovale werden nun mit verrührtem Dotter bestrichen und mit dem Streusel bestreut.
Im vorgeheizten Backrohr bei 200 Grad Celsius ca. 12 bis 15 Minuten schön knusprig braun backen und, wenn sie etwas erkaltet sind, mit Puderzucker besieben.

TOPFENSTRUDEL *(10 Portionen)*

500 g Blätterteig, Topfenfülle; Ei zum Bestreichen, Staubzucker

Zubereitung wie Apfelstrudel.

Diverses Kaffeegebäck

Diese Mehlspeisen lassen sich nicht in die Kategorien Kaffeegebäck aus Blätter-, Plunder- oder Germteig einordnen. Sie haben meist eigenständige Rezepturen, die zum Teil auch regional zuzuordnen sind.
Kleingebäck wie zum Beispiel Tascherln aus Topfenteig sind ebenso hier zu finden, wie Kombinationen aus Teig oder Massen.

MOHN-TOPFEN-KUCHEN *(20 Portionen, Abb. auf Seite 93)*

Mohnmasse: 4 Eidotter, 100 g Kristallzucker, 1/8 l Wasser, 1/8 l Öl, Vanillezucker, geriebene Zitronenschale, 4 Eiweiß, 150 g Kristallzucker, 100 g gemahlener Mohn, 200 g Mehl, 5 g Backpulver
Topfenmasse: 100 g Butter, 50 g Staubzucker, Vanillezucker, geriebene Zitronenschale, Rum, 4 Eidotter, 500 g Topfen, 40 g Vanillepuddingpulver, 4 Eiweiß, 100 g Kristallzucker; Butter und Mehl für das Backblech, Staubzucker

Für die Mohnmasse Eidotter mit Kristallzucker, Wasser, Öl, Vanillezucker und geriebener Zitronenschale schaumig rühren. Eiweiß mit Kristallzucker zu Schnee schlagen unter die Dottermasse heben und das mit Backpulver und Mohn gemischte Mehl einmelieren.
Masse auf ein mit Butter gefettetes, mit Mehl gestaubtes Blech streichen.
Für die Topfenmasse die weiche Butter mit gesiebtem Staubzucker, Vanillezucker, geriebener Zitronenschale und Rum schaumig rühren.
Den passierten Topfen und das Vanillepuddingpulver einrühren. Eiweiß mit Kristallzucker zu Schnee schlagen und unter die Topfenmasse heben.
Masse in einen Dressiersack mit großer Lochtülle füllen und in Gitterform über die Mohnmasse dressieren. Im vorgeheizten Backrohr bei 170 Grad Celsius ca. 50 Minuten backen. Überkühlen lassen, portionieren und anzuckern.

PICCOLOTASCHERLN *(ca. 35 Stück à 40 g)*

500 g Mehl, 500 g Topfen, 400 g Butter, 2 Eier, 7 g Salz; Ei zum Bestreichen, 250 g Ribiselmarmelade, Staubzucker

Alle Zutaten rasch zu einem Teig kneten. Zugedeckt ca. 30 Minuten rasten lassen. Teig mit einer einfachen und einer doppelten Tour tourieren (siehe Blätterteig). Zugedeckt mindestens 30 Minuten rasten lassen.
Danach ca. 2 mm stark ausrollen, in 8 cm x 8 cm große Quadrate schneiden und die Ränder mit versprudeltem Ei dünn bestreichen. Die Marmelade in einen Dressiersack mit Lochtülle füllen und in die Mitte der Quadrate dressieren. Zu Dreiecken zusammenlegen, die Ränder festdrücken und auf ein Backblech wegsetzen. Mit versprudeltem Ei bestreichen und im vorgeheizten Backrohr bei 200 Grad Celsius ca. 10 Minuten backen. Überkühlt leicht anzuckern.

RAHMTASCHERLN *(ca. 35 Stück à 40 g)*

600 g Mehl, 500 g Butter, 1/4 l Sauerrahm, 7 g Salz; Ei zum Bestreichen Nußfülle halbe Menge (siehe Füllen für Kaffeegebäck), gehobelte Mandeln

Alle Zutaten rasch zu einem Teig kneten. Teig zugedeckt mindestens 60 Minuten (am Besten aber über Nacht) rasten lassen. Den Teig mit einer einfachen und einer doppelten Tour tourieren (siehe Blätterteig). Zugedeckt mindestens 30 Minuten rasten lassen. Danach ca. 2 mm stark ausrollen, in Quadrate von 8 cm x 8 cm schneiden und die Ränder mit versprudeltem Ei bestreichen.
Nußfülle in einem Dressiersack mit Lochtülle füllen und in die Mitte der Quadrate dressieren. Zu Dreiecken zusammenlegen, die Ränder fest andrücken und auf ein Backblech wegsetzen. Mit versprudeltem Ei bestreichen, leicht mit gehobelten Mandeln bestreuen und im vorgeheizten Backrohr bei 180 Grad Celsius ca. 15 Minuten backen. Überkühlt leicht anzuckern.

SCHMERSTRUDEL *(12 Portionen)*

350 g Schmer fein faschiert (rohes Schweinebauchfett), 150 g Mehl, 300 g Mehl, 1/8 l Sauerrahm, 2 Eidotter, 1 Ei, 1/16 l Wasser, 2 cl Rum, 5 g Salz; Ei zum Bestreichen, 150 g Preiselbeermarmelade, Staubzucker zum Bestreuen

Schmer mit 150 g Mehl abarbeiten, einen 2 cm starken Ziegel formen und mindestens 60 Minuten im Kühlschrank rasten lassen. 300 g Mehl mit Sauerrahm, Eidotter, Ei, Wasser, Rum und Salz zu einem Teig mischen. Zugedeckt ca. 40 Minuten rasten lassen. Danach den Schmerziegel in den Teig einschlagen und mit drei einfachen Touren tourieren (siehe Blätterteig). Einige Stunden im Kühlschrank rasten lassen. Anschließend den Teig rechteckig ausrollen (40 cm x 40 cm). In der Mitte durchschneiden, sodaß zwei Teigplatten entstehen. Von diesen Platten schneidet man jeweils zwei 1 cm breite Streifen ab und legt diese beiseite. In die Mitte der beiden Teigplatten die Preiselbeermarmelade streichen. Die Ränder mit versprudeltem Ei bestreichen und den Teig von links und rechts über die Fülle schlagen.
Die Strudel mit dem Schluß nach unten auf ein Blech legen. Die Oberseite mit Ei bestreichen und die Teigstreifen kreuzweise auf den Strudel legen. Nochmals mit Ei bestreichen, mit einer Gabel stupfen und nach 15 minütiger Rastzeit im vorgeheizten Backrohr bei 200 Grad Celsius ca. 30 Minuten backen.
Überkühlt anzuckern und portionieren.

STREUSELKUCHEN MIT FRÜCHTEN *(20 Portionen)*

Germteig Grundrezept; 300 g Mürbteig; 1 kg Zwetschken oder Marillen
Streusel: 150 g Mehl, 100 g Butter, 100 g Kristallzucker, Zimt, Vanillezucker, eine Prise Salz; Zimt, Staubzucker

Mürbteig mit zwei einfachen Touren (siehe Blätterteig) in den Germteig einschlagen und zugedeckt ca. 30 Minuten rasten lassen.
Früchte waschen, halbieren, aber nicht ganz durchschneiden. Den Kern herausnehmen und die zusammenhängenden Hälften jeweils in der Mitte einschneiden.
Den Teig ca. 4 mm stark ausrollen, auf ein Blech legen und die Früchte fächerartig auflegen. Etwas andrücken, mit Streusel bestreuen und im vorgeheizten Backrohr bei 180 Grad Celsius ca. 30 Minuten backen. Etwas Zimt mit Staubzucker abmischen und den Obstfleck damit bestreuen.

WALDVIERTLER MOHNZELTEN *(30 Stück à 40 g)*

300 g gekochte, geschälte Erdäpfel, 300 g Butter, 500 g Mehl, 2 Eier, 3 Eßlöffel Schlagobers, 5 g Salz, 5 g Backpulver; Mohnfülle halbe Menge (siehe Füllen für Kaffeegebäck)

Die gekochten, geschälten Erdäpfel passieren und mit den restlichen Zutaten kurz zu einem Teig mischen. Mit Klarsichtfolie zugedeckt ca. 60 Minuten rasten lassen. Teig zu einer Rolle formen und in 40 g Stücke schneiden. Diese flachdrücken und Fülle (ca. 10 g) darauf geben. Teig über der Fülle zusammendrücken und zu Knödel formen. Flachdrücken und mit der Verschlußseite nach unten auf ein mit Backpapier belegtes Blech wegsetzen. Mit einer Gabel stupfen und im vorgeheizten Backrohr bei 190 Grad Celsius ca. 20 Minuten backen.

Käsegebäck, Salzgebäck

Käse- oder Salzgebäck wird entweder aus Käsemürbteig, Salzteig oder Blätterteig hergestellt. In verschiedenen Formen, gefüllt mit Schinken, Speck, Frühlingskäse, Liptauer usw. oder ungefüllt, mit Mohn, Salz, Käse, Sesam, Kümmel usw. bestreut. Dieses Gebäck wird hauptsächlich zu Wein und Bier gereicht und sollte unbedingt frisch genossen werden.

BLÄTTERTEIGECKEN

Blätterteig; Ei zum Bestreichen
Füllungen:
Füllung 1: 125 g fein gehackter Schinken, 20 g feingehackter Zwiebel, 1 Ei, eine Prise Salz, eine Prise weißer Pfeffer, eine Prise Paprika; Kümmel zum Bestreuen
Füllung 2: 125 g Topfen, 20 g feingehackter Zwiebel, 1 Eidotter, eine feingehackte Knoblauchzehe, mit Salz und Paprika abschmecken, Leinsamen zum Bestreuen
Füllung 3: 150 g kleingeschnittener Räucherlachs, 200 g Topfen, 50 g feingehackte Jungzwiebel, feingehackter Dill und Salz nach Geschmack, Sesam zum Bestreuen

Bei den Füllungen jeweils alle Zutaten vermengen. Blätterteig ca. 2,5 mm stark ausrollen und 10 cm x 10 cm große Quadrate schneiden. Teigränder mit Wasser bestreichen und mit einem Dressiersack mit glatter Tülle die verschiedenen Füllungen in die Mitte der Quadrate aufdressieren. Zu Dreiecken zusammenlegen, die Ränder fest andrücken und auf ein Backblech wegsetzen. Mit Ei bestreichen, den Füllungen entsprechend bestreuen und im vorgeheizten Backrohr bei 190 Grad Celsius ca. 20 Minuten goldbraun backen.

CRACKER *(Abb. auf Seite 95)*

Einfacher Crackerteig: 460 g Mehl, 4 g Salz, 10 g Rohzucker, 40 g Butter, 3/16 l Milch; Ei zum Bestreichen, Sesam
Kräutercracker: 470 g Mehl, 4 g Salz, 2 g frischgemahlener Pfeffer, 20 g frischer Schnittlauch, 10 g frischer Thymian, 10 g frischer Oregano, 120 g Butter, 1/8 l Sauerrahm

Für den einfachen Crackerteig das Mehl mit der in Würfel geschnittenen Butter durcharbeiten, den Zucker und das Salz in der Milch auflösen und nach und nach in das Mehl-Butter-Gemisch einarbeiten, bis ein glatter Teig entsteht. In Klarsichtfolie verpackt zwei Stunden im Kühlschrank rasten lassen.
Den Teig auf einer bemehlten Arbeitsfläche ca. 1,5 mm stark ausrollen, mit einem runden, gewellten Ausstecher Plätzchen ausstechen und auf ein mit Backpapier belegtes Blech legen.
Mit Ei bestreichen und mit einer Gabel stupfen. Die Plätzchen mit Sesam bestreuen und im vorgeheizten Backrohr bei 160 Grad Celsius ca. 25 Minuten backen.
Für die Kräutercracker alle Kräuter fein hacken und unter den Sauerrahm rühren. Die anderen Zutaten gut vermengen, die Kräutermischung nach und nach einarbeiten und kneten bis der Teig gut gebunden ist. In Klarsichtfolie verpackt zwei Stunden im Kühlschrank rasten lassen. Den Teig auf einer bemehlten Arbeitsfläche ca. 2 mm stark ausrollen, leicht mit Salz bestreuen und mit dem Nudelholz nochmals darüberrollen. Mit einem gezackten Teigrad kleine Quadrate schneiden und auf ein mit Backpapier belegtes Blech legen. Teigquadrate mit einer Gabel vorsichtig einstechen (stupfen) und im vorgeheizten Backrohr bei 160 Grad Celsius ca. 15 Minuten backen.

GRAMMELPOGATSCHEN

250 g Grammeln, 300 g Mehl, 1/16 l Weißwein, 1/16 l Sauerrahm, 2 Eidotter, eine Prise Salz, 1/8 l Milch, 20 g Germ; Ei zum Bestreichen, Kümmel, Salz

Feingehackte Grammeln mit Mehl, Weißwein, Sauerrahm, Eidottern, Salz und der in lauwarmer Milch aufgelösten Germ zu einem Teig kneten.
Den Teig dreimal ausrollen und wieder zusammenschlagen. Danach in Klarsichtfolie gewickelt ca. 60 Minuten rasten lassen.
Anschließend den Teig ca. 1 cm stark ausrollen, kleine runde Scheiben (Durchmesser 4 cm) ausstechen und auf ein Blech wegsetzen. Mit Ei bestreichen und mit Kümmel und Salz bestreuen.
Die Pogatschen mit einer Gabel stupfen, ca. 30 Minuten rasten lassen und im vorgeheizten Backrohr bei 180 Grad Celsius ca. 20 Minuten backen.

KÄSEKEKSE

200 g Mehl, 200 g Butter, 200 g geriebener Emmentaler; 1 Eidotter, Muskat, eine Prise Salz; Ei zum Bestreichen, Käse, Kümmel, Mohn, Sesam, geschälte Mandeln

Mehl, Butter, geriebener Emmentaler, Eidotter, Muskat und eine Prise Salz auf einem Brett rasch zu einem Teig zusammenkneten und zugedeckt mindestens eine halbe Stunde im Kühlschrank rasten lassen.
Auf einem bemehlten Brett ca. 5 mm stark ausrollen, mit verschiedenen Keksformen ausstechen, mit Ei bestreichen und mit Käse, Kümmel, Mohn, Sesam bestreuen oder mit geschälten halben Mandeln belegen.
Im vorgeheizten Backrohr bei 180 Grad Celsius ca. 10 Minuten backen.

KÄSEMÜRBTEIG *(Abb. auf Seite 97)*

150 g Butter, 180 g geriebener Bergkäse, 1/8 l Schlagobers, 2 g Salz, 2 g Backpulver, eine Prise geriebene Muskatnuß, 250 g Mehl; Ei zum Bestreichen, Sesam, Mohn und geriebener Käse zum Bestreuen
Liptauerfüllung: 200 g Gervais, 70 g Butter, 20 g feingehackte Zwiebel, Salz, frischgemahlener Pfeffer, edelsüßes Paprikapulver

Die weiche Butter mit den Gewürzen und dem Käse gut verrühren. Das Schlagobers nach und nach unterrühren. Das Mehl mit dem Backpulver sieben und mit der Buttermischung zu einem Teig verarbeiten.
In Klarsichtfolie einwickeln und im Kühlschrank zwei Stunden rasten lassen.
Danach den Teig auf einer bemehlten Arbeitsfläche 2 mm stark ausrollen, in beliebigen Formen ausstechen und auf ein mit Backpapier belegtes Blech wegsetzen.
Die Käseplätzchen mit Ei bestreichen, mit Sesam, Mohn, Kümmel oder geriebenem Käse bestreuen und im vorgeheizten Backrohr bei 180 Grad Celsius ca. 15 Minuten backen.
Für die Liptauerfüllung den Gervais mit der weichen Butter schaumig rühren. Die feingehackte Zwiebel unterrühren und mit Salz, Pfeffer und Paprika abschmecken. Je zwei Käseplätzchen mit Liptauerfülle zusammensetzen.
Käseplätzchen können auch ungefüllt zum Verzehr angeboten werden. In Dosen aufbewahrt sind sie zwei bis drei Wochen haltbar.

KÄSERÖLLCHEN

Blätterteig; Ei zum Bestreichen, geriebener Emmentaler, Salz, Kümmel
Fülle: Liptauer oder Gorgonzolabutter; Schnittlauch

Blätterteig auf einer bemehlten Arbeitsfläche 20 cm breit und ca. 2 mm stark ausrollen. Den Teig in 20 cm lange und 2 cm breite Streifen schneiden und diese mit Wasser bestreichen.
Je einen Streifen spiralenförmig überlappend auf kleine Schaumrollenröhrchen (konisch zusammenlaufende Röhrchen aus Blech) drehen bzw. wickeln. Die Rollen mit dem Teigende nach unten auf ein Blech legen und ca. 15 Minuten rasten lassen (um ein zu starkes Zusammenziehen beim Backen zu verhindern).
Mit Ei, das mit Wasser verdünnt wurde, bestreichen, mit Emmentaler, Salz und Kümmel bestreuen und im vorgeheizten Backrohr bei 180 Grad Celsius ca. 20 Minuten backen.
Danach sofort vorsichtig von den Röhrchen streifen und erkalten lassen.
Mit Liptauer oder Gorgonzolabutter füllen und die Enden in geschnittenen Schnittlauch tauchen.

KÄSESTANGEN *(Abb. auf Seite 100)*

250 g Mehl, 200 g Butter, 40 g geriebener Edamer, 25 geriebener Parmesan, 1 Ei, 1 g Germ, 10 g Salz; Ei zum Bestreichen, geriebener Edamer und Parmesan zum Bestreuen

Mehl mit in Würfel geschnittener Butter vermengen und die restlichen Zutaten einarbeiten. Teig in Klarsichtfolie wickeln und im Kühlschrank über Nacht rasten lassen. Am nächsten Tag auf einer bemehlten Arbeitsfläche ca. 2 mm stark ausrollen und mit gesalzener Eistreich bestreichen (Eistreich: pro Ei 5 g Salz zugeben, mit dem Mixstab aufrühren, damit eine glatte, gut streichfähige Masse entsteht).
Eine Käsemischung aus geriebenem Edamer und 10 % geriebenem Parmesan aufstreuen und alles in den Tiefkühler stellen, bis der Teig fest ist.
Mit dem Teigrad 15 mm breite und 15 cm lange Stangen schneiden. Mit Kümmel leicht bestreuen und auf mit Backpapier belegte Bleche wegsetzen.
Im vorgeheizten Backrohr bei 180 Grad Celsius ca. 15 Minuten goldbraun backen.

KÄSESTANGERLN

Blätterteig; Ei zum Bestreichen, Reibkäse (Emmentaler, Edamer), Paprika, eine Prise Salz

Blätterteig auf einer bemehlten Arbeitsfläche ca. 3 mm stark ausrollen. Kurz rasten lassen (ca. 5 Minuten), mit Ei bestreichen und mit Reibkäse, wenig Salz und etwas Paprika bestreuen.
In 10 cm x 1 cm große Streifen schneiden und diese spiralenförmig drehen. Auf ein Backblech legen und die Enden auf dem Blech festdrücken, damit sich die Stangerln nicht wieder aufdrehen.
Im vorgeheizten Backrohr bei 190 Grad Celsius ca. 15 Minuten backen.

SALZBREZELN MIT OREGANO

1/8 l Wasser, 10 g Germ, 200 g Butter, 500 g Mehl, 10 g Salz, 3 g Oregano, Ei zum Bestreichen, frisch geriebener Parmesan

Die Germ in kaltem Wasser auflösen. Die Butter in kleine Würfel schneiden und beides mit den restlichen Zutaten zu einem glatten Teig mischen. Teig etwas flachdrücken, in Klarsichtfolie wickeln und zwei Stunden im Kühlschrank rasten lassen.
Danach den Teig in ca. 4 mm dicke Stangen rollen und diese zu Brezeln formen.
Die Brezeln auf ein mit Backpapier belegtes Blech wegsetzen, mit Ei bestreichen und mit frisch geriebenem Parmesan bestreuen. Etwas Salz darüber streuen und im vorgeheizten Backrohr bei 180 Grad Celsius ca. 15 Minuten backen.

SALZSTANGERLN

20 g Germ, 3/16 l Wasser, 500 g Mehl, 200 g weiche Butter, 10 g Salz; Ei zum Bestreichen, Kümmel, Salz

Germ in kaltem Wasser auflösen und mit Mehl, Butter und Salz zu einem glatten Teig mischen (kneten). Auf einer bemehlten Arbeitsfläche ca. 1 cm stark ausrollen und zugedeckt im Kühlschrank ca. eine Stunde rasten lassen.
Den Teig in dünne Streifen schneiden und diese zu ca. 5 mm starken Rollen formen. Auf ein Blech legen, mit Ei bestreichen und mit Kümmel und Salz bestreuen. Im vorgeheizten Backrohr bei 180 Grad Celsius ca. 20 Minuten backen.
Aus dem Backrohr kommend sofort in gleich große Stücke schneiden.

SALZTEIGBLÄTTCHEN

500 g Mehl, 275 g Butter, 10 g Salz, 10 g Germ, 1/8 l Wasser; Ei zum Bestreichen, gehobelte Mandeln, geriebener Käse, Blaumohn

Das Mehl, die in Würfel geschnittene Butter und das Salz zusammenkneten. Die Germ im Wasser auflösen und mit den anderen Zutaten zu einem glatten Teig mischen. Teig zu einem Rechteck formen und in Klarsichtfolie eingewickelt über Nacht rasten lassen. Am nächsten Tag den Teig in mehreren Portionen so dünn wie möglich ausrollen (auch mit Nudelmaschine möglich). Die ausgerollten Teigstücke auf ein gefettetes Blech legen. Für die Eistreich 1 Ei mit 10 g Salz mischen und mit dem Stabmixer verrühren. Den Teig damit bestreichen und mit den verschiedenen Zutaten bestreuen. (Mohn, Käse, gehobelte Mandeln, Sesam, usw.)
In verschiedene Formen schneiden (Dreiecke, Quadrate, Rhomboide,..) und im vorgeheizten Backrohr bei 180 Grad Celsius ca. 15 Minuten backen.

SCHINKENKIPFERLN

500 g Blätterteig; 400 g Schinken, 1/8 l Sauerrahm, 3 Eidotter, 1 Eßlöffel gehackte Petersilie, Salz, weißer Pfeffer; Ei zum Bestreichen

Schinken fein faschieren, mit Sauerrahm, Eidotter, gehackter Petersilie und den Gewürzen vermengen. Blätterteig auf einer bemehlten Arbeitsfläche ca. 2,5 mm stark ausrollen und in Dreiecke (8 cm breit, 14 cm hoch) schneiden.
Die Fülle mit einem Löffel am unteren Rand in die Mitte setzen und die Dreiecke zur Spitze einrollen. Zu Kipferln formen, auf ein Blech legen und mit Ei bestreichen. Im vorgeheizten Backrohr bei 200 Grad Celsius ca. 15 Minuten backen.

SPINATTASCHERLN

500 g Blätterteig, 400 g Spinat, 80 g Speck, 1/2 Zwiebel, 20 g Butter, 20 g Mehl, 50 g Suppe oder Wasser, Salz; Ei zum Bestreichen

Spinat in leicht gesalzenem Wasser weich kochen und mit kaltem Wasser abschrecken. Auf einem Sieb abtropfen lassen und mit dem Messer grob hacken.
Speck in kleine Würfel schneiden und mit der feingehackten Zwiebel anschwitzen (ohne Farbe zu nehmen). Spinat beigeben und kurz durchschwenken. Butter erhitzen, Mehl einlaufen lassen und hell rösten. Unter den Spinat rühren, mit Suppe oder Wasser ablöschen, würzen und erkalten lassen.
Blätterteig auf einer bemehlten Arbeitsfläche ca. 2,5 mm stark ausrollen und in 8 cm x 8 cm große Stücke schneiden. Die Spinatfülle in die Mitte setzen, die Ränder mit Ei bestreichen und diagonal zusammenlegen. Auf ein Blech legen, mit Ei bestreichen und im vorgeheizten Backrohr bei 200 Grad Celsius ca. 15 Minuten backen.

TOPFEN-SCHINKENKIPFERLN *(Abb. auf Seite 99)*

200 g Mehl, 200 g Magertopfen, 200 g Butter, 2 g Salz
Schinkenfüllung: 180 g sehr feingehackter Schinken, 30 g gehackter Jungzwiebel, 30 g flüssige Butter, 1 Ei, eine Prise Salz und Pfeffer; Ei zum Bestreichen, Sesam zum Bestreuen

Alle Zutaten kurz mischen, bis der Teig eine gute Bindung hat. Ein Rechteck formen, in Klarsichtfolie einwickeln und im Kühlschrank über Nacht rasten lassen.
Teig mit einer einfachen und doppelten Tour tourieren (siehe Blätterteig) und zwei Stunden im Kühlschrank rasten lassen.
Danach den Teig ca. 2,5 mm stark ausrollen und in 14 cm breite und 20 cm hohe Dreiecke schneiden.
Für die Füllung alle Zutaten gut verrühren und mit einem Dressiersack entlang der 14 cm Seite auftragen. Die Ecken des Dreiecks leicht einschlagen, die Füllung zur Spitze hin in den Teig eindrehen und zu einem Kipferl formen. Die Kipferln auf ein mit Backtrennpapier belegtes Blech setzen und mit gesalzener Eistreich bestreichen. Im vorgeheizten Backrohr bei 190 Grad Celsius ca. 15 Minuten backen.

WALNUSS-BLAUKÄSESCHEIBEN

55 g feingeriebene Walnüsse, 180 g Mehl, 2 g Salz, frischgeriebener Pfeffer, 1 g Natron, 35 g Butter, 115 g Blauschimmelkäse, 55 g gehackte Walnüsse

Feingeriebene Walnüsse mit Mehl, Salz, Pfeffer und Natron gut vermischen. Die in Würfel geschnittene Butter zugeben und durchkneten, bis sie grob gebunden ist. Alles zusammen nun gut durchmischen, bis der Teig eine gute Bindung hat.
Teig auf einer leicht bemehlten Arbeitsfläche zu zwei gleich großen Rollen formen (ca. 5–6 cm Durchmesser). Teigrollen in den gehackten Nüssen wälzen, sodaß ein gleichmäßiger Nußmantel um die Teigrollen entsteht. Die Rollen in Klarsichtfolie wickeln und im Kühlschrank rasten lassen, bis sie schnittfest sind (ca. drei Stunden). Nun mit einem scharfen, glatten Messer 5 mm dicke Scheiben abschneiden und auf mit Backtrennpapier belegte Bleche legen. Die Käsescheiben bei 170 Grad Celsius ca. 15 Minuten backen.

Schokolade-Obers-Schnitten –
zu Rezept von Seite 181

ZWIEBELPASTETEN

Blätterteig, Zwiebel, Öl, Salz; Ei zum Bestreichen, Kümmel, Salz

Zwiebel fein schneiden und in Öl hellgelb rösten. Das Fett abseihen, etwas salzen und auskühlen lassen.
Blätterteig auf einer bemehlten Arbeitsfläche ca. 2,5 mm stark ausrollen. Die Hälfte des Teiges mit einem runden Ausstecher (Durchmesser 4 cm) markieren.
Mit Ei bestreichen und die Fülle in die Mitte der Kreise setzen. Die zweite Teighälfte darüberschlagen und um die Zwiebelhäufchen andrücken.
Mit dem runden Ausstecher die Pasteten ausstechen, auf ein Blech legen und mit Ei bestreichen. Leicht mit Salz und Kümmel bestreuen und im vorgeheizten Backrohr bei 200 Grad Celsius ca. 15 Minuten backen.

Lebkuchen

Honig ist ein wichtiger Geschmacksträger für die meisten Lebkuchensorten.
Die klassische Herstellung besteht aus Grundteig (Honig, Zucker, Roggen- oder Weizenmehl) und Gewürzteig (Eier, Fett, Gewürze, Triebmittel).
Durch längere Lagerung des Grundteiges (mehrere Wochen) bilden sich Teigsäuren und Aromen, die wesentlichen Einfluß auf Geschmack und Lockerung haben.
Der Gewürzteig wird unmittelbar vor Fertigstellung des Lebkuchens hergestellt und mit dem Grundteig gemischt.
Die Triebmittel (Ammonium und Pottasche) werden getrennt von einander in Flüssigkeit aufgelöst und dem Teig zugesetzt.
Die meist verwendeten Gewürze sind Zimt, Nelkenpulver, Muskatpulver, Kardamom, die selbst gemischt werden können, aber auch im Handel als Gewürzmischung (Lebkuchengewürz) erhältlich sind.
Aus dem fertigen Lebkuchenteig, nach einer weiteren Rastzeit (einen Tag), eine Probe backen. Ist der Teig zu kompakt, noch etwas Ammonium oder Pottasche, in Flüssigkeit aufgelöst, beigeben.
Lebkuchen nicht zu stark ausbacken und ausgekühlt in gut verschließbaren Blechdosen aufbewahren.

BADNER LEBKUCHEN

300 g Honig, 100 g Staubzucker, 60 g Dextrose (Traubenzucker), 150 g Rohmarzipan, 170 g geröstete, geriebene Haselnüsse, 450 g Mehl, 10 g Aranzini, geriebene Zitronenschale, geriebene Orangenschale, 4 g Salz, 10 g Zimt, 3 g Muskat, 2 g Nelkenpulver, 6 g Pottasche, 2 Eßlöffel Kirschwasser; Milch, Fadenzuckerglasur (siehe Glasuren), Ammonium, halbe, weiße Mandeln, Tunkmasse

Honig mit Staubzucker und Dextrose auf ca. 60 Grad Celsius erwärmen. Rohmarzipan, Haselnüsse, Mehl, Aranzini und Gewürze beigeben und ca. 15 Minuten in der Maschine durchkneten, Ammonium und Pottasche jeweils in einem Eßlöffel Kirschwasser auflösen und nacheinander in den Teig einarbeiten.
Zugedeckt mindestens 24 Stunden im Kühlschrank rasten lassen.
Den Lebkuchenteig auf einer bemehlten Arbeitsfläche ca. 5 mm stark ausrollen, mit einem runden Ausstecher (Durchmesser 6 cm) Scheiben ausstechen und auf ein mit Backpapier belegtes Blech wegsetzen. Mit Milch bestreichen und im vorgeheizten Backrohr bei 150 Grad Celsius ca. 25 Minuten backen.

Kaffeecremeroulade –
zu Rezept von Seite 184

Noch heiß mit Fadenzuckerglasur (siehe Glasuren) bestreichen und mit halben, weißen Mandeln belegen.
Ausgekühlt den Boden der Lebkuchenscheiben mit temperierter Tunkmasse bestreichen.

BLITZ-HONIG-LEBKUCHEN

80 g Waldhonig, 20 g Ahornsirup, 180 g Kristallzucker, 280 g Roggenmehl, 1/2 l Milch, 1 Eßlöffel Natron, 1/2 Pkg. (ca. 20 g) Lebkuchengewürz, 50 g Aranzini, 80 g gehackte Mandeln

Honig mit Ahornsirup und Kristallzucker erwärmen (ca. 50 Grad Celsius) und mit den restlichen Zutaten zu einem dickflüssigen Teig mischen.
Ein Blech mit Backpapier belegen, den Teig darauf ausgießen (ca. 6 mm stark) und im vorgeheizten Backrohr bei 170 Grad Celsius ca. 25 Minuten backen.
Überkühlt in beliebig große Stücke schneiden und in gut schließenden Blechdosen aufbewahren.

GEFÜLLTER LEBKUCHEN

300 g Honig, 20 g Kristallzucker, 2 Eßlöffel Wasser, 220 g Weizenmehl, 180 g Roggenmehl, 3 Eidotter, 50 g flüssige Butter, 1/2 Pkg. (ca. 20 g) Lebkuchengewürz, 2 Eßlöffel Milch, 5 g Ammonium, 5 g Pottasche, 1/8 l Milch, 1 Ei
Fülle: 200 g Datteln, 200 g Feigen, 200 g Rohmarzipan, 80 g Aranzini, 4 Eßlöffel Rum, 50 g Honig; Aranzini, Orangenmarmelade, Tunkmasse

Honig mit Kristallzucker und Wasser erwärmen (ca. 50 Grad Celsius) und mit dem Weizen- und Roggenmehl ca. 10 Minuten abarbeiten.
Eidotter, Butter und Lebkuchengewürz in den Teig einarbeiten. Ammonium und Pottasche in jeweils einem Eßlöffel Milch auflösen und getrennt in den Teig einarbeiten. In Klarsichtfolie eingewickelt mindestens 24 Stunden im Kühlschrank rasten lassen. Teig ca. 5 mm stark ausrollen, Scheiben (4 cm Durchmesser) ausstechen und auf ein Blech legen. 1/8 l Milch mit dem Ei verrühren, die Lebkuchenstücke damit bestreichen und die Hälfte der Scheiben mit würfelig geschnittenen Aranzini belegen.
Im vorgeheizten Backrohr bei 160 Grad Celsius ca. 20 Minuten backen.
Für die Fülle Datteln entkernen und mit den Feigen würfelig schneiden. Den Rohmarzipan und die würfelig geschnittenen Aranzini beigeben, mit Rum und Honig vermischen und etwas ziehen lassen.
Die unbelegten Lebkuchenscheiben mit heißer Orangenmarmelade bestreichen, etwas Fülle darauf verteilen und den Oberteil daraufsetzen. Die zusammengesetzten Lebkuchenscheiben in temperierter Tunkmasse bis zum oberen Rand tunken.

LEBKUCHEN ZUM AUSSTECHEN *(Abb. auf Seite 117)*

Lebkuchenteig (siehe gefüllter Lebkuchen); 1/8 l Milch, 1 Ei; Fadenzuckerglasur (siehe Glasuren), Tunkmasse

Lebkuchenteig auf einer bemehlten Arbeitsfläche ca. 5 mm stark ausrollen. Den Teig mit verschiedenen Ausstechern ausstechen und auf ein mit Backtrennpapier belegtes Blech legen.
Die Milch mit dem Ei verrühren, die Lebkuchenstücke damit bestreichen und im vorgeheizten Backrohr bei 160 Grad Celsius ca. 20 Minuten backen. Noch heiß mit Faden-

Apfel-Streusel-Kuchen –
zu Rezept von Seite 185

zuckerglasur bestreichen. Auskühlen lassen und die Unterseite in temperierte Tunkmasse tunken.

MANDELLEBKUCHEN

4 Eier, 250 g Kristallzucker, 200 g Roggenmehl, 200 g Weizenmehl,
400 g geriebene Mandeln, 50 g Aranzini, 50 g Zitronat,
1/2 Pkg. (ca. 20 g) Lebkuchengewürz, 2 Eßlöffel Milch, 5 g Ammonium, 5 g Pottasche,
1/8 l Milch, 1 Ei, geschälte, halbe Mandeln

Eier mit Kristallzucker schaumig rühren. Mit Mehl, geriebenen Mandeln, Aranzini, Zitronat und Lebkuchengewürz mischen. Ammonium und Pottasche in jeweils einem Eßlöffel Milch auflösen und nacheinander in den Teig einarbeiten. Den glattgekneteten Lebkuchenteig in Klarsichtfolie gewickelt mindestens 24 Stunden im Kühlschrank rasten lassen.
Den Teig auf einer bemehlten Arbeitsfläche ca. 5 mm stark ausrollen und in Rechtecke (6 cm x 5 cm) schneiden. Die Milch mit dem Ei verrühren, die Lebkuchenstücke damit bestreichen und mit geschälten, halbierten Mandeln belegen. Im vorgeheizten Backrohr bei 160 Grad Celsius ca. 20 Minuten backen.
In gut verschließbaren Blechdosen lagern.

Massen

Die Hauptbestandteile der Massen sind Eier, Zucker, Mehl und eventuell Butter. Man unterscheidet zwischen leichten (z. B. Biskuitmasse), schweren (z. B. Sachermasse) und Spezialmassen (z. B. Hippenmasse) sowie zwischen warmen und kalten Massen.
Leichte Massen enthalten keine oder nur wenig Butter (Margarine oder Öl), schwere Massen haben einen größeren Fettanteil.
Bei warmen Massen werden die Eier mit Zucker und Geschmackszutaten im Wasserbad mit einem Schneebesen auf ca. 40 Grad Celsius aufgeschlagen und dann kalt geschlagen, bis sie eine cremige Konsistenz aufweisen.
Bei kalten Massen werden Eidotter und Eiweiß getrennt mit der entsprechenden Zuckermenge aufgeschlagen. Die Geschmackszutaten werden den Eidottern beigegeben.
Wird Butter schaumig gerührt, so soll diese in weichem Zustand verwendet werden. Die Butter zeitgerecht vor der Verarbeitung aus dem Kühlschrank nehmen, in kleine Würfel schneiden und eventuell leicht anwärmen.
Für den Schnee dieser Massen wird Eiweiß mit Zucker zu schmieriger, nicht zu steifer Konsistenz geschlagen. Immer gesiebtes Mehl und Staubzucker verwenden.
Bestimmte Massen wie z. B. Biskotten oder Hülsenmassen werden mit offenem Zug (eingehängtem Backrohr), also trocken gebacken, um eine Krustenbildung zu ermöglichen.
Bei geschlossenem Zug, also mit leichtem Dunst, werden z. B. Nuß- oder Sachermassen gebacken. Hier soll ein größeres Volumen und eine weiche Kruste entstehen.
Leichte Massen werden im vorgeheizten Backrohr zwischen 180 und 200 Grad Celsius gebacken, schwere Massen zwischen 150 und 170 Grad Celsius.
Das Backgut wie Torten, Masseblätter und Rouladen aus dem Ofen kommend auf ein mit Mehl oder Kristallzucker bestreutes Papier umdrehen und auskühlen lassen. Dadurch bleibt es saftiger.

Kaisergugelhupf –
zu Rezept von Seite 188

Wiener Kranzkuchen –
zu Rezept von Seite 197

BISKOTTENMASSE

4 Eidotter, 40 g Kristallzucker, Vanillezucker, 4 Eiweiß, 100 g Kristallzucker, 110 g Mehl, 40 g Maizena; Staubzucker

Eidotter mit 40 g Kristallzucker und Vanillezucker schaumig rühren. Eiweiß mit 100 g Kristallzucker zu schmierigem Schnee schlagen, unter die Dottermasse heben und das mit Maizena gesiebte Mehl einmelieren.
Masse in einen Dressiersack mit glatter Tülle (Nr. 8) füllen und auf einem Backpapier gleichmäßig große Biskotten dressieren. Mit gesiebtem Staubzucker bestreuen und im vorgeheizten Backrohr bei 200 Grad Celsius ca. 10 Minuten backen.

BISKUITMASSE FÜR ROULADEN

6 Eidotter, 30 g Kristallzucker, Vanillezucker, geriebene Zitronenschale, 4 Eiweiß, 60 g Kristallzucker, 80 g Mehl; Mehl zum Stauben

Eidotter mit 30 g Kristallzucker, Vanillezucker und geriebener Zitronenschale schaumig rühren.
Eiweiß mit 60 g Kristallzucker zu schmierigem Schnee schlagen, unter die Dottermasse heben und das gesiebte Mehl einmelieren.
Die Masse auf einem mit Backpapier belegten Blech (40 cm x 35 cm) verstreichen und im vorgeheizten Backrohr bei 200 Grad Celsius ca. 8 Minuten backen.
Aus dem Backrohr nehmen, leicht mit Mehl stauben und auf ein Papier stürzen.

BISKUITMASSE FÜR TORTEN *(1 Torte = ∅ 24 cm)*

6 Eier, 180 g Kristallzucker, Vanillezucker, geriebene Zitronenschale, 150 g Mehl, 50 g Butter; Mehl zum Stauben

Eier mit Kristallzucker, Vanillezucker und geriebener Zitronenschale schaumig rühren.
Mehl sieben, in die Masse einmelieren und die heiße Butter einrühren.
Einen Tortenreifen mit Backpapier eindrehen, auf ein Blech stellen und die Masse einfüllen. Im vorgeheizten Backrohr bei 180 Grad Celsius ca. 35 Minuten backen.
Mit Mehl leicht stauben und auf ein Papier stürzen.

BRANDMASSE

3/16 l Wasser, 70 g Butter, 5 g Salz, 140 g Mehl, 5 Eier

Wasser mit Butter und Salz aufkochen. Mehl unter ständigem Rühren einlaufen lassen und die Masse abrösten, bis sie sich vom Kochlöffel löst. Mit einem Schneebesen die Eier nach und nach einarbeiten.
Die Eibeigabe richtet sich nach der Bindung der Masse. Sie soll eine zähe Konsistenz aufweisen. Ist der Eianteil zu hoch, läuft die Masse beim Backen breit und fällt zusammen.
Masse in einen Dressiersack mit Sterntülle (Nr. 10) füllen und auf einem Blech Stangen (Eclair) oder Rosetten (Brandteigkrapferln) dressieren.
Im vorgeheizten Backrohr bei 210 Grad Celsius anbacken (bis die Brandmasse aufgegangen ist) und bei 180 Grad Celsius gut (trocken) ausbacken, um ein Zusammenfallen zu verhindern.
Die Gesamtbackdauer beträgt ca. 25 Minuten.

DOBOSMASSE *(1 Torte = ∅ 24 cm)*

7 Eidotter, 40 g Kristallzucker, Vanillezucker, geriebene Zitronenschale, 7 Eiweiß, 100 g Kristallzucker, 70 g Mehl, 70 g Maizena, 70 g Butter; Öl und Mehl für das Backblech

Eidotter mit 40 g Kristallzucker, Vanillezucker und geriebener Zitronenschale schaumig rühren.
Eiweiß mit 100 g Kristallzucker zu schmierigem Schnee schlagen und unter die Dottermasse heben. Mehl mit Maizena sieben, in die Masse einmelieren und die heiße Butter einrühren.
Die Masse auf ein mit Öl leicht befettetes, mit Mehl bestaubtes Blech (rund für Torten, rechteckig für Schnitten) ca. 5 mm stark aufstreichen.
Im vorgeheizten Backrohr bei 200 Grad Celsius ca. 8 Minuten backen. Nach dem Backen sofort mit einem langen, glatten Messer vom Blech lösen. Für Torten mit einem Tortenreifen ausstechen oder für Schnitten in Streifen schneiden.

ESTERHÁZYMASSE *(1 Torte = ∅ 24 cm)*

7 Eidotter, 40 g Kristallzucker, Vanillezucker, geriebene Zitronenschale, 7 Eiweiß, 120 g Kristallzucker, 230 g geriebene Haselnüsse; Öl und Mehl für das Backblech

Eidotter mit 40 g Kristallzucker, Vanillezucker und geriebener Zitronenschale schaumig rühren.
Eiweiß mit 120 g Kristallzucker zu schmierigem Schnee schlagen, unter die Dottermasse heben und die geriebenen Haselnüsse einmelieren.
Die Masse auf ein mit Öl leicht befettetes, mit Mehl bestaubtes Blech (rund für Torten, rechteckig für Schnitten) ca. 5 mm stark aufstreichen.
Im vorgeheizten Backrohr bei 200 Grad Celsius ca. 8 Minuten backen. Nach dem Backen sofort mit einem langen, glatten Messer vom Blech lösen. Ausgekühlt mit einem Tortenreifen ausstechen. Für Schnitten in Streifen schneiden.

GRILLAGEMASSE *(1 Torte = ∅ 24 cm)*

Grillage: 60 g Zucker, 40 g Mandeln; 6 Eidotter, 50 g Kristallzucker, 15 g Wasser, Vanillezucker, Zimt, eine Prise Salz, 6 Eiweiß, 100 g Kristallzucker, 100 g Mehl, 100 g Grillagebrösel, 50 g geriebene Walnüsse, 25 g Öl

Für die Grillage 60 g Zucker schmelzen, Mandeln beifügen und auf ein geöltes Blech leeren. Auskühlen lassen und fein reiben (= Grillagebrösel). Eidotter mit 50 g Kristallzucker, Wasser, Vanillezucker, Zimt und einer Prise Salz schaumig rühren. Eiweiß mit 100 g Kristallzucker zu Schnee schlagen und unter die Dottermasse heben. Das mit den Grillagebröseln und den Walnüssen vermischte Mehl einmelieren und das Öl einrühren.
Einen Tortenreifen mit Backtrennpapier eindrehen, auf ein Blech stellen und die Masse einfüllen. Im vorgeheizten Backrohr bei 170 Grad Celsius ca. 40 Minuten backen.

HÜLSENMASSE *(Indianer)*

8 Eidotter, 30 g Mehl, Vanillezucker, 8 Eiweiß, 140 g Kristallzucker, 80 g Mehl, 60 g Maizena; Mehl zum Stauben

Eidotter mit 30 g Mehl und Vanillezucker glatt verrühren.
Eiweiß mit Kristallzucker zu schmierigem Schnee schlagen, unter die Dottermasse heben und das mit Maizena gesiebte Mehl einmelieren.
Masse in einen Dressiersack mit glatter Tülle (Nr. 12) füllen und auf einem mit Backpapier belegten Blech Krapferln (Halbkugeln ca. 5 cm Durchmesser) dressieren.
Mit Mehl stauben und im vorgeheizten Backrohr bei 180 Grad Celsius ca. 20 Minuten bei offenem Zug backen.
Die Masse gut (trocken) ausbacken, um die glatte Oberfläche zu behalten.
Aus dieser Masse werden Indianerhülsen und verschiedene Formen für Petits Fours hergestellt.

MANDELMASSE *(1 Torte = ∅ 24 cm)*

150 g Rohmarzipan, 7 Eidotter, 200 g Butter, 70 g Staubzucker, Vanillezucker, geriebene Zitronenschale, 6 Eiweiß, 130 g Kristallzucker, 100 g Mehl; Mehl zum Stauben

Rohmarzipan mit Eidottern glatt abarbeiten und mit der weichen Butter, gesiebtem Staubzucker, Vanillezucker und geriebener Zitronenschale schaumig rühren.
Eiweiß mit Kristallzucker zu schmierigem Schnee schlagen, unter die Buttermasse heben und das Mehl einmelieren.
Einen Tortenreifen mit Backtrennpapier eindrehen, auf ein Blech stellen und die Masse einfüllen. Im vorgeheizten Backrohr bei 170 Grad Celsius ca. 50 Minuten backen.
Mit Mehl leicht stauben und auf ein Papier stürzen.

NUSSMASSE *(1 Torte = ∅ 24 cm)*

7 Eidotter, 50 g Kristallzucker, Zimt, Vanillezucker, geriebene Zitronenschale, 7 Eiweiß, 120 g Kristallzucker, 140 g geriebene Walnüsse, 70 g Biskuitbrösel, 70 g Mehl, 70 g Öl; Mehl zum Stauben

Eidotter mit 50 g Kristallzucker, Zimt, Vanillezucker und geriebener Zitronenschale schaumig rühren.
Eiweiß mit 120 g Kristallzucker zu schmierigem Schnee schlagen und unter die Dottermasse heben. Walnüsse mit Biskuitbröseln und Mehl vermischen, in die Masse einmelieren und zuletzt das Öl einrühren.
Einen Tortenreifen mit Backpapier eindrehen, auf ein Blech stellen und die leicht zusammengerührte Masse einfüllen. Im vorgeheizten Backrohr bei 180 Grad Celsius ca. 40 Minuten backen.
Mit Mehl leicht stauben und auf ein Papier stürzen.

PANAMAMASSE *(1 Torte = ∅ 24 cm)*

7 Eidotter, 50 g Kristallzucker, 1 Eßlöffel Rum, Vanillezucker, 70 g Tunkmasse (oder Kochschokolade), 7 Eiweiß, 100 g Kristallzucker, 150 g ungeschälte, geriebene Mandeln, 70 g Mehl; Mehl zum Stauben

Eidotter mit 50 g Kristallzucker, Rum und Vanillezucker schaumig rühren und die erweichte Tunkmasse beigeben.
Eiweiß mit 100 g Kristallzucker zu schmierigem Schnee schlagen, unter die Dottermasse heben und das mit den Mandeln vermischte Mehl einmelieren.
Einen Tortenreifen mit Backpapier eindrehen, auf ein Blech stellen und die Masse ein-

füllen. Im vorgeheizten Backrohr bei 170 Grad Celsius ca. 45 Minuten bei offenem Zug backen.
Mit Mehl leicht stauben und auf ein Papier stürzen.

SACHERMASSE *(1 Torte = ∅ 24 cm)*

180 g Butter, 80 g Staubzucker, Vanillezucker, 8 Eidotter, 180 g Tunkmasse (oder Kochschokolade), 8 Eiweiß, 150 g Kristallzucker, 180 g Mehl; Mehl zum Stauben

Die weiche Butter mit gesiebtem Staubzucker und Vanillezucker schaumig rühren. Eidotter nach und nach dazugeben und die erweichte Tunkmasse einrühren.
Eiweiß mit Kristallzucker zu schmierigem Schnee schlagen, unter die Buttermasse heben und das Mehl einmelieren.
Einen Tortenreifen mit Backpapier eindrehen, auf ein Blech stellen und die Masse einfüllen. Im vorgeheizten Backrohr bei 170 Grad Celsius ca. 60 Minuten backen.
Mit Mehl leicht stauben und auf ein Papier stürzen.

SCHMANKERLMASSE

2 Eier, 180 g Mehl, 80 g Staubzucker; Öl und Mehl für das Blech

Alle Zutaten gut verrühren, durch ein Sieb streichen und ca. eine halbe Stunde im Kühlschrank rasten lassen.
Die Masse auf ein mit Öl leicht befettetes, mit Mehl bestaubtes Blech hauchdünn aufstreichen und im vorgeheizten Backrohr bei 190 Grad Celsius goldgelb (ca. 3 Minuten) backen.
Vom Blech lösen und in kleine Stücke brechen.

SCHOKOLADEMASSE *(1 Torte = ∅ 24 cm)*

7 Eidotter, 60 g Kristallzucker, Vanillezucker, geriebene Zitronenschale, 7 Eiweiß, 120 g Kristallzucker, 130 g Mehl, 20 g Kakao, 30 g Öl; Mehl zum Stauben

Eidotter mit 60 g Kristallzucker, Vanillezucker und geriebener Zitronenschale schaumig rühren.
Eiweiß mit 120 g Kristallzucker zu schmierigem Schnee schlagen und unter die Dottermasse heben. Das mit Kakao gesiebte Mehl einmelieren und zuletzt das Öl einrühren.
Einen Tortenreifen mit Backpapier eindrehen, auf ein Blech stellen und die Masse einfüllen. Im vorgeheizten Backrohr bei 180 Grad Celsius ca. 40 Minuten backen.
Mit Mehl leicht stauben und auf ein Papier stürzen.

WINDMASSE

4 Eiweiß, 150 g Kristallzucker, 150 g Puderzucker

Eiweiß mit Kristallzucker zu Schnee schlagen und den gesiebten Puderzucker einmelieren.
Masse in gewünschte Form auf Backpapier dressieren und bei 50 Grad Celsius im Backrohr bei offenem Zug, am besten über Nacht, trocknen lassen.
Aus dieser Masse werden Windringe, Windfiguren, Dekor für Eis oder kalte Desserts (z. B. Blumen, Rosetten etc.) hergestellt.

Cremen für Torten und Schnitten

Cremen zum Füllen von Torten und Schnitten bestehen hauptsächlich aus Vanillecreme, Schlagcreme, gekochter Oberscreme oder der großen Vielfalt der Buttercreme. Als Cremespeisen alleine sind diese Cremen nicht geeignet. Oftmals werden gekochte oder gerührte Cremen auch miteinander gemischt verwendet, z. B. Vanillecreme mit Buttercreme oder Schlagcreme. Schlagobers kann selbst hergestellt werden, darf aber als solches nur von der Molkerei bezeichnet werden.
Die Creme sollte geschmacklich auf den Torten- oder Schnittenboden abgestimmt sein.

BUTTERCREME

1/4 l Milch, 20 g Vanillepuddingpulver, 1 Eidotter, 170 g Kristallzucker, Rum, 300 g Butter, 100 g Margarine

Ca. zwei Drittel der Milch aufkochen. Restliche Milch mit Vanillepuddingpulver und dem Eidotter mit einem Schneebesen glattrühren. In die kochende Milch gießen und unter ständigem Rühren nochmals aufkochen.
Kristallzucker in die Creme geben und in der Maschine lauwarm rühren.
Mit Rum abschmecken, die in Würfel geschnittene, kalte Butter und Margarine beigeben und die Creme schaumig rühren.

PARISERCREME

1/4 l Schlagobers, 250 g Tunkmasse (oder Kochschokolade)

Schlagobers aufkochen und die zerkleinerte Tunkmasse darin auflösen. Auskühlen und im Kühlschrank stocken lassen.
Die Parisercreme durch Anwärmen etwas weich machen und schaumig rühren.

SCHLAGCREME

1/4 l Milch, 150 g Butter

Milch aufkochen. Butter darin auflösen und auf Eiswasser mit dem Mixstab (Pürierstab) ca. drei Minuten mixen.
Im Kühlschrank 24 Stunden reifen lassen. Danach wie Schlagobers aufschlagen.

SCHOKOLADE-OBERS-CREME

1/4 l Schlagobers, 50 g Tunkmasse (oder Kochschokolade)

Schlagobers aufkochen. Die zerkleinerte Tunkmasse darin auflösen und auf Eiswasser mit dem Mixstab (Pürierstab) ca. drei Minuten mixen.
Im Kühlschrank 24 Stunden reifen lassen. Danach wie Schlagobers aufschlagen.
Anstelle von Tunkmasse kann auch Fruchtmark verwendet werden.

VANILLECREME

1/2 l Milch, 100 g Kristallzucker, 50 g Vanillepuddingpulver, 2 Eidotter

Ca. zwei Drittel der Milch mit Kristallzucker aufkochen. Restliche Milch mit Vanillepuddingpulver und Eidottern mit einem Schneebesen glattrühren. In die kochende Milch gießen und unter ständigem Rühren nochmals aufkochen.

Glasuren

Unter Glasieren versteht man das Überziehen von Torten, Kuchen und sonstigem Gebäck mit Fondant, Tunkmasse, Fadenzuckerglasur etc.
Temperatur und Konsistenz richten sich nach der verwendeten Glasur und der Art des zu glasierenden Gebäckstückes.
Die Glasur gibt dem Gebäckstück nicht nur Geschmack und Aussehen, sondern auch eine etwas längere Haltbarkeit.

CANACHEGLASUR

1/4 l Milch, 3/16 l Schlagobers, 100 g Zucker, 1/8 l Wasser, 130 g Sirup, 750 g Tunkmasse (oder Kochschokolade)

Milch mit Schlagobers, Zucker, Wasser und Sirup aufkochen. Vom Herd nehmen und die Tunkmasse darin schmelzen. Mit dem Stabmixer homogenisieren und über Nacht kühl stellen. Vor der Verwendung die Glasur schmelzen und auf ca. 28 Grad Celsius temperieren.

FADENZUCKERGLASUR

500 g Kristallzucker, 3/16 l Wasser

Kristallzucker mit Wasser bis zum starken Faden (109 Grad Celsius – siehe Zuckerkochtabelle) kochen. Diese Zuckerlösung vom Feuer nehmen und mit dem Kochlöffel an der Gefäßwand tablieren, bis sie leicht milchig wird.
Diese Glasur wird hauptsächlich zum Glasieren von Lebkuchcn verwendet.

FONDANT

1 kg Kristallzucker, 3/8 l Wasser, 100 g Glucose

Kristallzucker mit Wasser und Glucose bis zum starken Flug (116 Grad Celsius – siehe Zuckerkochtabelle) kochen. Diese Zuckerlösung auf eine mit Wasser benetzte Marmorplatte leeren, Oberfläche ebenfalls mit Wasser besprengen.
Überkühlen lassen und tablieren, bis die Masse weiß und fest wird. Danach den Fondant durchkneten und in gut verschließbaren Plastikgefäßen aufbewahren.
Ist keine Marmorplatte vorhanden, wird die Zuckerlösung in ein Wasserbad gestellt und mit dem Kochlöffel am Gefäßrand tabliert. Zur Weiterverarbeitung wird Fondant auf ca. 60 Grad Celsius erwärmt, abgeschmeckt, eventuell mit Lebensmittelfarben eingefärbt und, wenn notwendig, mit Läuterzucker verdünnt.
Übriggebliebene Glasur wird zusammengeschabt und mit Wasser bedeckt aufbewahrt. Bei Wiederverwendung das Wasser wegschütten und den Fondant erwärmen.
Fondant wird heute hauptsächlich industriell hergestellt und ist im Handel erhältlich.

KONSERVESCHOKOLADENGLASUR

300 g Kristallzucker, 1/8 l Wasser, 250 g Tunkmasse (oder Kochschokolade)

Kristallzucker mit Wasser und kleingeschnittener Tunkmasse unter ständigem Rühren bis zum starken Faden (109 Grad Celsius, siehe Zuckerkochtabelle) kochen. Vom Feuer nehmen und durchseihen.

Einen Teil der Glasur auf eine Marmorplatte gießen und mit einer Palette tablieren. Gleichzeitig mit der anderen Hand die Glasur langsam rühren, damit sich keine Haut bilden kann. Die tablierte Glasur in das Gefäß zurückgeben, durchrühren und den Vorgang so lange wiederholen, bis die Glasur eine dickflüssige Konsistenz aufweist.
Das zu überziehende Gebäckstück auf ein Glasiergitter oder einen kleinen Tortenreifen stellen, glasieren und die Glasur erstarren lassen. Die übriggebliebene Glasur kann beim Kochen der nächsten mitverarbeitet werden.

SACHERGLASUR

250 g Kristallzucker, 1/8 l Wasser, 200 g Tunkmasse (oder Kochschokolade)

Kristallzucker mit Wasser bis zum starken Faden (109 Grad Celsius, siehe Zuckerkochtabelle) kochen. Vom Feuer nehmen und die kleingeschnittene Tunkmasse darin auflösen. Danach die Glasur an der Gefäßwand tablieren, bis sie eine Temperatur von ca. 40 Grad Celsius erreicht hat und eventuell mit Wasser verdünnen.
Tortenkörper damit glasieren und abtrocknen lassen.

SCHOKOLADEGLASUR

250 g Tunkmasse (oder Kochschokolade), 50 g Honig, 3/16 l Schlagobers

Tunkmasse mit Honig im Wasserbad auflösen. Unter ständigem Rühren mit dem Schneebesen das flüssige Schlagobers langsam beigeben.

TUNKMASSE

Behandlung der Tunkmasse

Tunkmasse in kleine Stücke teilen, im Wasserbad auflösen und temperieren. Beim Temperieren wird die Tunkmasse entweder in kaltem Wasserbad gerührt oder auf einer Marmorplatte tabliert, bis sie zu stocken beginnt. Danach die Tunkmasse im warmen Wasserbad auf höchstens 32 Grad Celsius erwärmen (Thermometer verwenden).
Danach eine Probe machen. Die Tunkmasse sollte in wenigen Minuten stocken und eine matt glänzende Oberfläche erhalten. Ist das nicht der Fall oder wird die Tunkmasse grau, muß der Temperiervorgang wiederholt werden. Die Temperatur für das zu überziehende Gebäckstück und der Arbeitsraum sollte ca. 20 Grad Celsius betragen. Wird die Tunkmasse verdünnt, dann ausschließlich mit aufgelöster Kakaobutter.
Anstelle von Tunkmasse kann auch Glasurmasse verwendet werden. Diese muß nicht temperiert werden. Allerdings ist aus geschmacklichen Gründen Tunkmasse vorzuziehen.

Zuckerkochtabelle

Zucker muß, um für Glasuren, Bonbons, Tränken usw. verwendet werden zu können, bis zu bestimmten Graden gekocht werden. Die jeweiligen Zuckergrade kann man mit der Zuckerwaage (nach Dichte), mit dem Zuckerthermometer (nach Wärmegraden) oder mittels „Handprobe“ messen.
Zucker wird mit Wasser im Verhältnis 3:1 unter ständigem Rühren auf kleiner Flamme aufgelöst. Sobald der Zucker kocht, nicht mehr umrühren. Zusammenwaschen, abschäumen und rasch bis zum gewünschten Kochgrad fertig kochen, um ein Gelbwerden der Zuckermasse zu vermeiden.

Benennung	Zuckerwaage	Reaumur	Celsius	Handprobe	Verwendungs-zweck
Läuterzucker	28°	–	–	–	zum Tränken, für Limonaden
Schwacher Faden	32°	84°	105°	zwischen Daumen und Zeigefinger Faden ziehen	zum Kandieren, Likörbonbons
Starker Faden	35°	87°	109°		für Lebkuchenglasur
Kleine Perle	37°	88°	110°	Zucker in kaltem Wasser in Tropfenform absinken lassen	für Konserveglasur
Große Perle	38°	89°	111°		für Likörbonbons
Schwacher Flug	38,5°	90°	112°	Drahtschlinge in Zuckerlösung tauchen und durchblasen (eine bis mehrere Blasen müssen sich bilden, beim Kettenflug zusammenhängend)	für Fondant
Starker Flug	–	93°	116°		für Fondant
Kettenflug	–	95°	119°		für Schaum und Windmassen
Schwacher Ballen	–	96–98°	120–122°	Zuckermasse läßt sich in Wasser zu einer weichen Kugel formen, beim Starken Ballen zu einer harten Kugel	für Milchkaramellen
Starker Ballen	–	98–100°	122–125°		für Milchkaramellen
Schwacher Bruch	–	100–110°	125–137°	Kochlöffelstiel in kaltes Wasser, in Zuckerlösung und wieder in kaltes Wasser tauchen, Schwacher Bruch: Masse fest, aber noch etwas elastisch, Starker Bruch: Masse hart, glasig, splittrig	Zuckerkunstarbeiten
Starker Bruch	–	112–118°	140–144°		Zuckerkunstarbeiten
Brauner Karamel	–	ab ca. 120°	ab ca. 150°	Zucker beginnt braun zu werden	Dobosglasur, Grillage

Ein Hauptbestandteil für die Herstellung von Torten ist der Tortenkörper, der aus verschiedenen Massen hergestellt wird.
Die ausgekühlte Masse wird je nach Art der Torte ein- bis zweimal durchgeschnitten, mit diversen Cremen (z. B. Buttercreme, Oberscreme etc.) gefüllt und vor dem Ausfertigen, am besten über Nacht, im Kühlschrank gelagert.
Torten mit Oberscreme werden in Nirostareifen eingesetzt.
Um eine Geschmacksverbesserung zu erzielen, werden die Tortenböden (Tortenblätter) mit passendem Alkohol, der mit Läuterzucker verrührt wird, getränkt.
Es besteht auch die Möglichkeit des Tiefkühlens. In diesem Fall die Torten mit Klarsichtfolie einwickeln, um eine Geschmacksveränderung und ein Austrocknen zu verhindern. Bei Bedarf die Torten ca. 30 Minuten antauen lassen, mit Buttercreme, Obers etc. einstreichen, garnieren und fertig auftauen lassen.
Torten, die mit Fondant glasiert werden, müssen vor dem Überziehen vollständig aufgetaut sein, um ein Feuchtwerden der Glasur zu vermeiden.
Weiters sollten alle Torten vor dem Ausfertigen auf einen Tortendeckel (aus Pappe oder Nirosta) gesetzt werden.

APFEL-MOHN-TORTE *(1 Torte = ∅ 24 cm)*

300 g Mürbteig, Mohnfülle, 750 g geschälte, entkernte Äpfel, Saft einer Zitrone, 150 g Kristallzucker, 150 g Biskuitbrösel, Streusel (siehe Egerländer); Staubzucker

Mürbteig auf einer bemehlten Arbeitsfläche ca. 3 mm stark ausrollen, rund (24 cm Durchmesser) ausstechen, auf ein Blech legen und mit dem Tortenreifen umstellen. Die Innenseite des Tortenreifens mit Mürbteig auslegen und die ausgekühlte Mohnfülle darin verstreichen. Die geschälten Äpfel achteln, entkernen und dünnblättrig schneiden. Mit Zitronensaft kurz dünsten, Kristallzucker darin auflösen und mit den Biskuitbröseln binden.
Die etwas überkühlte Apfelfülle auf der Mohnfülle verteilen, den Streusel darüberstreuen und im vorgeheizten Backrohr bei 170 Grad Celsius ca. 35 Minuten backen.

DOBOSTORTE *(1 Torte = ∅ 24 cm)*

Dobosmasse; Buttercreme (siehe Cremen für Torten und Schnitten), 100 g Tunkmasse (oder Kochschokolade), 50 g Nougat; 150 g Kristallzucker

Aus der Dobosmasse sechs runde Blätter backen. Das schönste davon zum Glasieren reservieren.
Die Buttercreme mit der im Wasserbad aufgelösten Tunkmasse und Nougat abschmecken. Die rund ausgestochenen Dobosblätter damit zusammensetzen und außen glatt verstreichen. Die Torte kühlen, nochmals einstreichen und mit der Creme sechzehn Punkte aufdressieren.
Das reservierte Deckblatt auf eine leicht befettete Arbeitsfläche legen und sechzehnteilig markieren. Den Kristallzucker mit ein bis zwei Tropfen Zitronensaft zu hellem Karamel schmelzen (am besten in einem Kupfergeschirr) und mit einer Palette auf dem Dobosblatt verstreichen. Sofort mit einem befetteten Messer die Markierungen des Deckblattes nachziehen und unter wiederholtem Nachfetten des Messers in die markierten Stücke teilen. Dies muß noch vor dem Anziehen der Glasur geschehen. Wird der Karamel zu hart, besteht die Möglichkeit, das glasierte Biskuitblatt im Backrohr so weit anzuwärmen, bis es wieder geschnitten werden kann.

ERDBEERTORTE DE LUXE *(1 Torte = ∅ 24 cm)*

Halbe Marzipanmasse (siehe Marzipantorte);
Creme: 120 g passierte Erdbeeren, 80 g Staubzucker, 4 Blatt Gelatine, 3/16 l Schlagobers;
Erdbeermarmelade, ca. 400 g Erdbeeren zum Belegen, 1 Pkg. Tortengelee,
gehobelte, geröstete Mandeln

Aus der halben Marzipanmasse zwei dünne Böden (ca. 1 cm stark) auf ein befettetes bestaubtes Blech streichen, backen und noch heiß vom Blech lösen.
Die ausgekühlten Böden rund ausstechen und einen der beiden mit einem Tortenreifen umstellen.
Für die Creme die passierten Erdbeeren mit dem gesiebten Staubzucker verrühren, die in kaltem Wasser eingeweichten, im Wasserbad aufgelösten Gelatineblätter beimengen und das geschlagene Obers unterheben. Die Creme in den Tortenreifen füllen, den zweiten Marzipanboden daraufsetzen und die Torte im Kühlschrank anziehen lassen. Danach dünn mit Erdbeermarmelade bestreichen und mit gewaschenen, halbierten Erdbeeren belegen. Tortengelee nach Beschreibung herstellen, über die Erdbeeren gießen und erstarren lassen.
Tortenring entfernen, den Rand mit Erdbeermarmelade einstreichen und mit gehobelten, gerösteten Mandeln einstreuen.

ESTERHÁZYTORTE *(1 Torte = ∅ 24 cm)*

Esterházymasse; Buttercreme (siehe Cremen für Torten und Schnitten), Weinbrand;
Marillenmarmelade, Fondant, Glasurmasse, Rum, gehobelte, geröstete Mandeln

Aus der Esterházymasse sechs Blätter backen.
Die Buttercreme mit Weinbrand abschmecken und die rund ausgestochenen Esterházyblätter damit zusammensetzen. Die Torte am Rand mit Creme einstreichen und kühlen.
Die im Wasserbad aufgelöste Glasurmasse mit ein paar Tropfen Rum zu dicklicher Konsistenz rühren (Spritzschokolade).
Die Oberseite der Torte dünn mit passierter Marillenmarmelade bestreichen und mit erwärmtem (ca. 30 Grad Celsius), mit Läuterzucker verdünnten Fondant dünn glasieren. In die noch weiche Glasur mit Spritzschokolade Linien ziehen und diese mit einem kleinen, spitzen Messer abwechselnd von oben nach unten und umgekehrt durchziehen. Die Glasur mit einem kleinen Messer vom Rand entfernen und nochmals dünn mit Buttercreme einstreichen.
Den Rand der Torte mit gehobelten, gerösteten Mandeln einstreuen.

FLOCKENTORTE PALFFY *(1 Torte = ∅ 24 cm)*

Brandmasse;
Creme: siehe Cremeschnitten; 3/16 l Schlagobers, 8 Erdbeeren

Aus der Brandmasse fünf dünne Böden auf befettete, mit Mehl bestaubte Bleche streichen und im vorgeheizten Backrohr bei 200 Grad Celsius ca. 15 Minuten backen.
Drei Böden der Brandmasse mit der Vanilleobersreme zusammensetzen und im Kühlschrank anziehen lassen.
Danach die Torte mit geschlagenem Obers einstreichen. Die übriggebliebenen Böden in kleine Stücke teilen und die Torte damit einstreuen. Schlagobersrosetten aufdressieren und mit halben Erdbeeren dekorieren.

GEBACKENE TOPFENTORTE *(1 Torte = ∅ 24 cm)*

1 Mürbteigboden (ca. 2 mm stark, ungebacken); 750 g passierter Topfen (20% Fettgehalt), 1/8 l Milch, 5 Eidotter, 30 g Mehl, 30 g Maizena, 30 g Vanillepuddingpulver, geriebene Zitronenschale, 70 g Butter, 5 Eiweiß, 120 g Kristallzucker; Staubzucker

Den Mürbteigboden auf ein Blech legen und mit einem befetteten Tortenreifen umstellen.
Den passierten Topfen mit Milch, Eidotter, Mehl, Maizena, Vanillepuddingpulver, geriebener Zitronenschale und der heißen Butter verrühren. Eiweiß mit Kristallzucker zu Schnee schlagen und unter die Topfenmasse heben.
Die Masse in den Tortenreifen füllen und im vorgeheizten Backrohr bei 150 Grad Celsius ca. 75 Minuten backen.
Überkühlt aus dem Tortenreifen nehmen und mit Staubzucker bestreuen.

GMUNDNER TORTE *(1 Torte = ∅ 24 cm)*

1 Mürbteigboden (ca. 2 mm stark, ungebacken), 100 g Preiselbeermarmelade; 170 g Butter, 100 g Staubzucker, Vanillezucker, geriebene Zitronenschale, Rum, eine Prise Salz, 5 Eidotter, 5 Eiweiß, 100 g Kristallzucker, 330 g geriebene Haselnüsse, 130 g Biskuitbrösel, 2 g Backpulver; Marillenmarmelade, Canacheglasur (siehe Glasuren)

Den Mürbteigboden auf ein Blech legen, mit einem Tortenreifen umstellen und mit Preiselbeermarmelade bestreichen.
Die weiche Butter mit gesiebtem Staubzucker, Vanillezucker, geriebener Zitronenschale, Rum und einer Prise Salz schaumig rühren. Eidotter nach und nach beigeben. Eiweiß mit Kristallzucker zu Schnee schlagen, unter die Buttermasse heben und die mit Biskuitbrösel und Backpulver vermischten Haselnüsse einmelieren.
Masse in den Tortenreifen füllen und im vorgeheizten Backrohr bei 160 Grad Celsius ca. 60 Minuten backen. Mit Mehl leicht stauben und auf ein Papier stürzen.
Die ausgekühlte Torte mit kochendheißer Marillenmarmelade einstreichen (aprikotieren) und mit Canacheglasur glasieren.

HIMBEER-OBERS-TORTE *(1 Torte = ∅ 24 cm)*

1 Mürbteigboden (ca. 2 mm stark, gebacken);
1 Biskuittorte (aus der halben Biskuitmasse für Torten);
Creme: 150 g Himbeeren, 100 g Staubzucker, Saft einer halben Zitrone, 5 Blatt Gelatine, 3/8 l Schlagobers, 80 g Himbeeren; Himbeermarmelade, Himbeergeist, Läuterzucker;
3/8 l Schlagobers zum Einstreichen, Schmankerln (siehe Schmankerlmasse), 16 Himbeeren

Den gebackenen Mürbteigboden mit Himbeermarmelade bestreichen und mit einem Tortenreifen umstellen. Die Biskuittorte waagrecht zweimal durchschneiden und einen dieser Böden in den Tortenreifen legen. Himbeergeist mit Läuterzucker verrühren und den Biskuitboden damit tränken.
Für die Creme 150 g Himbeeren pürieren, durch ein Sieb streichen und mit dem gesiebten Staubzucker und Zitronensaft verrühren. Die in kaltem Wasser eingeweichten und im Wasserbad aufgelösten Gelatineblätter einrühren, das geschlagene Obers unterheben und die Himbeeren einmelieren. Die Hälfte der Creme in den Tortenreifen füllen, den zweiten Biskuitboden darauflegen und diesen wieder tränken.
Die restliche Creme einfüllen, mit dem letzten Biskuitboden abdecken und im Kühlschrank anziehen lassen.

Danach die Torte aus dem Reifen nehmen, mit geschlagenem Obers einstreichen und locker mit Schmankerln bestreuen. Schlagobersrosetten aufdressieren und mit Himbeeren dekorieren.

HIMBEER-ROYAL-TORTE *(1 Torte = ∅ 24 cm, Höhe 2,5 cm)*

Butterstreusel (siehe Streuselkuchen mit Früchten), Mürbteig (siehe Teige);
Royal: 1/2 l Milch, 6 Eidotter, 50 g Staubzucker, Vanillezucker, 30 g Vanillepuddingpulver, eine Prise Salz; 500 g Himbeeren (auch tiefgekühlt); Tortengelee, Staubzucker

Den Butterstreusel auf einem mit Backpapier belegten Blech verteilen und im vorgeheizten Backrohr bei 180 Grad Celsius ca. 15 Minuten backen. Lockern und auskühlen lassen.
Den Mürbteig 2,5 mm stark ausrollen und rund ausstechen (Durchmesser 30 cm). Einen Tortenreifen (Durchmesser 24 cm, Höhe 2,5 cm) auf ein mit Backpapier belegtes Blech stellen und diesen mit dem Mürbteigboden auslegen. Im vorgeheizten Backrohr bei 170 Grad Celsius ca. 15 Minuten vorbacken.
Für die Royal Milch auf 90 Grad Celsius erhitzen. Die restlichen Zutaten mischen und in die heiße Milch einrühren. Auf den noch heißen Mürbteigboden gießen und bei 160 Grad Celsius ca. 20 Minuten fertigbacken (Die Royal soll keine Farbe nehmen). Die ausgekühlte Torte mit Himbeeren dicht belegen (Tiefkühlfrüchte mit 30 g Saftbinder vorher abmischen) und mit Gelee abglänzen. Tortenring entfernen, Butterstreusel auf ca. 20 cm Durchmesser in der Mitte verteilen und diesen leicht anzuckern.

IRISH-COFFEE-TORTE *(1 Torte = ∅ 24 cm)*

2 Grillagemasseböden je 15 mm dick (aus der halben Grillagemasse),
3/8 l Schlagobers, 1 Ei, 250 g weiße Tunkmasse, 15 g Löskaffee, 4 cl Whisky;
Glasur: 125 g weiße Tunkmasse, 5 g Löskaffee, 1/16 l ungezuckerte Kondensmilch
Tränke: 50 g Läuterzucker, 1 Teelöffel Löskaffee, 4 cl Whisky; gehobelte, geröstete Mandeln

Das Schlagobers mit dem Ei auf 80 Grad Celsius erhitzen. Die weiße Tunkmasse und den Löskaffee darin auflösen. Mit dem Stabmixer zu einer homogenen Masse aufmixen. Rasch abkühlen und 24 Stunden im Kühlschrank reifen lassen.
Den Seitenrand eines Tortenringes mit einem Folienstreifen (starke Klarsichtfolie) auslegen, einen Grillagemasseboden einlegen und diesen mit dem Läuterzuckergemisch bestreichen.
Das gereifte Schlagobersgemisch mit Whisky mischen und aufschlagen. Die Hälfte der Creme auf den Grillagemasseboden streichen, zweiten Bogen auflegen, mit Läuterzuckergemisch tränken und mit der restlichen Creme bestreichen. Torte tiefkühlen.
Für die Glasur die weiße Tunkmasse im Wasserbad auf ca. 40 Grad Celsius erwärmen. Das Kaffeepulver in der Kondensmilch auflösen und nach und nach unter die Tunkmasse mischen.
Zur Fertigstellung der Torte den Ring, nicht den Folienstreifen abziehen. Die Oberfläche dünn mit Glasur überziehen und mit aus Marzipan modellierten Kaffeebohnen belegen.
Den Folienstreifen entfernen und den Rand mit gehobelten, gerösteten Mandeln einstreuen.

KAFFEECREMETORTE *(1 Torte = ∅ 24 cm)*

1 Grillagetorte (siehe Grillagemasse), Buttercreme (siehe Cremen für Torten und Schnitten), 1/16 l schwarzer Kaffee; Grillage- oder Schokobrösel, 16 Kaffeebohnen aus Marzipan

Die Grillagetorte zweimal waagrecht durchschneiden.
Die Buttercreme mit dem Kaffee verrühren. Die Torte damit füllen, dünn einstreichen und im Kühlschrank anziehen lassen.
Für die Grillagebrösel Kristallzucker (am besten in einem Kupfergeschirr) schmelzen, Haselnüsse (im Verhältnis 1:1) einrühren und sofort auf ein mit Öl bestrichenes Blech gießen. Auskühlen lassen und zu Bröseln reiben.
Als Schokobrösel werden Reste von Schokolademassen getrocknet und dann gerieben.
Die Torte nochmals dünn mit Creme einstreichen und den Rand mit Grillage- oder Schokobröseln einstreuen. Aus der restlichen Creme sechzehn Rosetten aufdressieren und mit Kaffeebohnen aus Marzipan dekorieren.

KAISERIN-„SISI"-TORTE *(1 Torte = ∅ 24 cm, Abb. auf Seite 119)*

200 g Rohmarzipan, 30 g Likör, 6 Eidotter, geriebene Zitronenschale, Vanillezucker, eine Prise Salz; 5 Eiweiß, 110 g Kristallzucker, 60 g Zitronat, 20 g geriebene Schokolade, 75 g Mehl, 30 g Weizenpuder, 30 g Butterschmalz, Marillenmarmelade; Canacheglasur (siehe Glasuren)

Rohmarzipan mit Likör weicharbeiten. Danach mit den Eidottern, geriebener Zitronenschale, Vanillezucker und einer Prise Salz schaumig rühren. Eiweiß mit Kristallzucker zu Schnee schlagen, unter die Marzipanmasse heben und das mit dem Zitronat, der geriebenen Schokolade und dem Weizenpuder vermischte Mehl einmelieren. Zuletzt das heiße Butterschmalz einrühren.
Einen Tortenreifen in Backpapier eindrehen, auf ein Backblech stellen und die Masse einfüllen. Zum Tortenrand hochstreichen und im vorgeheizten Backrohr bei 170 Grad Celsius ca. 50 Minuten backen.
Die fertig gebackene Masse mit Mehl bestauben, umdrehen und auskühlen lassen.
Torte mit kochendheißer Marmelade dünn einstreichen und mit Canacheglasur (siehe Glasuren) glasieren.

BREGENZER KAROTTENTORTE *(1 Torte = ∅ 24 cm)*

4 Eidotter, 70 g Kristallzucker, Vanillezucker, geriebene Zitronenschale, 1 Eßlöffel Rum, Zimt, Nelkenpulver, 4 Eiweiß, 140 g Kristallzucker, 100 g Mehl, 10 g Backpulver, 200 g geschälte, geriebene Mandeln, 200 g geschälte, geriebene Karotten; Ribiselmarmelade, Fondant, Glasurmasse, gehobelte, geröstete Mandeln, 16 Marzipankarotten

Eidotter mit 70 g Kristallzucker, Vanillezucker, geriebener Zitronenschale, Rum, Zimt und Nelkenpulver schaumig rühren und die Karotten vorsichtig unterheben.
Eiweiß mit 140 g Kristallzucker zu Schnee schlagen und unter die Dottermasse heben.
Mehl mit Backpulver versieben, mit den geriebenen Mandeln mischen und in die Masse einmelieren.
Einen Tortenreifen mit Backpapier eindrehen und auf ein Blech stellen. Die Masse einfüllen, bis an den Rand verstreichen und im vorgeheizten Backrohr bei 170 Grad Celsius ca. 45 Minuten backen. Mit Mehl leicht stauben, auf ein Backpapier stürzen und auskühlen lassen. Danach die Torte zweimal waagrecht durchschneiden, mit pas-

sierter Ribiselmarmelade füllen und dünn einstreichen. Fondant auf ca. 40 Grad Celsius erwärmen (eventuell mit Läuterzucker verdünnen) und die Oberseite der Torte dünn glasieren. Glasur anziehen lassen und mit im Wasserbad aufgelöster Glasurmasse kreisförmig (spiralenförmig) Linien ziehen. Den Rand der Torte mit gehobelten gerösteten Mandeln einstreuen und die Oberseite mit kleinen Marzipankarotten dekorieren.

KÜRBIS-MOHN-TORTE *(1 Torte = ∅ 24 cm)*

180 g Butter, 70 g Staubzucker, Vanillezucker, Zimt, Rum, eine Prise Salz, 7 Eidotter, 1/8 l Sauerrahm, 280 g geschälter und geraspelter Kürbis, 7 Eiweiß, 100 g Vollzucker, 250 g gemahlener Mohn, 100 g Dinkelvollkornmehl, 80 g Erdäpfelstärke

Die weiche Butter mit gesiebtem Staubzucker, Vanillezucker, Zimt, Rum und eine Prise Salz schaumig rühren. Eidotter nach und nach zugeben. Den Sauerrahm und das Kürbisfleisch vorsichtig einrühren.
Eiweiß mit Vollzucker zu Schnee schlagen, unter die Butter-Kürbismasse heben und das mit gemahlenem Mohn und Erdäpfelstärke vermischte Dinkelvollkornmehl einmelieren.
Einen Tortenreifen mit Backpapier eindrehen, auf ein Backblech stellen und die Masse einfüllen. Masse zum Tortenrand hochstreichen und im vorgeheizten Backrohr bei 170 Grad Celsius ca. 65 Minuten backen.
Nach dem Backen mit Mehl stauben, umdrehen und auskühlen lassen.
Danach mit einem kleinen Messer aus dem Tortenreifen schneiden bzw. lösen und anzuckern.

LINZER TORTE *(1 Torte = ∅ 24 cm, Abb. auf Seite 121)*

420 g Mehl, 420 g Butter, 300 g Staubzucker, 210 g geriebene Mandeln, 3 Eidotter, geriebene Zitronenschale, Zimt, Nelkenpulver; Ei zum Bestreichen, Backoblaten, Ribiselmarmelade, gehobelte Mandeln, Staubzucker

Mehl mit der kalten, in Würfel geschnittenen Butter, gesiebtem Staubzucker, geriebenen Mandeln, den Eidottern, geriebener Zitronenschale, Zimt und Nelkenpulver rasch zu einem Teig kneten und zugedeckt ca. eine Stunde rasten lassen.
Zwei Drittel des Teiges auf einer bemehlten Arbeitsfläche ausrollen, auf ein Blech legen und mit einem Tortenreifen umstellen.
Backoblate (etwas kleiner als der Tortenreifen) einlegen und mit passierter Ribiselmarmelade bestreichen.
Aus dem restlichen Teig Rollen formen (Durchmesser ca. 1 cm) und diese zu einem Gitter über die Marmelade legen. Den Rand ebenfalls mit einer Teigrolle auslegen. Das Gitter mit versprudeltem Ei bestreichen, mit gehobelten Mandeln bestreuen und im vorgeheizten Backrohr bei 160 Grad Celsius ca. 45 Minuten backen.
Die ausgekühlte Torte aus dem Tortenreifen nehmen, eine runde Schablone in die Mitte legen und den Rand anzuckern.

LINZER TORTE GERÜHRT *(1 Torte = ∅ 24 cm)*

200 g Butter, 200 g Staubzucker, geriebene Zitronenschale, Zimt, Nelkenpulver, 1 Ei, 1 Eidotter, 1/4 l Milch, 250 g Mehl, 10 g Backpulver, 150 g geriebene Haselnüsse, 300 g Schokobrösel; Backoblate, Ribiselmarmelade, gehobelte Mandeln, Staubzucker

Die weiche Butter mit gesiebtem Staubzucker, geriebener Zitronenschale, Zimt und Nelkenpulver schaumig rühren. Ei und Eidotter dazugeben und abwechselnd die Milch und das mit Backpulver versiebte Mehl langsam einrühren. Zuletzt Haselnüsse mit den Schokobröseln vermischen und in die Masse einmelieren.
Einen Tortenreifen mit Backpapier eindrehen, auf ein Blech stellen und zwei Drittel der Masse einfüllen.
Backoblate (etwas kleiner als der Tortenreifen) einlegen und mit passierter Ribiselmarmelade bestreichen.
Die restliche Linzermasse in einen Dressiersack mit kleiner Sterntülle (Nr. 4) füllen, ein Gitter und einen Rand über die Marmelade dressieren. Gehobelte Mandeln darüberstreuen und im vorgeheizten Backrohr bei 160 Grad Celsius ca. 50 Minuten backen.
Papier von der ausgekühlten Torte ziehen und aus dem Tortenreifen nehmen. Eine runde Schablone in die Mitte legen und den Rand anzuckern.

MALAKOFFTORTE *(1 Torte = ∅ 24 cm)*

1 Biskuittorte (aus einem Drittel der Biskuitmasse für Torten), Biskotten (siehe Biskottenmasse);
Creme: 1/2 l Milch, 100 g Kristallzucker, 2 Eidotter, 50 g Vanillepuddingpulver, 100 g geröstete, geriebene Mandeln, Rum, 2 Blatt Gelatine, 1/2 l Schlagobers, 50 g Kristallzucker
Tränke: 1/8 l Rum, 1/8 l Läuterzucker; 3/8 l Schlagobers zum Einstreichen, Biskotten zum Dekorieren; gehobelte, geröstete Mandeln, Pistazien

Den Biskuitboden auf ein mit Backpapier belegtes Blech legen und mit einem Tortenreifen umstellen.
Für die Creme zwei Drittel der Milch mit 100 g Kristallzucker aufkochen. Restliche Milch mit den Eidottern und dem Vanillepuddingpulver glattrühren, in die kochende Milch gießen und unter ständigem Rühren mit einem Schneebesen nochmals aufkochen. Die ausgekühlte Vanillecreme durch ein Sieb passieren und mit den gerösteten, geriebenen Mandeln und dem Rum verrühren. Die in kaltem Wasser eingeweichten und im Wasserbad aufgelösten Gelatineblätter in die Creme rühren und das mit 50 g Kristallzucker geschlagene Obers unterheben.
Rum mit Läuterzucker verrühren, den Biskuitboden damit tränken und ein Drittel der Creme daraufstreichen. Biskotten kurz in die Tränke tauchen und eng aneinander, mit der geraden Seite nach oben, auf die Creme legen. Nun abwechselnd Creme und getränkte Biskotten einfüllen (die letzte Schicht sollen Biskotten sein) und im Kühlschrank anziehen lassen.
Aus dem Tortenreifen nehmen, mit geschlagenem Obers einstreichen und 16 Obersrosetten aufdressieren. Den unteren Rand 1 cm hoch mit gehobelten, gerösteten Mandeln einstreuen. Auf jede Obersrosette eine kleine oder halbe Biskotte legen. Mit Pistazien dekorieren.
Die Malakofftorte kann auch mit Bayrischer Creme (siehe Creme- und Fruchtdesserts) hergestellt werden.

MARILLENTORTE *(1 Torte = ∅ 24 cm)*

Mürbteig (siehe Teige); 500 g passierter Topfen (10% Fettgehalt), 150 g Staubzucker, 4 Eier, 60 g Vanillepuddingpulver, 2 Eßlöffel Marillengeist, 80 g Marillen (Dose), 1 Eidotter zum Bestreichen, Marillenmarmelade, 15 g gehobelte, geröstete Mandeln

Den Mürbteig auf einer bemehlten Arbeitsfläche ca. 4 mm stark ausrollen. Einen Tortenreifen auf ein mit Backpapier belegtes Blech stellen. Den Boden und Rand des Tortenreifens mit dem Mürbteig auslegen. Der restliche Teig wird für das Gitter verwendet.
Den passierten Topfen mit gesiebtem Staubzucker, Eiern, Vanillepuddingpulver und Marillengeist verrühren. Die würfelig geschnittenen Marillenstücke unterheben, die Masse in den Tortenreifen füllen und glatt verstreichen. Den restlichen Teig auf einer bemehlten Arbeitsfläche ca. 3 mm stark ausrollen, in 1,5 cm breite Streifen schneiden und diese gitterförmig auf die Torte legen.
Im vorgeheizten Backrohr bei 170 Grad Celsius ca. 50 Minuten backen. Die ausgekühlte Torte aus dem Reifen nehmen, mit kochendheißer Marillenmarmelade bestreichen und mit gehobelten, gerösteten Mandeln leicht bestreuen.

MARONI-OBERS-TORTE *(1 Torte = ∅ 24 cm)*

1 Schokoladetorte (aus der halben Schokomasse);
Creme: 200 g gekochte, passierte Maroni, 50 g Staubzucker, Rum, 4 Blatt Gelatine,
1/2 l Schlagobers; Ribiselmarmelade, 3/8 l Schlagobers zum Einstreichen,
300 g Maronimasse, 16 Preiselbeerhäufchen oder 16 große Preiselbeeren

Die ausgekühlte Schokotorte einmal waagrecht durchschneiden, einen dieser Böden in einen Tortenreifen legen und dünn mit passierter Ribiselmarmelade bestreichen.
Für die Creme das Maronipüree mit gesiebtem Staubzucker und Rum glattrühren. Die in kaltem Wasser eingeweichten Gelatineblätter im Wasserbad auflösen, die Maronimasse einrühren und das geschlagene Obers unterheben.
Die Hälfte der Creme auf dem Schokoladeboden verstreichen, den zweiten Tortenboden auflegen und die restliche Creme darauf verteilen.
Torte im Kühlschrank stocken lassen, aus dem Tortenreifen nehmen und mit geschlagenem Obers einstreichen, 300 g Maronimasse über der Torte durch ein mittleres Reibeisen (oder Erdäpfelpresse) drücken und mit Preiselbeerhäufchen dekorieren.

MARZIPANTORTE *(1 Torte = ∅ 24 cm)*

1 Mürbteigboden (ca. 2 mm stark, ungebacken); 350 g Rohmarzipan, 7 Eier,
130 g Staubzucker, Vanillezucker, geriebene Orangenschale, 1 Eßlöffel Orangenlikör,
130 g geröstete, geriebene Haselnüsse, 40 g Mehl, 40 g Maizena, 130 g flüssige Butter;
Marillenmarmelade, Fondant, gehobelte, geröstete Mandeln

Den Mürbteigboden auf ein Blech legen, mit einer Gabel stupfen und mit einem Tortenreifen umstellen.
Rohmarzipan mit vier Eiern glatt abarbeiten. Restliche Eier, gesiebten Staubzucker, Vanillezucker, geriebene Orangenschale und Orangenlikör dazugeben und schaumig rühren. Das mit den geriebenen Haselnüssen und Maizena vermischte Mehl einmelieren. Zuletzt die heiße Butter unterheben.
Die Masse in den Tortenreifen füllen und im vorgeheizten Backrohr bei 170 Grad Celsius ca. 45 Minuten backen.
Die ausgekühlte Torte aus dem Tortenreifen nehmen und mit heißer Marillenmarmelade einstreichen. Die Oberseite der Torte mit erwärmtem (ca. 40 Grad Celsius), mit Läuterzucker verdünnten Fondant so glasieren, daß die Marillenmarmelade durchscheint. Nach dem Anziehen der Glasur die Torte an der Seite mit gehobelten, gerösteten Mandeln einstreuen.

Indianer mit „Schlag“ –

zu Rezept von Seite 201

MOHNTORTE *(1 Torte = ∅ 24 cm)*

1 Mürbteigboden (ca. 2 mm stark, ungebacken); 3/16 l Milch, 200 g Mohn;
150 g Butter, Zimt, geriebene Zitronenschale, Vanillezucker, Rum, 7 Eidotter, 7 Eiweiß,
200 g Kristallzucker, 50 g Semmelbrösel, 50 g Biskuitbrösel; Marillenmarmelade,
200 g Marzipan, Kakao zum Bestreuen, gehobelte, geröstete Mandeln

Den Mürbteigboden auf ein Blech legen, mit einer Gabel stupfen und mit einem Tortenreifen umstellen.
Milch aufkochen, Mohn dazugeben und kurz abrösten. Auf ein Blech leeren und auskühlen lassen.
Die weiche Butter mit Zimt, geriebener Zitronenschale, Vanillezucker und Rum schaumig rühren. Die Eidotter nach und nach dazugeben und die erkaltete Mohnfülle einrühren. Eiweiß mit Kristallzucker zu Schnee schlagen, unter den Butter-Mohn-Abtrieb heben und die Brösel einmelieren. Die Masse in den Tortenreifen füllen und im vorgeheizten Backrohr bei 170 Grad Celsius ca. 55 Minuten backen.
Die ausgekühlte Torte einmal waagrecht durchschneiden und mit passierter Marillenmarmelade füllen. Die Torte dünn mit Marillenmarmelade einstreichen. Marzipan ca. 2 mm stark ausrollen, rund (Durchmesser 24 cm) ausstechen und auf die Mohntorte legen. Ein Gitter auflegen, mit Kakao leicht bestreuen und das Gitter wieder abnehmen. Den Rand mit gehobelten, gerösteten Mandeln einstreuen.
Die Mohntorte kann auch nur mit Staubzucker bestreut werden.

MOHN-TOPFEN-TORTE *(1 Torte = ∅ 24 cm)*

1 Mohntorte (aus der halben Masse der Mohntorte);
Creme: 120 g passierter Topfen (20% Fettgehalt), 50 g Staubzucker,
geriebene Zitronenschale, Vanillezucker, 2 Blatt Gelatine, 1/4 l Schlagobers
Glasur: 300 g Himbeeren, 30 g Staubzucker, 3 Blatt Gelatine; 16 Himbeeren

Die gebackene und ausgekühlte Mohntorte im Tortenreifen lassen.
Für die Creme den passierten Topfen mit gesiebtem Staubzucker, geriebener Zitronenschale und Vanillezucker glattrühren. Die in kaltem Wasser eingeweichten Gelatineblätter im Wasserbad auflösen, in die Topfenmasse einrühren und das geschlagene Obers unterheben.
Die Topfencreme über die Mohntorte in den Tortenreifen streichen und im Kühlschrank anziehen lassen.
Für die Glasur Himbeeren passieren und mit gesiebtem Staubzucker verrühren. Die in kaltem Wasser eingeweichten Gelatineblätter im Wasserbad auflösen, mit dem Himbeerpüree verrühren und auf die Topfencreme gießen. Anziehen lassen. Torte aus dem Reifen nehmen und mit Himbeeren dekorieren.

NUSSTORTE *(1 Torte = ∅ 24 cm)*

1 Nußtorte (siehe Nußmasse); Buttercreme (siehe Cremen für Torten und Schnitten)
Nußfarce: 1/8 l Wasser, 70 g Kristallzucker, 150 g geriebene Walnüsse; 300 g Marzipan,
Fondant, 16 halbe Nüsse

Für die Nußfarce Wasser mit Kristallzucker aufkochen, die Nüsse einrühren und kurz durchrösten.
Die erkaltete Nußfarce in die Buttercreme rühren.
Die Nußtorte zweimal waagrecht durchschneiden, mit der Nußcreme füllen, einstreichen und im Kühlschrank anziehen lassen.

Punschkrapfen –
zu Rezept von Seite 205

Marzipan auf einer mit Staubzucker bestreuten Arbeitsfläche dünn (ca. 2 mm) ausrollen. Die Torte auf einen Tortendeckel (am besten aus Nirosta) stellen und mit dem ausgerollten Marzipan eindecken.
Die Nußtorte auf einen kleinen Tortenreifen oder ein Glasiergitter stellen und mit erwärmtem (ca. 40 Grad Celsius), eventuell mit Läuterzucker verdünntem Fondant glasieren. Die Glasur trocknen lassen, aus der Nußcreme 16 Rosetten aufdressieren und mit den halben Nüssen belegen.

OMAS NUSSTORTE *(1 Torte = ∅ 24 cm)*

7 Eidotter, 100 g Kristallzucker, Vanillezucker, Zimt, geriebene Zitronenschale, 7 Eiweiß, 200 g Kristallzucker, 300 g geriebene Haselnüsse, 70 g Mehl
Creme: 300 g Butter, 120 g Staubzucker, Vanillezucker, 100 g Tunkmasse (oder Kochschokolade); Ribiselmarmelade, geriebene Haselnüsse zum Einstreuen, 16 Haselnüsse, Staubzucker

Eidotter mit Kristallzucker, Vanillezucker, Zimt und geriebener Zitronenschale schaumig rühren. Eiweiß mit Kristallzucker zu Schnee schlagen, unter die Dottermasse heben und das mit den geriebenen Haselnüssen vermischte Mehl einmelieren.
Einen Tortenreifen mit Backpapier eindrehen, auf ein Blech stellen und die Nußmasse einfüllen. Im vorgeheizten Backrohr bei 170 Grad Celsius ca. 35 Minuten backen. Danach mit Mehl leicht stauben, stürzen und auskühlen lassen.
Das Backpapier abziehen, die Torte aus dem Reifen nehmen und zweimal waagrecht durchschneiden.
Für die Creme die weiche Butter mit gesiebtem Staubzucker und Vanillezucker schaumig rühren und die im Wasserbad aufgelöste Tunkmasse einrühren.
Den untersten Tortenboden mit passierter Ribiselmarmelade bestreichen, die Torte mit der Creme füllen und dünn einstreichen. Im Kühlschrank anziehen lassen, nochmals dünn mit Creme einstreichen und mit geriebenen Haselnüssen einstreuen. Leicht mit Staubzucker bestreuen, aus der restlichen Creme oder aus geschlagenem Obers 16 Rosetten aufdressieren und mit Haselnüssen belegen.

OBSTTORTE *(1 Torte = ∅ 24 cm)*

1 Mürbteigboden (ca. 2 mm stark gebacken); 2 dünne Biskuitblätter (aus einem Drittel der Biskuitmasse für Torten); Vanillecreme (halbe Menge, siehe Cremen für Torten und Schnitten), 150 g passierter Topfen (20% Fettgehalt), 50 g Staubzucker, 3 Blatt Gelatine, 1/4 l Schlagobers; Marillenmarmelade, ca. 600 g Früchte nach freier Wahl, Tortengelee, gehobelte, geröstete Mandeln

Den Mürbteigboden mit passierter Marillenmarmelade bestreichen und mit einem Tortenreifen umstellen.
Aus der Biskuitmasse zwei dünne, runde Böden auf befettete, mit Mehl bestaubte Bleche streichen und im vorgeheizten Backrohr bei 200 Grad Celsius ca. 8 Minuten backen. Vom Blech lösen, auskühlen lassen und ausstechen. Einen der beiden Böden in den Tortenreifen legen.
Für die Creme Topfen und die ausgekühlte Vanillecreme passieren und mit dem gesiebten Staubzucker verrühren. Die in kaltem Wasser eingeweichten Gelatineblätter im Wasserbad auflösen, in die Creme rühren und das geschlagene Obers unterheben. Die Topfencreme in den Tortenreifen füllen, den zweiten Biskuitboden auflegen und im Kühlschrank stocken lassen.

Kleine Desserts –
zu den Rezepten von Seite 205 bis Seite 207

Danach mit passierter Marillenmarmelade dünn bestreichen und mit den Früchten belegen. Tortengelee laut Angabe zubereiten und mit Hilfe eines Pinsels über die Früchte streichen. Das Gelee stocken lassen, die Torte aus dem Reifen nehmen und mit gehobelten, gerösteten Mandeln einstreuen.

OPERNBALLTORTE *(1 Torte = ∅ 24 cm)*

3 Äpfel, 1/4 l Wasser, 100 g Zucker, 1 Zimtrinde, Gewürznelken, Saft einer Zitrone; 200 g Butter, 60 g Staubzucker, geriebene Zitronenschale, Vanillezucker, 2 Eßlöffel Rum, eine Prise Salz, 8 Eidotter, 8 Eiweiß, 120 g Kristallzucker, 160 g geriebene Mandeln, 80 g Biskuitbrösel, 30 g Mehl; Backoblaten

Äpfel schälen, halbieren und entkernen. In Wasser mit Zucker, Zimtrinde, Gewürznelken und Zitronensaft halbweich dünsten.
Die weiche Butter mit gesiebtem Staubzucker, geriebener Zitronenschale, Vanillezucker, Rum und einer Prise Salz schaumig rühren. Eidotter nach und nach zugeben. Eiweiß mit Kristallzucker zu Schnee schlagen, unter die Buttermasse heben und das mit den geriebenen Mandeln und Biskuitbröseln vermischte Mehl einmelieren.
Einen Tortenreifen mit Backpapier eindrehen, auf ein Backblech stellen und die Hälfte der Masse einfüllen. Backoblaten darüberlegen und die gedünsteten Äpfel darauf verteilen. Restliche Masse einfüllen, verstreichen und im vorgeheizten Backrohr bei 170 Grad Celsius ca. 50 Minuten backen.
Auskühlen lassen und anzuckern.

GRAZER ORANGENTORTE *(1 Torte = ∅ 24 cm)*

Mürbteigboden (2mm stark, ungebacken), Orangenmarmelade; 80 g Rohmarzipan, 4 cl Grand-Marnier (Orangenlikör), 170 g Butter, 60 g Staubzucker, geriebene Zitronenschale, Vanillezucker, eine Prise Salz, 5 Eidotter, 200 g faschierte Aranzini, 5 Eiweiß, 100 g Kristallzucker, 240 g geriebene Haselnüsse, 100 g Biskuitbrösel, 2 g Backpulver; Buttercreme (siehe Cremen für Torten und Schnitten), 200 g Haselnußnougat oder geriebene Haselnüsse, gehobelte Haselnüsse

Mürbteigboden auf ein mit Backpapier belegtes Blech legen und mit einer Gabel stupfen (mehrmals einstechen). Mit Orangenmarmelade bestreichen und einem Tortenreifen umstellen.
Rohmarzipan mit Grand-Marnier weich arbeiten. Danach mit weicher Butter, gesiebtem Staubzucker, geriebener Zitronenschale, Vanillezucker und einer Prise Salz schaumig rühren.
Eidotter nach und nach zugeben und die faschierten Aranzini einrühren.
Eiweiß mit Kristallzucker zu Schnee schlagen, unter die Marzipan-Buttermasse heben und die mit Biskuitbrösel und Backpulver vermischten geriebenen Haselnüsse einmelieren.
Masse in den Tortenreifen füllen und bei 160 Grad Celsius ca. 60 Minuten backen.
Mit Mehl stauben, umdrehen und auskühlen lassen.
Weiches Nougat oder geriebene Haselnüsse unter die Buttercreme rühren und die ausgekühlte Torte damit einstreichen. Im Kühlschrank Creme etwas anziehen lassen, mit gehobelten Haselnüssen einstreuen und leicht mit Zucker besieben.

Amaretti –
zu Rezept von Seite 211

Butterplätzchen –
zu Rezept von Seite 212

PANAMATORTE *(1 Torte = ∅ 24 cm, Abb. auf Seite 123)*

1 Mürbteigboden (ca. 2 mm stark, gebacken), 1 Fleck aus Panamamasse; Buttercreme (siehe Cremen für Torten und Schnitten), 120 g Tunkmasse (oder Kochschokolade); Tunkmasse, Milchtunkmasse, Ribiselmarmelade

Panamamasse auf ein befettetes, mit Mehl bestaubtes Blech streichen. Im vorgeheizten Backrohr bei 200 Grad Celsius ca. 8 Minuten backen und danach sofort vom Blech lösen. Die im Wasserbad aufgelöste Tunkmasse in die Buttercreme rühren und mit dieser dünn den ausgekühlten Panamafleck bestreichen.
Den Mürbteigboden mit passierter Ribiselmarmelade bestreichen. Den mit Creme bestrichenen Fleck der Länge nach in 5 cm breite Streifen schneiden. Diese aufgestellt, von der Mitte beginnend eingerollt (schneckenförmig) auf den Mürbteigboden setzen, dünn mit Creme einstreichen und kühlen.
Nochmals dünn mit Creme einstreichen und aus der restlichen Creme 16 Rosetten aufdressieren. Temperierte Tunkmasse (siehe Glasuren) in ein Stanitzel füllen und spiralenförmige Kreise auf eine starke Klarsichtfolie spritzen. Stocken lassen und mit temperierter Milchtunkmasse bestreichen. Tunkmasse anziehen lassen, rund ausstechen, 16teilig schneiden und auf die Rosetten legen.

PUNSCHTORTE *(1 Torte = ∅ 24 cm)*

2 Biskuittorten (aus doppelter Biskuitmasse), 1/16 l Rum, 1/8 l Wasser, 150 g Kristallzucker, Saft und Schale einer Orange, 50 g Marillenmarmelade; Marillenmarmelade, Fondant, 8 kandierte Kirschen

Für die Punschfülle eine Torte in ca. 2 cm große Würfel schneiden, mit Rum beträufeln und ziehen lassen. Wasser mit Kristallzucker, Orangensaft und geriebener Orangenschale aufkochen, mit der Marillenmarmelade verrühren und über die Biskuitwürfel gießen. Die Würfel sollen sich ansaugen, aber möglichst ganz bleiben.
Die zweite Biskuittorte einmal waagrecht durchschneiden, die Innenseiten mit Marillenmarmelade bestreichen und einen der beiden Böden mit der Schnittfläche nach oben in einen Tortenreifen legen.
Punschfülle einlegen und mit den Händen etwas andrücken. Den zweiten Biskuitboden darauflegen, beschweren und einige Stunden kühlen. Die Torte aus dem Reifen nehmen, umdrehen und auf einen Tortendeckel (am besten aus Nirosta) setzen. Die Torte auf einen kleinen Tortenreifen stellen und mit kochendheißer Marillenmarmelade dünn einstreichen. Fondant auf ca. 60 Grad Celsius erwärmen, mit Lebensmittelfarbe rosa einfärben (eventuell mit Läuterzucker verdünnen) und die Torte damit glasieren. Die Glasur trocknen lassen und mit halbierten kandierten Kirschen belegen.

SACHERTORTE *(1 Torte = ∅ 24 cm)*

Sachermasse für 1 Torte, Marillenmarmelade, Konserveschokoladenglasur oder Sacherglasur (siehe Glasuren)

Die ausgekühlte Torte einmal waagrecht durchschneiden und dünn mit passierter Marillenmarmelade füllen. Auf einen Tortendeckel (am besten aus Nirosta) setzen und mit kochendheißer Marillenmarmelade dünn einstreichen.
Die Torte auf einen kleinen Tortenreifen stellen und mit Konserveschokoladenglasur oder Sacherglasur überziehen.
Die Glasur erstarren lassen, portionieren und eventuell mit Schlagobers servieren.

SCHOKOLADE-BIRNEN-TORTE *(1 Torte = ∅ 24 cm)*

1 Mürbteigboden (ca. 2 mm stark, gebacken), 1 Schokoladetorte (aus der halben Schokolademasse); 4 Eiweiß, 100 g Kristallzucker, 2 Blatt Gelatine, 100 g Tunkmasse (oder Kochschokolade), 1 Eßlöffel Wasser, 1/4 l Schlagobers; 500 g Kompottbirnen; Himbeermarmelade, 1/4 l Schlagobers, Schokoladestreusel

Den Mürbteigboden mit passierter Himbeermarmelade bestreichen und mit einem Tortenreifen umstellen. Die Schokoladetorte einmal waagrecht durchschneiden und einen der beiden Böden in den Tortenreifen legen.

Die Hälfte der Birnen in kleine Würfel schneiden und auf dem Schokoladeboden verteilen.

Für die Creme Eiweiß mit Kristallzucker im Wasserbad warm (ca. 60 Grad Celsius) aufschlagen, die in kaltem Wasser eingeweichten Gelatineblätter darin auflösen, vom Feuer nehmen und zu schmierigem Schnee schlagen. Die im Wasserbad aufgelöste Tunkmasse mit Wasser anrühren, dem Schnee beigeben und das geschlagene Obers unterheben.

Zwei Drittel der Creme über die Birnenstücke in den Tortenreifen streichen.

Den zweiten Schokoladeboden daraufsetzen und die restliche Creme einfüllen.

Glattstreichen und im Kühlschrank stocken lassen.

Die Torte aus dem Reifen nehmen, mit geschlagenem Obers und filetierten Birnen garnieren. Den Tortenrand mit Schokoladestreusel einstreuen.

SCHWARZWÄLDER KIRSCHTORTE *(1 Torte = ∅ 24 cm)*

1 Schokoladetorte (aus der halben Schokolademasse); Parisercreme (siehe Cremen für Torten und Schnitten)
abgezogene Weichseln: 3/16 l Saft von Kompottweichseln, 60 g Kristallzucker, 30 g Vanillepuddingpulver, 4 Blatt Gelatine, 200 g entkernte Kompottweichseln,
Cherryoberscreme: 3 Blatt Gelatine, 40 g Staubzucker, 50 g Cherry Brandy, 1/4 l Schlagobers
Tränke: Cherry Brandy, Läuterzucker; 1/2 l Schlagobers zum Einstreichen, 16 Kompottkirschen, Schokoladespäne

Die ausgekühlte Schokoladetorte zweimal waagrecht durchschneiden und einen dieser Böden mit einem Tortenreifen umstellen. Cherry Brandy mit Läuterzucker verrühren und mit der halben Menge den Tortenboden tränken.

Die schaumig gerührte Parisercreme in drei Ringen mit einem Dressiersack mit großer, glatter Tülle eindressieren.

Für die abgezogenen Weichseln zwei Drittel des Weichselsaftes mit Kristallzucker aufkochen. Restlichen Weichselsaft mit Vanillepuddingpulver glattrühren. In den kochenden Weichselsaft gießen und unter ständigem Rühren nochmals aufkochen. Vom Feuer nehmen, die in kaltem Wasser eingeweichten Gelatineblätter darin auflösen und die Kompottweichseln mit einem Kochlöffel einrühren.

Mit einem Dressiersack ohne Tülle die ausgekühlten, abgezogenen Weichseln zwischen die Parisercreme eindressieren. Den zweiten Tortenboden darauflegen und mit der restlichen Tränke befeuchten.

Für die Cherryoberscreme, die in kaltem Wasser eingeweichten Gelatineblätter im Wasserbad auflösen, den gesiebten Staubzucker und Cherry Brandy dazugeben und das geschlagene Obers unterheben. Die Creme in den Tortenreifen füllen, mit dem letzten Tortenboden abdecken und im Kühlschrank anziehen lassen.

Torte aus dem Reifen nehmen, mit geschlagenem Obers einstreichen, mit Schokospänen (von einem Tunkmasse- oder Schokoladeblock mit einem Messer Späne abschaben) und Kompottkirschen garnieren.

SALZBURGER TOPFEN-OBERS-TORTE *(1 Torte = ∅ 24 cm)*

1 Mürbteigboden (ca. 2 mm stark, gebacken), 2 dünne Biskuitblätter (aus der Hälfte der Biskuitmasse für Torten); 250 g passierter Topfen (20% Fettgehalt), 120 g Staubzucker, Saft und Schale einer halben Zitrone, 3 Blatt Gelatine, 3/8 l Schlagobers; Marillenmarmelade, Staubzucker

Den Mürbteigboden mit passierter Marillenmarmelade bestreichen und mit einem Tortenreifen umstellen.
Aus der Biskuitmasse zwei dünne, runde Böden auf befettete, mit Mehl bestaubte Bleche streichen und im vorgeheizten Backrohr bei 200 Grad Celsius ca. 7 Minuten backen. Vom Blech lösen, ausgekühlt ausstechen und einen der Böden in den Tortenreifen legen.
Für die Creme den passierten Topfen mit gesiebtem Staubzucker, Zitronensaft und Zitronenschale verrühren. Die in kaltem Wasser eingeweichten Gelatineblätter im Wasserbad auflösen, in die Topfenmasse rühren und das geschlagene Obers unterheben. Die Creme in den Tortenreifen füllen, glatt verstreichen und im Kühlschrank stocken lassen.
Das zweite Biskuitblatt in 16 Teile portionieren und anzuckern. Die Torte aus dem Reifen nehmen und mit dem portionierten Biskuitblatt belegen.

TRÜFFELTORTE *(1 Torte = ∅ 24 cm)*

1 Sachertorte (siehe Sachermasse), Parisercreme (doppelte Menge siehe Cremen für Torten und Schnitten)
Tränke: Grand Marnier, Läuterzucker; Schokoladespäne

Die Sachertorte zweimal waagrecht durchschneiden und diese Tortenböden tränken. Mit schaumig gerührter Parisercreme füllen, dünn einstreichen und im Kühlschrank anziehen lassen. Die Torte nochmals dünn einstreichen, mit Schokoladespänen (von einem Tunkmasse- oder Schokoladeblock mit einem Messer Späne abschaben) einstreuen und 16 Rosetten aus Parisercreme aufdressieren.
Aus der restlichen Creme 16 Rosetten in Schokoladespäne dressieren und kühlen. Zu Kugeln rollen und die Torte damit garnieren.

Schnitten

Nicht nur aus eigenständigen Rezepturen können Schnitten zubereitet werden (z. B. Apfelschnitten, Cremeschnitten, Kardinalschnitten usw.), sondern auch die meisten Torten sind in Schnittenform herstellbar (Esterházyschnitten, Dobosschnitten, Linzerschnitten usw.).
Hiefür wird die jeweilige Masse in Kapseln (= rechteckige Nirostarahmen) oder dünn (ca. 1 cm stark) auf Backpapier oder befetteten, mit Mehl bestaubten Blechen gebacken.
In Kapseln gebackene Massen werden ein- bis zweimal waagrecht durchgeschnitten, gefüllt und gekühlt. Danach in ca. 8 cm breite Streifen geschnitten, ausgefertigt und portioniert.
Dünn gebackene Massen vom Blech oder Backpapier lösen, in ca. 8 cm breite Streifen schneiden, füllen und kühlen. Danach ausfertigen und portionieren.

APFELSCHNITTEN *(14 Stück, Abb. auf Seite 124)*

250 g Butter oder Margarine, 130 g Staubzucker, Vanillezucker, geriebene Zitronenschale, Zimt, 2 Eier, 330 g Mehl, 10 g Backpulver
Fülle: 1,3 kg geschälte, entkernte Äpfel, Saft einer Zitrone, 100 g Kristallzucker, 50 g Rosinen, 150 g Biskuitbrösel; Backoblaten, Ribiselmarmelade, Staubzucker

Für die Fülle die geschälten Äpfel achteln, entkernen und dünnblättrig schneiden. Mit Zitronensaft kernig weich dünsten. Kristallzucker und Rosinen beigeben, mit Biskuitbröseln (geriebene Biskotten) binden und auskühlen lassen.
Die weiche Butter mit gesiebtem Staubzucker, Vanillezucker, geriebener Zitronenschale und Zimt schaumig rühren. Eier nach und nach dazugeben und das mit Backpulver versiebte Mehl einmelieren.
Einen Kapselrahmen (20 cm x 30 cm) auf ein mit Backtrennpapier belegtes Blech stellen und zwei Drittel der Masse einstreichen. Backoblaten so darauflegen, daß ca. 1 cm vom Rand frei bleibt. Nun die Apfelfülle auftragen und gleichmäßig verstreichen. Aus der restlichen Masse mit einem Dressiersack mit glatter Tülle (Nr. 4) ein Gitter spritzen und im vorgeheizten Backrohr bei 170 Grad Celsius ca. 50 Minuten backen.
Auf die noch heißen Apfelschnitten mit passierter Ribiselmarmelade Streifen, in eine Richtung zwischen dem Gitter, spritzen.
Ausgekühlt aus dem Rahmen nehmen und in 8 cm breite Streifen schneiden. Leicht anzuckern und in 4 cm breite Stücke teilen.

BANANENSCHNITTEN *(14 Stück)*

1 Schokoladeboden (40 cm x 30 cm, aus der Schokolademasse für 1 Torte); Vanillecreme (siehe Cremen für Torten und Schnitten), 100 g Tunkmasse (oder Kochschokolade), 50 g Nougat, 50 g Kristallzucker, 350 g Butter; ca. 2 kg Bananen, Schokoladeglasur (siehe Glasuren)
Tränke: 1/16 l Rum, 1/16 l Läuterzucker

Die Schokolademasse auf ein mit Backpapier belegtes Blech streichen und im vorgeheizten Backrohr bei 200 Grad Celsius ca. 8 Minuten backen.
Auskühlen lassen, Papier abziehen und in die Hälfte schneiden. Einen der beiden Böden auf ein Blech legen und mit der halben Tränke tränken.
Für die Creme die im Wasserbad aufgelöste Tunkmasse, Nougat sowie den Kristallzucker unter die noch heiße Vanillecreme mengen und diese kalt rühren. Butter in kleinen Würfeln beigeben und schaumig rühren.
Den Schokoladeboden dünn mit Creme bestreichen, den zweiten Boden darauflegen und diesen mit der restlichen Tränke befeuchten. Eine dünne Schicht Creme auftragen und die geschälten, der Länge nach halbierten Bananen eng aneinander auflegen. Die restliche Creme über den Bananen glatt verstreichen und kühlen.
Ist die Creme fest, mit Schokoladeglasur glasieren und im Kühlschrank stocken lassen. In 8 cm x 4 cm große Stücke portionieren.

CREMESCHNITTEN *(14 Stück)*

1 gebackenes Blatt Butterteig (Blätterteig), 34 cm x 44 cm (siehe Butterteig, halbe Menge); Vanillecreme (siehe Cremen für Torten und Schnitten), 30 g Staubzucker, 1 Eßlöffel Rum, 4 Blatt Gelatine, 1/2 l Schlagobers; Marillenmarmelade, Fondant

Den Butterteig (Blätterteig) auf einer bemehlten Arbeitsfläche 34 cm x 44 cm ausrollen (ca. 2,5 mm stark), auf ein Blech legen und ca. 20 Minuten rasten lassen (um beim

Backen ein zu starkes Zusammenziehen zu vermeiden). Mit Wasser bestreichen, mit einer Gabel stupfen (um Blasenbildung zu vermeiden) und im vorgeheizten Backrohr bei 190 Grad Celsius goldgelb (ca. 20 Minuten) backen.
Auskühlen lassen, halbieren und einen Teil in einen Kapselrahmen (20 cm x 30 cm) legen.
Die kalte Vanillecreme passieren, mit gesiebtem Staubzucker und Rum verrühren. Die in kaltem Wasser eingeweichten Gelatineblätter im Wasserbad auflösen, in die Vanillecreme rühren und sofort das geschlagene Obers unterheben. Die Creme in den Kapselrahmen füllen, glatt verstreichen und im Kühlschrank stocken lassen.
Währenddessen die zweite Hälfte des Butterteigblattes umdrehen und mit kochendheißer Marillenmarmelade bestreichen. Fondant auf ca. 60 Grad Celsius erwärmen, mit Läuterzucker etwas verdünnen und das Deckblatt damit glasieren.
Glasur abtrocknen lassen, die Cremeschnitten aus dem Kapselrahmen nehmen, das Deckblatt auflegen und in 8 cm x 4 cm große Stücke portionieren.
Beim Schneiden das Messer so lange in nur eine Richtung ziehen, bis man das Deckblatt durchgeschnitten hat.

DOBOSSCHNITTEN *(16 Stück)*

Dobosmasse; Buttercreme (siehe Cremen für Torten und Schnitten), 100 g Tunkmasse (oder Kochschokolade), 50 g Nougat; 150 g Kristallzucker

Die Dobosmasse auf ein befettetes, mit Mehl bestaubtes Blech (40 cm x 50 cm) streichen, im vorgeheizten Backrohr bei 200 Grad Celsius ca. 8 Minuten backen und danach sofort vom Blech lösen.
Auskühlen lassen und in 8 cm breite Streifen schneiden
Tunkmasse und Nougat im Wasserbad auflösen, in die aufgeschlagene Buttercreme rühren und fünf der sechs Streifen damit zusammensetzen. Außen glatt mit Creme einstreichen und kühlen.
Den reservierten Dobosstreifen sechzehnteilig markieren und auf eine leicht befettete Arbeitsfläche legen.
Den Kristallzucker mit einem oder zwei Tropfen Zitronensaft zu hellem Karamel schmelzen (am besten in einem Kupfergeschirr) und mit einer Palette auf dem Dobosstreifen verstreichen. Sofort mit einem befetteten Messer die Markierungen des Deckstreifens nachziehen und unter wiederholtem Nachfetten des Messers in die markierten Stücke teilen. Dies muß noch vor dem Anziehen der Glasur geschehen. Das portionierte Deckblatt auf die Schnitten legen und diese schneiden. Wird der Karamel zu hart, besteht die Möglichkeit, das glasierte Biskuitblatt im Backrohr so weit anzuwärmen, bis es wieder geschnitten werden kann.

ESTERHÁZYSCHNITTEN *(16 Stück)*

Esterházymasse; Buttercreme (siehe Cremen für Torten und Schnitten); Marillenmarmelade, Fondant, Glasurmasse, gehobelte, geröstete Mandeln

Esterházymasse auf ein befettetes, mit Mehl bestaubtes Blech 40 cm x 50 cm streichen, im vorgeheizten Backrohr bei 200 Grad Celsius ca. 8 Minuten backen und danach sofort vom Blech lösen.
Auskühlen lassen, in 8 cm breite Streifen schneiden und diese mit der aufgeschlagenen Buttercreme zusammensetzen. Den letzten Streifen mit der glatten Seite nach oben daraufsetzen, an den Seiten glatt einstreichen und kühlen.

Die im Wasserbad aufgelöste Glasurmasse mit ein paar Tropfen Rum zu dickflüssiger Konsistenz rühren (Spritzschokolade).
Die Oberseite der Schnitten mit passierter Marillenmarmelade dünn bestreichen und mit erwärmtem Fondant (ca. 30 Grad Celsius) dünn glasieren, in die noch weiche Glasur mit Spritzschokolade der Länge nach Linien ziehen und diese mit einem kleinen, spitzen Messer abwechselnd von oben nach unten und umgekehrt durchziehen.
Die Glasur trocknen lassen, den Rand mit gehobelten, gerösteten Mandeln einstreuen und in sechzehn Teile portionieren.

GRAND-MARNIER-SCHNITTEN *(20 Stück)*

1 Schokoladefleck (20 cm x 32 cm, aus der Schokoladenmasse für Torten); Mousse au chocolat (siehe Creme- und Fruchtdesserts), Orangencreme (siehe Orangendessert), 6 cl Grand Marnier; 20 Orangenfilets, Tortengelee, Milchschokoladespäne; Läuterzucker, Grand Marnier

Schokoladenmasse auf ein mit Backpapier belegtes Blech streichen und im vorgeheizten Backrohr bei 200 Grad Celsius ca. 8 Minuten backen.
Von dem ausgekühlten Fleck das Backpapier abziehen, zurecht schneiden und mit einem Kapselrahmen umstellen.
Läuterzucker mit Grand Marnier mischen und den Schokoboden damit tränken. Mousse au chocolat auftragen und im Kühlschrank stocken lassen.
6 cl Grand Marnier in die Orangenoberscreme vorsichtig einrühren und über das Mousse streichen. Wieder im Kühlschrank stocken lassen.
Danach aus dem Kapselrahmen drücken und in 8 cm breite Streifen schneiden. Diese Streifen beidseitig mit Milchschokospänen einstreuen.
Orangenfilets auflegen, mit Tortengelee abglänzen und in 4 cm breite Stücke portionieren.

JOGHURTSCHNITTEN *(14 Stück)*

1 Biskuitfleck (40 cm x 30 cm aus der Biskuitmasse für Rouladen); 1/2 l Joghurt, 150 g Staubzucker, 1 Eßlöffel Rum, Saft einer Zitrone, 5 Blatt Gelatine, 1/4 l Schlagobers; 1/16 l Schlagobers und 7 Erdbeeren zum Garnieren, Staubzucker

Von dem erkalteten Biskuitfleck das Papier abziehen, halbieren und einen der beiden Teile in einen Kapselrahmen (20 cm x 30 cm) legen.
Joghurt mit gesiebtem Staubzucker, Rum und Zitronensaft verrühren. Die in kaltem Wasser eingeweichten Gelatineblätter im Wasserbad auflösen, unter das Joghurt rühren und das geschlagene Obers einmelieren.
Die Creme in den Kapselrahmen füllen, mit dem zweiten Biskuitfleck abdecken und im Kühlschrank stocken lassen. Danach aus dem Kapselrahmen nehmen und der Länge nach in 8 cm breite Streifen schneiden. Ein Lineal oder eine Holzleiste der Länge nach auflegen und mit Staubzucker bestreuen.
Portionieren und mit Schlagobersrosetten und halben Erdbeeren garnieren.

KARDINALSCHNITTEN *(10 Stück)*

7 Eiweiß, 140 g Kristallzucker; 2 Eidotter, 2 Eier, 60 g Kristallzucker, Vanillezucker, geriebene Zitronenschale, 60 g Mehl; 2 Blatt Gelatine, 40 g Staubzucker, 3 Eßlöffel schwarzer Kaffee, 3/8 l Schlagobers

Eiweiß mit 140 g Kristallzucker zu Schnee schlagen und in einen Dressiersack mit großer Lochtülle (Nr. 12) füllen. Je drei Streifen mit 2 cm Zwischenraum auf zwei Blatt Backpapier (12 cm x 40 cm) spritzen.
Eidotter und Eier mit 60 g Kristallzucker, Vanillezucker und geriebener Zitronenschale schaumig rühren und das Mehl einmelieren.
Diese Masse zwischen die Eiweißstreifen dressieren, mit Staubzucker leicht bestreuen und im vorgeheizten, eingehängten Backrohr bei 170 Grad Celsius ca. 35 Minuten backen.
Auskühlen lassen, das Papier abziehen und einen der beiden Streifen, mit der Papierseite nach oben, als Unterteil verwenden.
Die in kaltem Wasser eingeweichten Gelatineblätter im Wasserbad auflösen, mit dem gesiebtem Staubzucker in den Kaffee rühren und das geschlagene Obers unterheben.
Oberscreme auf den Unterteil dressieren, den zweiten Streifen daraufsetzen und kühlen. Danach anzuckern und portionieren.
Die Kardinalschnitten können auch mit Erdbeeroberscreme (siehe Cremen) gefüllt werden.

LINZER SCHNITTEN GERÜHRT *(14 Stück)*

Linzermasse (siehe Linzertorte gerührt); Ribiselmarmelade, Backoblaten, gehobelte Mandeln; Staubzucker

Zubereitung wie Linzertorte gerührt. Statt in einen Tortenreifen die Masse in einen Kapselrahmen (20 cm x 30 cm) füllen.
Die ausgekühlte Masse aus dem Rahmen nehmen und in 8 cm breite Streifen schneiden. Eine Leiste auflegen, anzuckern und in 4 cm breite Stücke portionieren.

MANDELSCHNITTEN *(20 Stück)*

Mandelboden: 280 g Butter, 280 g Staubzucker, Vanillezucker, Zimt, eine Prise Salz, 6 Eier, 350 g geriebene Mandeln, 100 g Biskuitbrösel, 40 g Mehl
Biskuitboden: 6 Eier, 100 g Kristallzucker, 60 g Mehl, 60 g Maizena
Apfelfülle: 1,3 kg geschälte, entkernte Äpfel, 1/2 l Wasser, 1/4 l Weißwein, Saft und Schale von 1 Zitrone, 200 g Kristallzucker, 1/2 Stange Zimt, 4 cl Calvados, 25 g Maizena
Makronenmasse: 1 Eiweiß, 150 g gehobelte Mandeln, 150 g Staubzucker; 250 g Ribiselmarmelade

Für die Mandelmasse die weiche Butter mit gesiebtem Staubzucker, Vanillezucker, Zimt und einer Prise Salz schaumig rühren. Eier versprudeln und sehr langsam nach und nach beigeben. Geriebene Mandeln mit Biskuitbröseln und Mehl mischen und unter die Buttermasse heben.
Kapselrahmen (20 cm x 32 cm) auf ein mit Backtrennpapier belegtes Blech stellen, Masse einfüllen und im vorgeheizten Backrohr bei 160 Grad Celsius ca. 35 Minuten backen.
Für den Biskuitboden Eier mit Kristallzucker im Wasserbad warm aufschlagen (ca. 40 Grad Celsius). In der Maschine kalt bzw. schaumig rühren. Mehl mit Maizena versieben und einmelieren.
Auf ein mit Backpapier belegtes Blech streichen und im vorgeheizten Backrohr bei 200 Grad Celsius ca. 8 Minuten backen.
Mit Kristallzucker bestreuen, auf ein Backpapier wenden und auskühlen lassen.

Für die Fülle die geschälten, entkernten Äpfel in ca. 1–2 cm breite Spalten schneiden. Wasser mit Weißwein, Zitronensaft, Zitronenschale, Kristallzucker, Zimt und Calvados aufkochen. Apfelspalten zugeben und kernweich kochen. Abseihen und Saft auffangen. 1/4 l vom Saft aufkochen. Maizena mit wenig Wasser glattrühren, in den Saft einrühren und unter ständigem Rühren zu einer Creme kochen. Apfelspalten vorsichtig unter die Creme mischen.
Ribiselmarmelade aufkochen und den Mandelboden damit bestreichen. Apfelfülle darauf verteilen.
Backpapier vom Biskuitfleck abziehen und auf die Apfelfülle legen.
Für die Makronenmasse Eiklar mit Mandeln und gesiebtem Staubzucker verrühren und auf den Biskuitfleck streichen.
Im vorgeheizten Backrohr bei 250 Grad Celsius Oberhitze abflämmen.
Auskühlen lassen, portionieren und leicht anzuckern.

WIENER MOCCASCHNITTEN *(14 Stück)*

8 Eidotter, 40 g Kristallzucker, Vanillezucker, Zimt, 4 Eiweiß, 60 g Kristallzucker, 60 g Mehl, 20 g Maizena, 80 g geriebene Mandeln; Buttercreme (siehe Cremen für Torten und Schnitten), 1/16 l kalter Mocca; Grillagebrösel (siehe Kaffeecremeroulade), 14 Marzipankaffeebohnen

Eidotter mit 40 g Kristallzucker, Vanillezucker und Zimt schaumig rühren. Eiweiß mit 60 g Kristallzucker zu schmierigem Schnee schlagen, unter die Dottermasse heben und das mit Maizena und geriebenen Mandeln vermischte Mehl einmelieren. Die Masse auf ein mit Backpapier belegtes Blech streichen (32 cm x 42 cm) und im vorgeheizten Backrohr bei 200 Grad Celsius ca. 8 Minuten backen.
Den ausgekühlten Fleck vom Papier lösen und der Länge nach in vier 8 cm breite Streifen schneiden.
Die aufgeschlagene Buttercreme mit Mocca abschmecken und die Biskuitstreifen damit zusammensetzen. Mit Creme einstreichen und im Kühlschrank anziehen lassen. Danach den Rand mit Grillagebrösel einstreuen und in 4 cm breite Stücke schneiden. Aus der restlichen Creme auf jedes Stück eine Rosette spritzen und mit einer Kaffeebohne aus Marzipan dekorieren.

MOHNSCHNITTEN *(14 Stück)*

1 Mürbteigboden (20 cm x 30 cm, ungebacken), Mohnmasse (siehe Mohntorte); Marillenmarmelade, gehobelte, geröstete Mandeln, Staubzucker

Zubereitung wie Mohntorte. Anstelle eines Tortenreifens einen Kapselrahmen (20 cm x 30 cm) verwenden. Die ausgekühlte Mohnmasse in 8 cm breite Streifen schneiden. Diese einmal waagrecht durchschneiden, mit passierter Marillenmarmelade füllen. Ein Gitter auflegen und anzuckern. Gitter wieder abnehmen und in 4 cm breite Stücke portionieren.

OBSTSCHNITTEN *(14 Stück)*

1 Biskuitfleck (40 cm x 30 cm aus der Biskuitmasse für Torten); Vanillecreme (siehe Cremen für Torten und Schnitten), 150 g passierter Topfen (20% Fettgehalt), 50 g Staubzucker, 3 Blatt Gelatine, 1/4 l Schlagobers; Marillenmarmelade, 600 g Obst nach freier Wahl, 1 Pkg. Tortengelee, gehobelte, geröstete Mandeln

Biskuitmasse auf ein mit Backpapier belegtes Blech aufstreichen und im vorgeheizten Backrohr bei 200 Grad Celsius ca. 8 Minuten backen. Von dem ausgekühlten Biskuitfleck das Backpapier abziehen, in die Hälfte schneiden und einen Teil mit einem Kapselrahmen (20 cm x 30 cm) umstellen.
Topfen und die ausgekühlte Vanillecreme passieren und mit dem gesiebten Staubzucker verrühren. Die in kaltem Wasser eingeweichten Gelatineblätter im Wasserbad auflösen, in die Creme rühren und das geschlagene Obers unterheben. Die Topfencreme in den Kapselrahmen füllen, den zweiten Biskuitboden auflegen und im Kühlschrank stocken lassen.
Mit passierter Marillenmarmelade bestreichen und mit Obst belegen. Tortengelee laut Angabe zubereiten und mit Hilfe eines Pinsels das Obst bestreichen. Das Gelee stocken lassen, die Schnitten aus dem Kapselrahmen nehmen und in zwei 8 cm breite Streifen schneiden. Die Ränder mit gehobelten, gerösteten Mandeln einstreuen und in 4 cm breite Stücke portionieren.

SCHOKOLADE-OBERS-SCHNITTEN *(14 Stück, Abb. auf Seite 141)*

1 Schokoladefleck (40 cm x 30 cm aus der Schokolademasse für Torten); 5 Eiweiß, 150 g Kristallzucker, 3 Blatt Gelatine, 150 g Tunkmasse (oder Kochschokolade), 1 Eßlöffel Wasser, 3/8 l Schlagobers; Mandarinenspalten, Schokoladespäne

Die Schokolademasse auf ein mit Backpapier belegtes Blech streichen und im vorgeheizten Backrohr bei 200 Grad Celsius ca. 8 Minuten backen.
Von dem ausgekühlten Schokoladefleck das Backpapier abziehen, in die Hälfte schneiden und einen Teil mit einem Kapselrahmen (20 cm x 30 cm) umstellen.
Für die Creme Eiweiß mit Kristallzucker im Wasserbad warm (ca. 50 Grad Celsius) aufschlagen, die in kaltem Wasser eingeweichten Gelatineblätter darin auflösen, vom Wasserbad nehmen und kalt (zu Schnee) schlagen. Die im Wasserbad aufgelöste Tunkmasse (oder Kochschokolade) mit Wasser verrühren, dem Schnee beigeben und das geschlagene Obers unterheben.
Zwei Drittel der Creme in den Kapselrahmen füllen, mit der zweiten Hälfte des Schokoladeflecks abdecken und diesen dünn mit Creme bestreichen. Restliche Creme in einen Dressiersack mit glatter Tülle (Nr. 4) füllen, ein Gitter aufspritzen und im Kühlschrank stocken lassen.
Von einem Tunkmasse- oder Schokoladeblock mit einem Messer Späne abschaben und die Schnitten damit locker bestreuen. Danach aus dem Kapselrahmen nehmen und in zwei 8 cm breite Streifen schneiden. Diese in 4 cm breite Stücke portionieren und jedes Stück mit einer Mandarinenspalte dekorieren.

TOPFEN-APFEL-SCHNITTEN *(14 Stück)*

1 Mürbteigboden (20 cm x 30 cm, 2 mm stark, ungebacken); 140 g Butter, Vanillezucker, geriebene Zitronenschale, 3 Eidotter, 500 g passierter Topfen (10% Fettgehalt), 70 g Mehl, 4 Eiweiß, 100 g Kristallzucker, 800 g geschälte Äpfel, Streusel (siehe Streuselkuchen); Staubzucker

Die weiche Butter mit Vanillezucker und geriebener Zitronenschale schaumig rühren. Dotter nach und nach dazugeben, den passierten Topfen und das Mehl einrühren. Eiweiß mit Kristallzucker zu Schnee schlagen und unter die Topfenmasse heben. Den Mürbteigboden auf ein Blech legen und die Masse darauf verstreichen. Die geschälten Äpfel über der Topfenmasse durch ein grobes Reibeisen reiben. Etwas an-

drücken, den Streusel darüber verteilen und im vorgeheizten Backrohr bei 170 Grad Celsius (eingehängtes Backrohr) ca. 50 Minuten backen.
Auskühlen lassen, portionieren und anzuckern.

TOPFEN-OBERS-SCHNITTEN *(14 Stück)*

1 Biskuitfleck (40 cm x 30 cm aus der Biskuitmasse für Torten); 300 g passierter Topfen (20% Fettgehalt), 150 g Staubzucker, Saft einer Zitrone, 4 Blatt Gelatine, 1/2 l Schlagobers; gehobelte, geröstete Mandeln oder gehackte Pistazien

Die Biskuitmasse auf ein mit Backpapier belegtes Blech streichen und im vorgeheizten Backrohr bei 200 Grad Celsius ca. 8 Minuten backen. Den ausgekühlten Biskuitfleck in die Hälfte schneiden und einen Teil mit einem Kapselrahmen (20 cm x 30 cm) umstellen.
Für die Creme den passierten Topfen mit gesiebtem Staubzucker und Zitronensaft verrühren. Die in kaltem Wasser eingeweichten Gelatineblätter im Wasserbad auflösen, in die Topfenmasse rühren und das geschlagene Obers unterheben.
Etwas Topfencreme (ca. eine Teigkarte) beiseite stellen, den Rest in den Kapselrahmen füllen, glatt verstreichen und die zweite Hälfte des Biskuitflecks auflegen.
Die beiseite gestellte Creme darauf verstreichen, mit einem Kamm (Teigkarte mit Zacken) Wellenlinien ziehen und im Kühlschrank stocken lassen.
Danach aus dem Kapselrahmen nehmen und in zwei 8 cm breite Streifen schneiden. Diese in 4 cm breite Stücke portionieren und mit gehobelten, gerösteten Mandeln oder gehackten Pistazien leicht bestreuen.

VOLLKORN-NUSS-SCHNITTEN *(13 Stück)*

4 Eidotter, 50 g Honig, Zimt, 4 Eiweiß, 75 g Honig, 90 g geriebene Haselnüsse, 50 g Weizenvollkornmehl
Creme: 1/16 l Wasser, 15 g Honig, 85 g geriebene Haselnüsse, 2 Eßlöffel Rum, 3 Blatt Gelatine, 1/4 l Schlagobers, Pfirsichspalten, Staubzucker

Eidotter mit 50 g Honig und Zimt schaumig rühren. Eiweiß mit 75 g Honig zu Schnee schlagen, unter die Dottermasse heben und die mit dem Weizenvollkornmehl vermischten Haselnüsse einmelieren.
Die Masse auf ein mit Backpapier belegtes Blech streichen (40 cm x 35 cm) und im vorgeheizten Backrohr bei 200 Grad Celsius ca. 8 Minuten backen.
Von der ausgekühlten Masse das Backpapier abziehen und in 8 cm breite Streifen schneiden.
Für die Creme Wasser aufkochen, vom Feuer nehmen, Honig, Haselnüsse und Rum einrühren. Die in kaltem Wasser eingeweichten Gelatineblätter in der noch heißen Masse auflösen, diese erkalten lassen und kurz vor dem Stocken das geschlagene Obers unterheben. Die Vollkornmassestreifen mit der Creme zusammensetzen und im Kühlschrank anziehen lassen. Eine Leiste oder Lineal auflegen und anzuckern. Leiste wieder abnehmen, in 3 cm breite Stücke portionieren und mit Pfirsichspalten garnieren.

Rouladen

Rouladen bestehen aus flach (ca. 15 mm hoch) auf Backpapier gestrichenen Massen, die mit verschiedenen Füllungen (z. B. Marmelade, Obers oder Buttercreme etc.) bestrichen und eingerollt werden.

Um ein zu Sprödewerden der Masse und daher ein Reißen beim Einrollen der Masse zu vermeiden, kann der Dotteranteil erhöht oder der Mehlanteil in der Rezeptur gesenkt werden. Die Masse wird daher saftiger und kann auch in ausgekühltem Zustand leicht gerollt werden.
Wird die Roulade mit Marmelade gefüllt, wird die Rezeptur der Masse um ein Drittel erhöht, um den gleichen Durchmesser wie bei cremegefüllten Rouladen zu erhalten.
Wichtig ist, daß die Masse gleichmäßig stark auf Backpapier aufgestrichen wird. Auch auf die Backdauer (ca. 8 Minuten bei 200 Grad Celsius) ist zu achten. Zu lange und daher zu trocken gebackene Massen lassen sich kaum ohne Risse einrollen. Auf ein mit Mehl oder Kristallzucker bestreutes Backpapier (um ein Klebenbleiben zu verhindern) umdrehen und auskühlen lassen.
Das obere Backpapier abziehen, die Creme aufstreichen, kurz im Kühlschrank anziehen lassen und mit Hilfe des darunter befindlichen Papiers einrollen.

APFELCREMEROULADE *(13 Stück)*

1 Biskuitfleck (40 cm x 35 cm, siehe Biskuitmasse für Rouladen); 150 g Apfelmus (siehe Kompott, Röster, Mus), 50 g Kristallzucker, 1 Eiweiß, 2 Blatt Gelatine, 1/4 l Schlagobers; Marillenmarmelade, gehobelte, geröstete Mandeln

Apfelmus mit Kristallzucker und Eiweiß im Wasserbad warm (ca. 50 Grad Celsius) aufschlagen. Die in kaltem Wasser eingeweichten Gelatineblätter darin auflösen, kalt schlagen und mit dem geschlagenen Obers melieren.
Von dem ausgekühlten Biskuitfleck das Backpapier abziehen, die Apfelcreme aufstreichen und etwas anziehen lassen. Die Roulade mit Hilfe des Papiers, auf dem sie liegt, aufrollen und in Papier gewickelt im Kühlschrank stocken lassen.
Mit kochendheißer Marillenmarmelade bestreichen, seitlich mit gehobelten, gerösteten Mandeln einstreuen und in 3 cm breite Stücke portionieren.

BISKUITROULADE *(13 Stück)*

9 Eidotter, 40 g Kristallzucker, Vanillezucker, geriebene Zitronenschale, 6 Eiweiß, 90 g Kristallzucker, 120 g Mehl; 300 g Marillenmarmelade, Staubzucker

Eidotter mit 40 g Kristallzucker, Vanillezucker und geriebener Zitronenschale schaumig rühren. Eiweiß mit 90 g Kristallzucker zu schmierigem Schnee schlagen, unter die Dottermasse heben und das Mehl einmelieren.
Die Masse auf ein mit Backpapier belegtes Blech streichen (40 cm x 35 cm) und im vorgeheizten Backrohr bei 200 Grad Celsius ca. 8 Minuten backen.
Leicht mit Mehl stauben, auf ein Papier umdrehen und auskühlen lassen.
Backpapier abziehen, passierte Marillenmarmelade aufstreichen und die Roulade mit Hilfe des Papiers, auf dem sie liegt, aufrollen.
Anzuckern und in 3 cm breite Stücke portionieren.

ERDBEEROBERSROULADE *(13 Stück)*

1 Biskuitfleck (siehe Biskuitmasse für Rouladen; 40 cm x 35 cm); 170 g Erdbeeren, 80 g Staubzucker, Saft einer halben Zitrone, 3 Blatt Gelatine, 1/4 l Schlagobers, 100 g Erdbeeren; Staubzucker

170 g Erdbeeren waschen und passieren. Mit gesiebtem Staubzucker und Zitronensaft verrühren. Die in kaltem Wasser eingeweichten Gelatineblätter im Wasserbad auflö-

sen, unter die passierten Erdbeeren rühren und das geschlagene Obers einmelieren. Von dem ausgekühlten Biskuitfleck das Backpapier abziehen und die Erdbeerobers-creme aufstreichen. 100 g Erdbeeren waschen, vierteln, auf der Creme gleichmäßig verteilen und diese etwas anziehen lassen. Die Roulade mit Hilfe des Papiers, auf dem sie liegt, aufrollen und in Papier gewickelt im Kühlschrank stocken lassen.
Portionieren und mit Staubzucker bestreuen.

KAFFEECREMEROULADE *(13 Stück, Abb. auf Seite 143)*

1 Biskuitfleck (40 cm x 35 cm; siehe Biskuitmasse für Rouladen); 500 g Buttercreme (siehe Cremen für Torten und Schnitten), 1/16 l schwarzer Kaffee; Grillagebrösel oder gehobelte geröstete Haselnüsse; Kaffeebohnen aus Marzipan

Die Buttercreme mit dem Kaffee verrühren.
Von dem ausgekühlten Biskuitfleck das Papier abziehen und zwei Drittel der Kaffeecreme aufstreichen. Die Roulade mit Hilfe des Papiers, auf dem sie liegt, aufrollen und im Kühlschrank anziehen lassen.
Für die Grillagebrösel Kristallzucker (am besten in einem Kupfergeschirr) schmelzen, Haselnüsse (im Verhältnis 1:1 zum Zucker) einrühren und sofort auf ein mit Öl bestrichenes Blech gießen. Auskühlen lassen und zu Bröseln reiben.
Die Roulade dünn mit Kaffeecreme einstreichen und mit Grillagebröseln oder gehobelten, gerösteten Haselnüssen ganz einstreuen. Aus der restlichen Creme dreizehn Rosetten aufdressieren, mit Kaffeebohnen, die aus Marzipan modelliert wurden, dekorieren und in 3 cm breite Stücke portionieren.

NUSSCREMEROULADE *(13 Stück)*

5 Eidotter, 30 g Kristallzucker, Vanillezucker, Zimt, 5 Eiweiß, 80 g Kristallzucker, 70 g Mehl, 70 g geriebene Walnüsse, 30 g Öl; 500 g Buttercreme (siehe Cremen für Torten und Schnitten); 1/16 l Wasser, 50 g Kristallzucker, 80 g geriebene Walnüsse; geriebene Walnüsse zum Einstreuen, 13 halbe Walnüsse

Eidotter mit 30 g Kristallzucker, Vanillezucker und Zimt schaumig rühren. Eiweiß mit 80 g Kristallzucker zu schmierigem Schnee schlagen, unter die Dottermasse heben und das mit 70 g geriebenen Walnüssen vermischte Mehl einmelieren. Zuletzt das Öl einrühren.
Die Masse auf ein mit Backpapier belegtes Blech streichen (40 cm x 35 cm) und im vorgeheizten Backrohr bei 200 Grad Celsius ca. 8 Minuten backen.
Mit Mehl leicht stauben, auf ein Papier stürzen und auskühlen lassen.
Wasser mit 50 g Kristallzucker aufkochen, 80 g geriebene Walnüsse einrühren und ausgekühlt unter die aufgeschlagene Buttercreme mengen.
Das Backpapier vom Nußfleck abziehen, zwei Drittel der Creme aufstreichen und die Roulade mit Hilfe des Papiers, auf dem sie liegt, aufrollen. In Papier gewickelt im Kühlschrank anziehen lassen.
Danach dünn mit Creme einstreichen und mit geriebenen Walnüssen einstreuen. Aus der restlichen Creme dreizehn Rosetten aufdressieren, mit halben Walnüssen dekorieren und in 3 cm breite Stücke portionieren.

TOPFEN-OBERS-ROULADE *(13 Stück)*

1 Biskuitfleck (40 cm x 35 cm; siehe Biskuitmasse für Rouladen); 160 g passierter Topfen (20% Fettgehalt), 1/16 l Joghurt, Zitronensaft, 2 Eiweiß, 60 g Kristallzucker, 2 Blatt Gelatine, 3/16 l Schlagobers; 100 g Kompottfrüchte, Staubzucker

Den passierten Topfen mit Joghurt und Zitronensaft verrühren.
Eiweiß mit Kristallzucker im Wasserbad warm (ca. 50 Grad Celsius) aufschlagen, die in kaltem Wasser eingeweichten Gelatineblätter darin auflösen und kalt (zu Schnee) schlagen.
Mit der Topfenmasse und dem geschlagenen Obers melieren.
Von dem ausgekühlten Biskuitfleck das Backpapier abziehen, die Topfenoberscreme aufstreichen und die kleinwürfelig geschnittenen Kompottfrüchte darauf verteilen. Die Roulade mit Hilfe des Papiers, auf dem sie liegt, aufrollen und in Papier gewickelt im Kühlschrank stocken lassen.
Danach leicht anzuckern und in 3 cm große Stücke portionieren.

WEINCREMEROULADE *(13 Stück)*

1 Biskuitfleck (40 cm x 35 cm; siehe Biskuitmasse für Rouladen), gehobelte Haselnüsse; 3 Eidotter, 1/8 l Weißwein, 80 g Kristallzucker, Zitronensaft, 3 Blatt Gelatine, 3/8 l Schlagobers; Staubzucker

Vor dem Backen den Biskuitfleck mit gehobelten Haselnüssen bestreuen.
Eidotter mit Weißwein, Kristallzucker und etwas Zitronensaft im Wasserbad abziehen (auf ca. 80 Grad Celsius erhitzen), die in kaltem Wasser eingeweichten Gelatineblätter darin auflösen und kalt schlagen. Kurz vor dem Stocken das geschlagene Obers unterheben. Von dem ausgekühlten Biskuitfleck das Backpapier abziehen, die Weincreme aufstreichen und etwas anziehen lassen.
Die Roulade mit Hilfe des Papiers, auf dem sie liegt, aufrollen und in Papier gewickelt im Kühlschrank stocken lassen.
Danach leicht anzuckern und in 3 cm breite Stücke portionieren.

Kuchen

Welche Arten von Mehlspeisen unter den Titel „Kuchen“ fallen, ist individuell.
Ähnlich dem Kaffeegebäck (aus Germteig, Plunderteig, Blätterteig) werden Kuchen hauptsächlich zur Jause gegessen. Sie bedürfen nach dem Backen keiner besonderen Ausfertigung und werden in kaltem Zustand aufgeschnitten angerichtet.
Die verschiedenen Massen können in Formen (z. B. Gugelhupfformen, Kastenformen etc.) oder flach auf Bleche gestrichen, mit Obst belegt, gebacken werden. Da es sich hier meist um schwere (fettreiche) Massen handelt, werden diese langsam (bei ca. 160 bis 170 Grad Celsius) gebacken.
In Klarsichtfolie gewickelt (um ein Austrocknen zu vermeiden) sind Kuchen mehrere Tage haltbar.

APFEL-STREUSEL-KUCHEN *(14 Portionen, Abb. auf Seite 145)*

150 g Butter oder Margarine, 80 g Staubzucker, Zimt, Vanillezucker, geriebene Zitronenschale, 1 Ei, 180 g Mehl, 5 g Backpulver; 800 g geschälte, entkernte Äpfel, Saft einer Zitrone, 60 g Kristallzucker, 80 g Biskuitbrösel; Streusel (siehe Streuselkuchen); Staubzucker, Backoblaten

Die geschälten Äpfel achteln, entkernen und dünnblättrig schneiden. Mit Zitronensaft kernig weich dünsten. Kristallzucker beigeben, mit Biskuitbröseln binden und auskühlen lassen.
Die weiche Butter mit gesiebtem Staubzucker, Zimt, Vanillezucker und geriebener Zitronenschale schaumig rühren. Das Ei dazugeben und das mit Backpulver versiebte Mehl einmelieren. Einen Kapselrahmen (20 cm x 30 cm) auf ein mit Backpapier belegtes Blech legen, die Masse einfüllen und gleichmäßig verstreichen. Mit Backoblaten belegen und die ausgekühlte Apfelfülle darauf verteilen. Den Streusel dicht darüberstreuen und im vorgeheizten Backrohr bei 170 Grad Celsius ca. 50 Minuten backen.
Den ausgekühlten Kuchen aus dem Kapselrahmen nehmen, anzuckern und portionieren.

BANANENKUCHEN *(15 Portionen)*

350 g überreife, geschälte Bananen, 200 g Rohzucker, Vanillezucker, 4 Eidotter, 1/4 l Milch, 1/16 l Öl, 4 Eiweiß, 100 g Kristallzucker, 350 g Mehl, 10 g Backpulver, 100 g geriebene Walnüsse; Butter und Mehl für die Form, Staubzucker

Die geschälten Bananen durch ein Sieb drücken und mit Rohzucker und Vanillezucker schaumig rühren. Eidotter und Milch abwechselnd dazugeben und zuletzt das Öl einrühren. Eiweiß mit Kristallzucker zu schmierigem Schnee schlagen, unter die Bananenmasse heben und das mit Backpulver versiebte Mehl und die Walnüsse unterheben.
Eine Kastenform mit Butter ausstreichen, mit Mehl ausstauben, die Masse einfüllen und im vorgeheizten Backrohr bei 160 Grad Celsius ca. 50 Minuten backen.
Auf ein Kuchengitter stürzen und auskühlen lassen. Anzuckern und portionieren.

BISCHOFSBROT *(15 Portionen)*

350 g Butter, 90 g Staubzucker, Vanillezucker, geriebene Zitronenschale, 7 Eidotter, 7 Eiweiß, 180 g Kristallzucker, 380 g Mehl, 180 g kandierte Früchte, 50 g Rosinen, 1/16 l Rum, 80 g gehackte Walnüsse, 80 g gehackte Tunkmasse (oder Kochschokolade); Butter und Mehl für die Form, Staubzucker

Die kandierten Früchte und Rosinen mit Rum vermischen und ziehen lassen.
Die weiche Butter mit gesiebtem Staubzucker, Vanillezucker und geriebener Zitronenschale schaumig rühren. Eidotter nach und nach dazugeben und das mit Kristallzucker zu schmierigem Schnee geschlagene Eiweiß unterheben.
Das Mehl, die mit Rum gebeizten Früchte und Rosinen, die gehackten Walnüsse und die zerkleinerte Tunkmasse einrühren.
Eine Kastenform mit Butter ausstreichen, mit Mehl ausstauben, die Masse einfüllen und im vorgeheizten Backrohr bei 160 Grad Celsius ca. 70 Minuten backen.
Auf ein Kuchengitter stürzen, auskühlen lassen und angezuckert portionieren.

DINKEL-JOGHURT-KUCHEN *(14 Stück)*

3 Eier, 120 g Maiskeimöl, 250 g Vollzucker, 1/4 l Joghurt, 3 cl Rum, 100 g Benco (= Kakao), 100 g geriebene Mandeln, 10 g Vanillezucker, 5 g Zimt, 100 g Dinkelvollkornmehl, 10 g Backpulver; Butter und Mehl für die Form, Staubzucker

Eier mit Maiskeimöl und Vollzucker verrühren, bis der Zucker aufgelöst ist (nicht aufschlagen).

Joghurt mit Rum verrühren. Benco mit Mandeln, Vanillezucker und Zimt vermengen und abwechselnd mit dem Joghurt der Eiermasse beigeben. Zuletzt das mit Backpulver versiebte Dinkelvollkornmehl einmelieren. Masse in eine mit Butter ausgefettete mit Mehl ausgestaubte Kastenform (30 cm x 10 cm) oder in ein hohes Randblech füllen und im vorgeheizten Backrohr bei 160 Grad Celsius ca. 60 Minuten backen.
Auf ein Gitter stürzen, auskühlen lassen und anzuckern.

EIERLIKÖRKUCHEN *(15 Portionen)*

6 Eier, 250 g Kristallzucker, Vanillezucker, 1/4 l Öl, 1/4 l Eierlikör, 130 g Mehl, 130 g Maizena, 10 g Backpulver; Butter und Mehl für die Form; Marillenmarmelade, Kokosraspel zum Einstreuen

Eier mit Kristallzucker und Vanillezucker warm (ca. 40 Grad Celsius) und kalt schlagen (siehe Fachausdrücke), Öl und Eierlikör einrühren. Mehl mit Maizena und Backpulver versieben und einmelieren.
Die Masse in eine ausgebutterte, mit Mehl ausgestaubte Kastenform füllen und im vorgeheizten Backrohr bei 170 Grad Celsius ca. 50 Minuten backen.
Auf ein Kuchengitter stürzen und auskühlen lassen. Kuchen einmal waagrecht durchschneiden, mit passierter Marillenmarmelade füllen und einstreichen. Mit Kokosraspeln ganz einstreuen und portionieren.

FRÜCHTEBROT *(10 Stück à 350 g)*

Beugelteig (siehe Teige)
Fruchtmasse: 300 g Datteln, 150 g entkernte, getrocknete Zwetschken, 350 g Feigen, 150 g Haselnüsse, 120 g Aranzini, 300 g Rosinen, 150 g Kristallzucker, 60 g Semmelbrösel, 60 g Biskuitbrösel, 1/4 l Wasser, 1/16 l Weingeist, Zimt, Muskat, Nelkenpulver, geriebene Zitronenschale, Vanillezucker; 500 g Brotteig vom Bäcker; 2 Eidotter, 1 Ei, kandierte Kirschen, Pistazien, Angelika, Mandeln (geschält und halbiert)

Für die Fruchtmasse Datteln entkernen, mit den getrockneten Zwetschken und Feigen kleinwürfelig schneiden. Die restlichen Zutaten dazugeben, gut durchmischen und über Nacht zugedeckt ziehen lassen.
Früchtemasse mit dem Brotteig mischen, in zehn Portionen teilen und diese auf einer bemehlten Arbeitsfläche zu Ziegeln (ca. 12 cm x 8 cm x 2 cm) formen.
Beugelteig auf einer bemehlten Arbeitsfläche ca. 2 mm stark ausrollen und in Rechtecke schneiden. Diese mit Wasser bestreichen, Ziegel auflegen und einschlagen.
Eidotter mit Ei versprudeln und die Früchtebrote damit bestreichen. Mit kandierten Kirschen, Angelika, Pistazien und geschälten, halben Mandeln dekorieren. Eistreich trocknen lassen und im vorgeheizten und eingehängten Backrohr bei 170 Grad Celsius ca. 25 Minuten backen.

HASELNUSSKUCHEN *(14 Portionen)*

5 Eier, 230 g Kristallzucker, 12 g Vanillezucker, Zimt, geriebene Zitronenschale, eine Prise Salz, 230 g geriebene, geröstete Haselnüsse, 40 g Semmelbrösel, 30 g Weizenpuder, 230 g flüssige Butter; Butter und Mehl für die Form, Staubzucker

Geriebene Haselnüsse auf einem Backblech im vorgeheizten Backrohr bei 180 Grad Celsius unter mehrmaligem Wenden leicht rösten und auskühlen lassen.

Eier mit Kristallzucker, Vanillezucker, Zimt, geriebener Zitronenschale und einer Prise Salz schaumig rühren.
Haselnüsse, Semmelbrösel und Weizenpuder mischen und einmelieren. Zuletzt heiße Butter unterheben. Die Masse in eine mit Butter gefettete, mit Mehl ausgestaubte Kastenform (30 cm x 10 cm) füllen und im vorgeheizten Backrohr bei 160 Grad Celsius ca. 50 Minuten backen.

KAISERGUGELHUPF *(1 Gugelhupf, 16 Portionen, Abb. auf Seite 147)*

300 g Butter, 300 g Staubzucker, geriebene Zitronenschale, Vanillezucker, eine Prise Salz, 6 Eier, 300 g Mehl, 5 g Backpulver, 50 g gehackte Walnüsse, 50 g gehackte Tunkmasse (Kochschokolade), Butter und Mehl für die Form, Staubzucker

Die weiche Butter mit gesiebtem Staubzucker, geriebener Zitronenschale, Vanillezucker und einer Prise Salz schaumig rühren.
Eier versprudeln und in kleinen Mengen nach und nach beigeben.
Mehl mit Backpulver versieben, gehackte Walnüsse und gehackte Tunkmasse beigeben und in die Buttermasse einmelieren.
Die Masse in eine mit Butter ausgestrichene, mit Mehl ausgestaubte Gugelhupfform füllen und im vorgeheizten Backrohr bei 160 Grad Celsius ca. 60 Minuten backen.
Auf ein Gitter stürzen, auskühlen lassen und anzuckern.

MARILLENKUCHEN *(14 Portionen)*

7 Eidotter, 100 g Kristallzucker, Vanillezucker, geriebene Zitronenschale, 7 Eiweiß, 200 g Kristallzucker, 300 g Mehl, 300 g flüssige Butter, 1 kg Marillen; Staubzucker oder Tortengelee; Maizena, Biskuitbrösel

Einen Kapselrahmen (20 cm x 30 cm) auf ein mit Backpapier belegtes Blech stellen, zweites Backpapier einlegen und dieses leicht mit Maizena bestreuen.
Die gewaschenen Marillen halbieren, entkernen und mit der Schnittfläche nach unten auf das Backpapier eng aneinander legen.
Eidotter mit 100 g Kristallzucker, Vanillezucker und geriebener Zitronenschale schaumig rühren. Eiweiß mit 200 g Kristallzucker zu schmierigem Schnee schlagen, unter die Dottermasse heben und das Mehl einmelieren. Zuletzt die heiße Butter rasch einrühren. Die Masse auf den Marillen verteilen und im vorgeheizten Backrohr bei 170 Grad Celsius ca. 50 Minuten backen.
Mit Biskuitbröseln bestreuen, stürzen und das Backpapier abnehmen. Marillenkuchen auskühlen lassen, zweites Backpapier abziehen und aus dem Kapselrahmen nehmen. Mit Tortengelee abglänzen oder mit Staubzucker bestreuen und portionieren.

MARMORGUGELHUPF *(1 Gugelhupf, 16 Portionen)*

80 g Margarine, 70 g Öl, 100 g Staubzucker, geriebene Zitronenschale, Vanillezucker, 4 Eidotter, 60 g Mehl, 5 g Backpulver, 1/8 l Milch, 4 Eiweiß, 100 g Kristallzucker, 200 g Mehl, 60 g Tunkmasse (oder Kochschokolade); Margarine und Mehl für die Form, Staubzucker

Margarine mit Öl, gesiebtem Staubzucker, geriebener Zitronenschale, Vanillezucker und Eidotter schaumig rühren. 60 g Mehl mit Backpulver versieben und abwechselnd mit der Milch in die Fettmasse rühren. Eiweiß mit Kristallzucker zu schmierigem Schnee schlagen.

Linzer Augerln –
zu Rezept von Seite 222

Die Fettmasse in die Hälfte teilen und zu einem Teil die im Wasserbad aufgelöste Tunkmasse dazugeben.
Eischnee auf die Fettmassen aufteilen und jeweils die halbe Mehlmenge einmelieren. Die Massen abwechselnd in eine mit Margarine ausgestrichene, mit Mehl ausgestaubte Gugelhupfform füllen und im vorgeheizten Backrohr bei 170 Grad Celsius ca. 60 Minuten backen. Auf ein Gitter stürzen und überkühlt anzuckern.

MARZIPANGUGELHUPF *(1 Gugelhupf, 16 Portionen)*

150 g Rohmarzipan, 2 Eier, 4 Eidotter, 30 g Staubzucker, geriebene Zitronenschale, Vanillezucker, 4 Eiweiß, 60 g Kristallzucker, 120 g Mehl, 30 g Maizena, 50 g flüssige Butter; Butter und Mehl für die Form, Marillenmarmelade, Fondant, gehobelte, geröstete Mandeln

Rohmarzipan mit den Eiern glatt abarbeiten. Mit den Eidottern, gesiebtem Staubzucker, geriebener Zitronenschale und Vanillezucker schaumig rühren. Eiweiß mit Kristallzucker zu schmierigem Schnee schlagen, unter die Marzipan-Dotter-Masse heben und das mit Maizena versiebte Mehl einmelieren. Zuletzt die heiße Butter einrühren.
Die Masse in eine mit Butter ausgestrichene, mit Mehl ausgestaubte Gugelhupfform füllen und im vorgeheizten Backrohr bei 170 Grad Celsius ca. 50 Minuten backen.
Auf ein Gitter stürzen, auskühlen lassen und mit kochendheißer Marillenmarmelade bestreichen. Fondant auf ca. 40 Grad Celsius erwärmen, mit Läuterzucker verdünnen und den Gugelhupf damit dünn glasieren. Sofort mit gehobelten, gerösteten Mandeln locker bestreuen. Glasur anziehen lassen und portionieren.

MOHNKUCHEN *(14 Portionen)*

125 g Rohmarzipan, 2 cl Rum, 6 Eier, 170 g Staubzucker, geriebene Zitronenschale, Vanillezucker, eine Prise Salz, 200 g gemahlener Mohn, 140 g geriebene Walnüsse, 50 g gehackte Walnüsse, 150 g flüssige Butter; Butter und Mehl für die Form, Staubzucker

Rohmarzipan mit Rum und einem Ei weich arbeiten.
Mit den restlichen Eiern, gesiebtem Staubzucker, geriebener Zitronenschale, Vanillezucker und einer Prise Salz schaumig rühren.
Mohn mit geriebenen und gehackten Walnüssen mischen und einmelieren. Zuletzt heiße Butter unterheben. Masse in eine mit Butter ausgefettete, mit Mehl ausgestaubte Kastenform (30 cm x 10 cm) füllen und im vorgeheizten Backrohr bei 160 Grad Celsius ca. 60 Minuten backen.
Auf ein Gitter stürzen, auskühlen lassen und anzuckern.

ORANGENKUCHEN *(14 Portionen)*

100 g Rohmarzipan, 150 g Butter, 50 g Staubzucker, Vanillezucker, Saft und Schale einer Orange, 2 Eßlöffel Orangenlikör, 5 Eidotter, 5 Eiweiß, 100 g Kristallzucker, 100 g Mehl, 80 g feingehackte Aranzini; Butter und Mehl für die Form, Staubzucker

Rohmarzipan mit zwei Eidottern glatt abarbeiten.
Mit der weichen Butter, gesiebtem Staubzucker, Vanillezucker, Orangensaft, Orangenschale und Orangenlikör schaumig rühren. Die restlichen Eidotter nach und nach dazugeben. Eiweiß mit Kristallzucker zu schmierigem Schnee schlagen, unter die Fettmasse heben und das mit den feingehackten Aranzini vermischte Mehl einmelieren.

Engadiner Nußecken –
zu Rezept von Seite 216

Masse in eine mit Butter ausgestrichene, mit Mehl ausgestaubte Kastenform füllen und im vorgeheizten Backrohr bei 170 Grad Celsius ca. 60 Minuten backen.
Auf ein Gitter stürzen, auskühlen lassen und anzuckern.

REHRÜCKEN *(14 Portionen)*

130 g Butter, 50 g Staubzucker, Vanillezucker, 7 Eidotter, 120 g Tunkmasse (oder Kochschokolade), 7 Eiweiß, 100 g Kristallzucker, 150 g geriebene Mandeln, 70 g Biskuitbrösel; Butter und Mehl für die Rehrückenform, Ribiselmarmelade, Sacherglasur (siehe Glasuren), gestiftelte Mandeln

Die weiche Butter mit gesiebtem Staubzucker und Vanillezucker schaumig rühren. Die Eidotter nach und nach dazugeben und die im Wasserbad aufgelöste Tunkmasse einrühren. Eiweiß mit Kristallzucker zu schmierigem Schnee schlagen, unter die Buttermasse heben und die mit den Biskuitbröseln vermischten, geriebenen Mandeln einmelieren.
Die Masse in eine mit Butter ausgestrichene, mit Mehl ausgestaubte Rehrückenform füllen und im vorgeheizten Backrohr bei 170 Grad Celsius ca. 45 Minuten backen.
Auf ein Gitter stürzen und auskühlen lassen. Ribiselmarmelade aufkochen und den Rehrücken damit bestreichen. Mit Sacherglasur überziehen und mit gestiftelten Mandeln spicken. Glasur anziehen lassen und den Rehrücken portionieren.

BUDAPESTER ROTWEINKUCHEN *(12 Portionen)*

300 g Butter, 300 g Staubzucker, Zimt, Vanillezucker, eine Prise Salz, 4 Eier, 375 g Mehl, 20 g Kakao, 5 g Backpulver, 1/4 l Rotwein, 100 g Schokospäne; Butter und Mehl für die Form; Marillenmarmelade, Canacheglasur (siehe Glasuren)

Die weiche Butter mit gesiebtem Staubzucker, Zimt, Vanillezucker und einer Prise Salz schaumig rühren.
Eier versprudeln und in kleinen Portionen nach und nach beigeben.
Mehl mit Kakao und Backpulver versieben und einmelieren. Zuletzt Rotwein und Schokoladespäne vorsichtig einrühren.
Die Masse in eine mit Butter ausgestrichene, mit Mehl ausgestaubte Rehrückenform füllen und im vorgeheizten Backrohr bei 170 Grad Celsius ca. 50 Minuten backen.
Auf ein Gitter stürzen und auskühlen lassen.
Mit kochendheißer Marillenmarmelade dünn bestreichen und mit Canacheglasur glasieren. Eventuell leicht mit gehobelten oder gestiftelten, gerösteten Mandeln bestreuen.

RUMGUGELHUPF *(1 Gugelhupf, 16 Portionen)*

200 g Butter, 80 g Staubzucker, Vanillezucker, Rum, 4 Eidotter, 100 g Tunkmasse (Kochschokolade), 4 Eiweiß, 120 g Kristallzucker, 200 g Mehl, 1/8 l Milch
Glasur: 1/8 l Rum, 200 g Kristallzucker, Butter und Mehl für die Form

Die weiche Butter mit gesiebtem Staubzucker, Vanillezucker und Rum schaumig rühren. Eidotter nach und nach zugeben und die im Wasserbad aufgelöste Tunkmasse einrühren.
Eiweiß mit Kristallzucker zu Schnee schlagen und unter die Buttermasse heben.
Abwechselnd Milch und Mehl vorsichtig einrühren.

Kürbiskernschnitten –
zu Rezept von Seite 222

Die Masse in eine mit Butter ausgefettete, mit Mehl ausgestaubte Gugelhupfform füllen und im vorgeheizten Backrohr bei 170 Grad Celsius ca. 55 Minuten backen.
Gugelhupf auf ein Gitter stürzen und noch heiß mit Rum-Kristallzuckergemisch einstreichen.

SACHERGUGELHUPF *(16 Portionen)*

Sachermasse (siehe Massen); 70 g gehackte Walnüsse, 70 g kleinwürfelig geschnittene Tunkmasse (oder Kochschokolade); Butter und Mehl für die Form; Marillenmarmelade, Sacherglasur, gehobelte, geröstete Mandeln

Walnüsse und Tunkmasse unter die Sachermasse heben und in eine mit Butter ausgestrichene, mit Mehl ausgestaubte Gugelhupfform füllen.
Im vorgeheizten Backrohr bei 170 Grad Celsius ca. 60 Minuten backen.
Auf ein Gitter stürzen und auskühlen lassen. Marillenmarmelade aufkochen, den Sachergugelhupf damit bestreichen und mit Sacherglasur überziehen. Gehobelte, geröstete Mandeln auf die noch weiche Glasur streuen. Anziehen lassen und portionieren.

SCHOKOLADE-MANDEL-KUCHEN *(12 Portionen)*

250 g Rohmarzipan, Staubzucker; 40 g Rohmarzipan, 100 g Butter, Vanillezucker, eine Prise Salz, 6 Eidotter, 100 g Tunkmasse (oder Kochschokolade), 6 Eiweiß, 90 g Kristallzucker, 150 g geriebene Mandeln, 20 g Weizenpuder; Butter und Mehl für die Form

250 g Rohmarzipan auf einer mit Staubzucker bestreuten Arbeitsfläche ausrollen (10 mm stark), in Klarsichtfolie einwickeln und tiefkühlen.
Angefroren in kleine Würfel schneiden, mit Mehl leicht stauben und durchmischen.
40 g Rohmarzipan mit einem Eidotter weich abarbeiten. Mit weicher Butter, Vanillezucker und einer Prise Salz schaumig rühren.
Eidotter nach und nach beigeben und die im Wasserbad aufgelöste Tunkmasse einrühren.
Eiweiß mit Kristallzucker zu Schnee schlagen, unter die Buttermasse heben und die mit dem Weizenpuder vermischten Mandeln und gekühlten Marzipanwürfel einmelieren.
Masse in eine mit Butter ausgefettete, mit Mehl ausgestaubte Rehrückenform füllen und im vorgeheizten Backrohr bei 170 Grad Celsius ca. 45 Minuten backen.

TOPFEN-NUSS-KUCHEN *(14 Portionen)*

120 g Butter, 40 g Staubzucker, Vanillezucker, 1 Prise Salz, Saft und Schale einer Orange, 5 Eidotter, 100 g passierter Topfen (10% Fettgehalt), 5 Eiweiß, 80 g Kristallzucker, 80 g Mehl, 120 g geriebene Haselnüsse; Butter und Mehl für die Form, Marillenmarmelade, geriebene Haselnüsse zum Einstreuen, Staubzucker

Die weiche Butter mit gesiebtem Staubzucker, Vanillezucker, einer Prise Salz sowie mit Saft und Schale einer Orange schaumig rühren. Eidotter nach und nach dazugeben und den durch ein Sieb passierten Topfen einrühren. Eiweiß mit Kristallzucker zu schmierigem Schnee schlagen, unter die Topfenmasse heben und das mit den geriebenen Haselnüssen vermischte Mehl einmelieren.
Die Masse in eine mit Butter ausgestrichene, mit Mehl ausgestaubte Rehrückenform füllen und im vorgeheizten Backrohr bei 170 Grad Celsius ca. 50 Minuten backen.

Meringe-Kaffeecanache –
zu Rezept von Seite 223

Polos –
zu Rezept von Seite 225

Auf ein Gitter stürzen und auskühlen lassen. Marillenmarmelade aufkochen, den Kuchen damit einstreichen und mit geriebenen Haselnüssen einstreuen. Anzuckern und portionieren.

WEINTRAUBENKUCHEN *(14 Portionen)*

400 g blaue Weintrauben; 180 g Butter, 80 g Staubzucker, geriebene Zitronenschale, Vanillezucker, 6 Eidotter, 6 Eiweiß, 180 g Kristallzucker, 320 g geriebene Haselnüsse, 80 g Mehl, 1/16 l Weißwein; Marillenmarmelade
Schaummasse: 3 Eiweiß, 180 g Kristallzucker; 300 g weiße Trauben, Tortengelee

400 g Weintrauben waschen, halbieren und entkernen.
Die weiche Butter mit gesiebtem Staubzucker, geriebener Zitronenschale und Vanillezucker schaumig rühren. Eidotter nach und nach zugeben.
Eiweiß mit Kristallzucker zu Schnee schlagen und unter die Buttermasse heben.
Die Haselnüsse mit dem Mehl und den blauen Trauben mischen und einmelieren.
Einen Kapselrahmen (20 cm x 32 cm) auf ein mit Backtrennpapier belegtes Blech stellen und die Masse einfüllen.
Im vorgeheizten Backrohr bei 180 Grad Celsius ca. 40 Minuten backen.
Für die Schaummasse Eiweiß mit Kristallzucker im Wasserbad warm aufschlagen (ca. 40 Grad Celsius), vom Dampf nehmen und in der Maschine zu Schnee schlagen.
Den ausgekühlten Kuchen in 8 cm breite Streifen schneiden. An beiden Längskanten der Streifen Schaummasse aufdressieren.
Weiße Trauben waschen, halbieren, entkernen und zwischen den Schaummassestreifen auf den Kuchen legen.
Im vorgeheizten Backrohr bei 250 Grad Celsius Oberhitze abflämmen.
Auskühlen lassen, Weintrauben mit Gelee abglänzen und die Kuchenstreifen in 4 cm breite Stücke schneiden.

WIENER KRANZKUCHEN *(16 Portionen, Abb. auf Seite 148)*

125 g Rohmarzipan, 50 g faschierte Aranzini, 3 cl Cointreau, Vanillezucker, Zimt, eine Prise Salz, 6 Eier, 170 g Staubzucker, 250 g geriebene Walnüsse, 50 g Semmelbrösel, 30 g Weizenpuder, 50 g gehackte Tunkmasse (oder Kochschokolade), 150 g flüssige Butter; Butter und Mehl für die Form; Marillenmarmelade, Milchtunkmasse, Tunkmasse (siehe Glasuren)

Rohmarzipan mit faschierten Aranzini, Cointreau, Vanillezucker, Zimt, einer Prise Salz und einem Ei glatt abarbeiten.
Mit den restlichen Eiern und gesiebtem Staubzucker schaumig rühren.
Walnüsse mit Semmelbröseln, Weizenpuder und gehackter Tunkmasse mischen und einmelieren. Zuletzt die heiße Butter vorsichtig unterziehen.
Masse in eine mit Butter ausgefettete, mit Mehl ausgestaubte Kranzkuchenform füllen und im vorgeheizten Backrohr bei 170 Grad Celsius ca. 45 Minuten backen.
Auf ein Gitter stürzen und auskühlen lassen.
Dünn mit kochendheißer Marillenmarmelade einstreichen, mit temperierter Milchtunkmasse zuerst die Bodenseite abstreichen und dann den ganzen Kuchen glasieren.
Mit dunkler Tunkmasse dekorieren (z. B. Streifenmuster).

ZUCCHINIKUCHEN *(14 Portionen)*

3 Eier, 300 g Kristallzucker, Zimt, Vanillezucker, 220 g Mehl, 10 g Backpulver, 10 g Natron, 80 g geriebene Haselnüsse, 150 g geschälte, geriebene Zucchini, $^1/_8$ l Wasser, $^1/_8$ l Öl; Ribiselmarmelade, Schokoladeglasur (siehe Glasuren)

Eier mit Kristallzucker, Zimt und Vanillezucker schaumig rühren. Mehl mit Backpulver und Natron versieben, mit den Haselnüssen vermischen und unter die Eiermasse heben. Zuletzt Zucchini, Wasser und Öl unter die Masse rühren.
Einen Kapselrahmen (20 cm x 30 cm) auf ein mit Backpapier belegtes Blech stellen, die Masse einfüllen und im vorgeheizten Backrohr bei 180 Grad Celsius ca. 30 Minuten backen.
Auskühlen lassen und aus dem Kapselrahmen nehmen. Den Kuchen mit passierter Ribiselmarmelade bestreichen und mit Schokoladeglasur überziehen. Glasur stocken lassen und den Kuchen portionieren.

ZWETSCHKENKUCHEN *(14 Portionen)*

Zubereitung wie Marillenkuchen. Anstelle der Marillen Zwetschken verwenden.

Stückdesserts

Darunter versteht man nach Belieben zusammengesetzte und ausgefertigte Portionsmehlspeisen. Die Massen und Teige werden in verschiedene Formen (z. B. aufdressiert, ausgestochen, aufgestrichen und dann eingerollt usw.) gebacken, meist mit leichten Cremen gefüllt und mit Obst, Glasur usw. ausgefertigt.
Stückdesserts werden nicht portioniert, sondern bleiben im Ganzen (eventuell in Papierkapseln).

APFEL-TOPFEN-SOUFFLÉ-TÖRTCHEN *(20 Törtchen à ∅ 6 cm)*

Blätterteig (siehe Teige), Marillenmarmelade; 1 kg geschälte, entkernte Äpfel, Saft von 2 Zitronen, 150 g Kristallzucker, 4 cl Calvados, Zimt; $^1/_8$ l Schlagobers, $^1/_8$ l Milch, geriebene Zitronenschale, Vanillezucker, eine Prise Salz, 35 g Vanillepuddingpulver, 2 Eidotter, 250 g Topfen, 4 Eiweiß, 90 g Kristallzucker

Blätterteig ca. 1,5 mm dünn ausrollen, 30 Minuten rasten lassen, stupfen und backen. Auskühlen lassen, rund ausstechen, in die vorbereiteten kleinen Tortenringe (Durchmesser 6 cm) legen und mit Marillenmarmelade bestreichen.
Äpfel in 6–8 Spalten schneiden, mit Zitronensaft weich dünsten. Kristallzucker beigeben, mit Calvados und Zimt abschmecken und ausgekühlt auf die Blätterteigscheiben legen.
Einen Teil der Milch mit Vanillepuddingpulver und Eidottern verrühren.
Restliche Milch mit Schlagobers, geriebener Zitronenschale, Vanillezucker und einer Prise Salz aufkochen.
Glattgerührtes Vanillepuddingpulver beigeben und unter ständigem Rühren mit einem Schneebesen aufkochen. Den passierten Topfen beigeben und nochmals aufkochen.
Den während der Cremezubereitung geschlagenen Schnee, aus Eiweiß und Kristallzucker, noch unter die heiße Topfenmasse heben.
Sofort die Tortenringe mit der Creme auffüllen und danach kühlen.

Die Oberfläche der Törtchen bei 250 Grad Celsius Oberhitze abflämmen und wieder kühlen.
Aus den Tortenringen nehmen, mit heißer Marillenmarmelade bestreichen und den Rand mit gehobelten, gerösteten Mandeln einstreuen.

BRANDTEIGKRAPFEN MIT SCHOKOLADEOBERS *(20 Stück)*

Brandmasse (siehe Massen); Vanillecreme (siehe Cremen für Torten und Schnitten), 150 g Tunkmasse, 3 Eßlöffel Rum, 50 g Staubzucker, 3 Blatt Gelatine, 1/2 l Schlagobers; Staubzucker

Brandmasse in einen Dressiersack mit Sterntülle (Nr. 10) füllen, auf ein Blech 20 Rosetten dressieren und backen.
Die ausgekühlte Vanillecreme durch ein Sieb passieren, die über Wasserbad geschmolzene Tunkmasse einrühren und mit Rum und gesiebtem Staubzucker vermengen. Die in kaltem Wasser eingeweichten Gelatineblätter im Wasserbad auflösen, in die Vanillecreme einrühren und das geschlagene Obers unterheben.
Die ausgekühlten Brandteigkrapfen waagrecht durchschneiden, Unterteile in Papierkapseln setzen und die Creme mit Hilfe eines Dressiersackes mit Sterntülle (Nr. 10) aufdressieren. Im Kühlschrank stocken lassen, den Oberteil aufsetzen und anzuckern.

ECLAIR *(15 Stück)*

Brandmasse (siehe Massen); Marillenmarmelade, Fondant, schwarzer Kaffee oder Kaffeepaste, 3 Blatt Gelatine, 1/16 l kalter schwarzer Kaffee, 70 g Kristallzucker, 3/4 l Schlagobers

Brandmasse in einen Dressiersack mit Sterntülle (Nr. 10) füllen, auf ein Blech ca. 8 cm lange Stangen dressieren und backen.
Die ausgekühlten Eclair mit der Oberseite zu einem Drittel in kochende Marillenmarmelade tauchen. Fondant im Wasserbad auf ca. 60 Grad Celsius erwärmen (eventuell mit Läuterzucker etwas verdünnen), mit Kaffee oder Kaffeepaste abschmecken und die Eclair mit der Marmeladenseite in die Glasur tauchen. Diese abtrocknen lassen und danach waagrecht durchschneiden.
Die in kaltem Wasser eingeweichten Gelatineblätter im Wasserbad auflösen, in den Kaffee rühren und das mit Kristallzucker geschlagene Obers unterheben.
Die Creme mit Hilfe eines Dressiersackes mit Sterntülle (Nr. 10) auf die Unterteile der Eclair dressieren, im Kühlschrank stocken lassen und den glasierten Oberteil daraufsetzen.

ERDBEERECLAIR *(15 Stück)*

Brandmasse (siehe Massen); Vanillecreme (siehe Cremen für Torten und Schnitten), 1 Eßlöffel Rum, 2 Blatt Gelatine, 1/4 l Schlagobers; 500 g Erdbeeren; 1/2 l Schlagobers, Schmankerl (siehe Schmankerlmasse)

Brandmasse in einen Dressiersack mit Sterntülle (Nr. 10) füllen, auf ein Blech ca. 8 cm lange Stangen dressieren und backen.
Die ausgekühlte Vanillecreme passieren und mit Rum verrühren. Die in kaltem Wasser eingeweichten Gelatineblätter im Wasserbad auflösen, in die Vanillecreme rühren und das geschlagene Obers (1/4 Liter) unterheben.

Die ausgekühlten Eclair oben und unten abkappen und die Creme aufdressieren. Erdbeeren waschen, Stiele entfernen und eng in einer Reihe auf die Creme setzen. Mit Hilfe eines Dressiersackes mit Sterntülle (Nr. 10) das geschlagene Obers (1/2 Liter) aufdressieren und mit Schmankerln dekorieren.

ERDBEERKRAPFEN *(10 Stück)*

Hülsenmasse (halbe Menge, siehe Massen); 300 g Erdbeeren, 150 g Staubzucker, Saft einer Zitrone, 6 Blatt Gelatine, 3/8 l Schlagobers; Erdbeermarmelade, Fondant, 10 Erdbeeren

Hülsenmasse in einen Dressiersack mit glatter Tülle (Nr. 10) füllen und auf ein mit Backpapier belegtes Blech 20 Halbkugeln (Durchmesser 4 cm) dressieren. Mit Mehl leicht stauben und bei eingehängtem Backrohr backen.
Die gut ausgebackenen und ausgekühlten Hülsen mit einem kleinen Messer leicht abkappen, aushöhlen und je zwei zusammensetzen. In kochendheiße Erdbeermarmelade tauchen, mit Hilfe der linken Hand und einer Gabel (die man in der rechten Hand hält) auf ein Gitter setzen. Fondant im Wasserbad auf ca. 60 Grad Celsius erwärmen, mit Läuterzucker verdünnen, die zusammengesetzten Hülsen darin tunken (die Erdbeermarmelade sollte durchschauen) und auf ein Gitter setzen. Abtrocknen lassen und waagrecht durchschneiden.
Für die Creme die gewaschenen Erdbeeren durch ein Sieb passieren, mit gesiebtem Staubzucker und Zitronensaft verrühren. Die in kaltem Wasser eingeweichten Gelatineblätter im Wasserbad auflösen, in die passierten Erdbeeren rühren und das geschlagene Obers unterheben.
Den Unterteil der Hülsen in Papierkapseln setzen, die Creme mit Hilfe eines Dressiersackes mit Sterntülle (Nr. 10) aufdressieren und im Kühlschrank stocken lassen. Den Oberteil darauflegen und mit einer halben Erdbeere dekorieren.

FRÜCHTEKRAPFEN *(20 Stück)*

Siehe Brandteigkrapfen; beliebige Früchte (z. B. Erdbeeren, Himbeeren, Kiwi, Weintrauben, ...) sortenrein oder gemischt; Gelee

Zubereitung wie Brandteigkrapfen. Keinen Oberteil aufsetzen. Stattdessen eng mit Früchten belegen und mit Gelee abglänzen.

FRUCHTJOGHURTTÖRTCHEN *(15 Stück = ∅ 6 cm)*

1 Biskuitfleck (aus der halben Biskuitmasse für Rouladen), 200 g Früchte (z. B. Erdbeeren, Heidelbeeren, Himbeeren usw.), 80 g Staubzucker, Saft einer Zitrone, 1/4 l Joghurt, 6 Blatt Gelatine, 1/2 l Schlagobers; Gelee, Früchte zum Dekorieren

Aus dem gebackenen Biskuitfleck 15 Scheiben (Durchmesser 6 cm) ausstechen.
Früchte durch ein Sieb passieren, mit gesiebtem Staubzucker, Zitronensaft und Joghurt verrühren. Die in kaltem Wasser eingeweichten Gelatineblätter im Wasserbad auflösen, in die passierten Früchte rühren und das geschlagene Obers unterheben.
15 Nirosta- oder Plastikringe (Durchmesser 6 cm, Höhe 3 cm) auf ein Nirostablech stellen und die Creme mit Hilfe eines Dressiersackes einfüllen. Mit den Biskuitscheiben abdecken und tiefkühlen.
Das Blech an der Unterseite leicht anwärmen, die Törtchen abnehmen und in Gelee

tauchen. Sofort von der Biskuitseite aus dem Reifen drücken (wenn notwendig mit den Handflächen die Ringe an der Seite anwärmen) und in Papierkapseln setzen.
Mit passenden, mit Gelee abgeglänzten Früchten dekorieren und fertig auftauen lassen.

HIMBEERRÖLLCHEN *(10 Stück)*

1 Biskuitfleck (42 cm x 32 cm; aus Biskuitmasse für Rouladen), 200 g Himbeeren, 70 g Staubzucker, Saft einer halben Zitrone, 3 Blatt Gelatine, 3/8 l Schlagobers; Staubzucker

Von dem gebackenen Biskuitfleck das Backpapier abziehen und der Länge nach halbieren.
Himbeeren durch ein Sieb passieren, mit gesiebtem Staubzucker und Zitronensaft verrühren. Die in kaltem Wasser eingeweichten Gelatineblätter im Wasserbad auflösen, in die passierten Himbeeren rühren und das geschlagene Obers unterheben.
Die Creme mit Hilfe eines Dressiersackes ohne Tülle in die Mitte der zwei Biskuitstreifen dressieren. Etwas anziehen lassen und aufrollen (den Biskuitfleck über der Creme leicht zusammendrücken, sodaß innen nur Creme und rundherum das Biskuit ist).
Rollen in Papier gewickelt im Kühlschrank stocken lassen.
Aus dem Papier nehmen in 8 cm breite Stücke schneiden und anzuckern.

HIPPENROLLEN *(15 Stück)*

Hippenmasse (halbe Menge, siehe Dekormassen), Öl und Mehl für das Blech; 1/2 l Schlagobers, 50 g Kristallzucker, Tunkmasse (oder Kochschokolade)

Hippenmasse auf ein mit Öl leicht bestrichenes, mit Mehl bestaubtes Blech hauchdünn streichen und im vorgeheizten Backrohr bei 180 Grad Celsius ca. 3 Minuten anbacken. In Rechtecke von 10 cm x 8 cm Größe schneiden und weiterbacken, bis sie goldgelb sind.
Mit einer Palette einzeln vom Blech nehmen, in heißem Zustand über ein Rundholz (Durchmesser 2,5 cm) drehen und das Ende festdrücken. Vom Holz schieben, auskühlen lassen und mit temperierter Tunkmasse (siehe Glasuren) bestreichen.
Das mit Kristallzucker geschlagene Obers in einen Dressiersack geben und die Rollen damit füllen.

INDIANER *(10 Stück, Abb. auf Seite 165)*

Hülsenmasse (halbe Menge, siehe Massen), 1/2 l Schlagobers; Marillenmarmelade, Sacherglasur (siehe Glasuren)

Hülsenmasse in einen Dressiersack mit glatter Tülle (Nr. 10) füllen und auf ein mit Backpapier belegtes Blech 20 Halbkugeln (Durchmesser 4 cm) dressieren. Mit Mehl leicht stauben und bei eingehängtem Backrohr backen.
Die Hälfte der gut ausgebackenen und ausgekühlten Indianerhülsen mit einem kleinen Messer für Unterteile abkappen, alle Hülsen aushöhlen und je ein Ober- und ein Unterteil zusammensetzen. In kochendheiße Marillenmarmelade tauchen, mit Hilfe der linken Hand und einer Gabel (die man in der rechten Hand hält) auf ein Gitter setzen. Mit Sacherglasur überziehen, abtrocknen lassen und die beiden Hälften mit einem Messer wieder trennen.

Den Unterteil in Papierkapseln setzen, geschlagenes Obers mit einer Sterntülle (Nr. 10) aufdressieren und den Oberteil darauflegen.

ISCHLER TÖRTCHEN *(20 Stück)*

Mürbteig (halbe Menge, siehe Teige), 50 g Tunkmasse (oder Kochschokolade); Parisercreme (siehe Cremen für Torten und Schnitten), 100 g Kristallzucker, 100 g Haselnüsse, 200 g Ribiselmarmelade; Tunkmasse, geschälte, halbe Mandeln

Unter den halbfertigen Teig die aufgelöste Tunkmasse mischen. Mürbteig fertig mischen und im Kühlschrank ca. 1 Stunde rasten lassen.
Teig auf einer bemehlten Arbeitsfläche ca. 3 mm stark ausrollen, Scheiben (Durchmesser 6 cm) ausstechen und diese im vorgeheizten Backrohr bei 180 Grad Celsius ca. 10 Minuten backen.
Kristallzucker schmelzen (am besten in einem Kupfergeschirr), Haselnüsse beigeben und auf ein geöltes Blech ausleeren. Auskühlen lassen, fein reiben und der aufgeschlagenen Parisercreme beigeben.
Creme in einen Dressiersack mit glatter Tülle (Nr. 8) füllen und Ringe auf die Hälfte der Scheiben dressieren. In die Mitte dieser Ringe passierte Ribiselmarmelade füllen, Oberteile daraufsetzen, leicht andrücken und den Rand mit Parisercreme verstreichen. Stocken lassen, mit temperierter Tunkmasse (siehe Glasuren) überziehen und mit geschälten, halben Mandeln dekorieren.

KOKOSKUPPELN *(20 Stück à ∅ 4 cm)*

Mürbteig (siehe Teige); Kokosmasse (siehe Kokosbusserln); Buttercreme (siehe Cremen für Torten und Schnitten), 100 g Tunkmasse, 80 g Milchtunkmasse; temperierte Tunkmasse zum Tunken

Mürbteig 2,5 mm stark ausrollen, Scheiben (Durchmesser 4 cm) ausstechen und im vorgeheizten Backrohr bei 180 Grad Celsius ca. 7 Minuten backen. (Sobald der Rand goldgelb ist, aus dem Ofen nehmen).
Aus der Kokosmasse wie beschrieben Kokosbusserln (Durchmesser 4 cm) dressieren und backen.
Buttercreme mit geschmolzener Tunkmasse und Milchtunkmasse verrühren.
Die Creme auf die ausgekühlten Mürbteigscheiben dressieren (ca. je 15 g). Die Kokosbusserln darauf setzen und in den Kühlschrank stellen, bis die Creme gestockt ist.
Die Kokoskuppeln mit dem Mürbteigboden zuerst, bis knapp über den Cremerand, in temperierte Tunkmasse (siehe Glasuren) tunken und auf ein Backpapier wegsetzen.

LINZER AUGEN *(30 Stück)*

Mürbteig (siehe Teige); Marillenmarmelade, Staubzucker

Den Mürbteig auf einer bemehlten Arbeitsfläche ca. 3 mm stark ausrollen und mit einem gezackten Ausstecher Scheiben (Durchmesser 10 cm) ausstechen. Mit einer glatten Tülle (Nr. 12) je drei Löcher aus der Hälfte der Scheiben ausstechen und im vorgeheizten Backrohr bei 180 Grad Celsius hell backen (ca. 10 Minuten, sobald der Rand eine Farbe bekommt aus dem Backrohr nehmen).
Auf die ausgekühlten Unterteile passierte Marillenmarmelade dressieren. Die Oberteile anzuckern, auf die Marmelade setzen und leicht andrücken.

MANDELKRAPFEN *(20 Stück)*

5 Eiweiß, 120 g Kristallzucker, 40 g Weizenpuder, 250 g weiße, geriebene Mandeln, 180 g Staubzucker, gehobelte Mandeln zum Bestreuen; Buttercreme (siehe Cremen für Torten und Schnitten), Erdbeermarmelade, Staubzucker

Eiweiß mit Kristallzucker und Weizenpuder zu Schnee schlagen. Mandeln mit Staubzucker mischen und einmelieren.
Mit einem Dressiersack mit großer Lochtülle Krapfen auf ein mit Backpapier belegtes Blech dressieren. Gehobelte Mandeln darüber streuen und im vorgeheizten, eingehängten Backrohr bei 160 Grad Celsius ca. 20 Minuten backen.
Auf die Hälfte der ausgekühlten Krapfen mit einem Dressiersack mit Sterntülle einen Buttercremering dressieren. Die Mitte des Ringes mit Erdbeermarmelade füllen. Oberteile aufsetzen und kühlen damit die Krapfen weich werden, angezuckert servieren.

MARZIPANERDÄPFEL *(10 Stück)*

180 g Nougat, 120 g Tunkmasse (oder Kochschokolade), 400 g Rohmarzipan, 200 g Staubzucker, 2 Eßlöffel Rum; Kakao zum Wälzen

Nougat mit im Wasserbad aufgelöster Tunkmasse mischen und erkalten lassen. In 30 g schwere Stücke auswiegen, zu Kugeln formen und kalt stellen.
Rohmarzipan mit gesiebtem Staubzucker und Rum abarbeiten, zu einer Rolle formen und in zehn Stücke teilen.
Die Kugeln in Marzipan einhüllen, in Kakao wälzen und in Papierkapseln setzen. Mit einem kleinen Messer drei Kerben einschneiden.

MOZARTKUGELN *(10 Stück)*

Hülsenmasse (halbe Menge, siehe Massen), Parisercreme (siehe Cremen für Torten und Schnitten), 400 g Rohmarzipan, 200 g Staubzucker; Läuterzucker (siehe Zuckerkochtabelle), Tunkmasse (oder Kochschokolade)

Hülsenmasse in einen Dressiersack mit glatter Tülle (Nr. 10) füllen und auf ein mit Backpapier belegtes Blech Halbkugeln (Durchmesser 4 cm) dressieren. Mit Mehl leicht stauben und bei eingehängtem Backrohr backen. Die gut ausgebackenen, ausgekühlten Hülsen mit einem kleinen Messer aushöhlen. Parisercreme ein wenig aufrühren, je zwei Hülsen damit zusammensetzen und kalt stellen.
Rohmarzipan mit gesiebtem Staubzucker abarbeiten. Danach auf einer mit Staubzucker bestreuten Arbeitsfläche ca. 3 mm stark ausrollen. In Quadrate schneiden, mit Läuterzucker bestreichen und die gefüllten Hülsen damit einschlagen.
In temperierte Tunkmasse (siehe Glasuren) tunken und auf ein Gitter wegsetzen. Kurz vor dem Stocken der Tunkmasse die Kugeln über das Gitter rollen oder mit einer Gabel aufzupfen.

OBERSOMELETTES *(10 Stück)*

Biskuitmasse (siehe Rouladen); Vanillecreme (halbe Menge, siehe Cremen für Torten und Schnitten), 1 Eßlöffel Rum, 20 g Staubzucker, 4 Blatt Gelatine, 1/2 l Schlagobers; Staubzucker, Erdbeeren zum Garnieren

Auf ein Backpapier Ringe (Durchmesser 12 cm) zeichnen und darauf mit einem

Dressiersack mit glatter Tülle (Nr. 8) aus der Biskuitmasse spiralenförmig Böden dressieren. Im vorgeheizten Backrohr bei 200 Grad Celsius ca. 8 Minuten backen.
Die passierte Vanillecreme mit Rum und gesiebtem Staubzucker verrühren. Die in kaltem Wasser eingeweichten Gelatineblätter im Wasserbad auflösen, in die Vanillecreme einrühren und das geschlagene Obers unterheben.
Die Omelettes vom Papier nehmen, umdrehen und die Oberscreme mit Hilfe eines Dressiersackes mit Sterntülle (Nr. 8) jeweils auf eine Hälfte spiralenförmig aufdressieren. Die andere Hälfte darüberklappen, mit Staubzucker bestreuen und mit Erdbeeren garnieren.

OBSTSCHÜSSERLN *(15 Stück)*

Mürbteig (siehe Teige), Tunkmasse (oder Kochschokolade); Vanillecreme (siehe Cremen für Torten und Schnitten), 1/2 l Schlagobers, Biskuitreste; verschiedene Früchte, Gelee

Schüsserlformen (Durchmesser ca. 6 cm) mit ausgerolltem (ca. 3 mm) Mürbteig auslegen und im vorgeheizten Backrohr bei 180 Grad Celsius ca. 8 Minuten backen. Auskühlen lassen und mit aufgelöster Tunkmasse ausstreichen.
Die ausgekühlte Vanillecreme passieren und das geschlagene Obers unterheben. Etwas Creme in die Schüsserln dressieren und die Biskuitreste einlegen.
Restliche Creme darüber dressieren, mit Früchten belegen und mit Gelee abglänzen.

PARISER BISKOTTEN *(15 Stück)*

6 Eidotter, 40 g Kristallzucker, Vanillezucker, 4 Eiweiß, 80 g Kristallzucker, 70 g Mehl, 70 g Maizena; gehobelte Mandeln, Parisercreme (siehe Cremen für Torten und Schnitten)

Eidotter mit 40 g Kristallzucker und Vanillezucker schaumig rühren. Eiweiß mit 80 g Kristallzucker zu schmierigem Schnee schlagen, unter die Dottermasse heben und das mit Maizena versiebte Mehl einmelieren.
Die Masse in einen Dressiersack mit glatter Tülle (Nr. 10) füllen, auf ein mit Backpapier belegtes Blech ca. 10 cm lange Biskotten dressieren und die Hälfte mit gehobelten Mandeln bestreuen. Im vorgeheizten Backrohr bei 190 Grad Celsius ca. 10 Minuten backen.
Die ausgekühlten und unbestreuten Biskotten umdrehen, leicht aufgerührte Parisercreme aufdressieren und die mit gehobelten Mandeln bestreuten Oberteile daraufsetzen.

PIGNOLIKIPFERLN *(20 Stück)*

250 g geriebene Haselnüsse; 250 g Kristallzucker, 250 g Rohzucker, 4 Eiweiß, 70 g Mehl, geriebene Zitronenschale; Pignoli (Pinienkerne)

Alle Zutaten glatt abarbeiten und mindestens eine Stunde rasten lassen.
Danach in ca. 50 g schwere Stücke teilen und auf einer leicht bemehlten Arbeitsfläche zu Stangen (Durchmesser 1,5 cm) formen. Diese in Pignoli rollen, zu Kipferln formen und auf ein mit Backpapier belegtes Blech setzen.
Im vorgeheizten Backrohr bei 150 Grad Celsius ca. 20 Minuten backen.
Noch heiß, eventuell mit Gummi arabicum (Geliermittel) abglänzen.

PUNSCHKRAPFEN *(20 Stück, Abb. auf Seite 167)*

Zubereitung wie Punschtorte. Anstelle eines Tortenreifens einen Kapselrahmen (20 cm x 16 cm) verwenden.

Die gepreßte Punschmasse dünn mit passierter Marillenmarmelade bestreichen, aus dem Kapselrahmen nehmen und in 4 cm x 4 cm große Würfel schneiden.
Fondant im Wasserbad auf ca. 60 Grad Celsius erwärmen, mit Läuterzucker etwas verdünnen und mit Lebensmittelfarbe leicht rosa einfärben. Die Punschwürfel darin tunken und auf ein Glasiergitter wegsetzen.
Glasur trocknen lassen, vom Gitter lösen und in Papierkapseln setzen.

ROSETTEN *(20 Stück)*

Hülsenmasse (halbe Menge, siehe Massen); 3 Eiweiß, 100 g Kristallzucker, 2 Blatt Gelatine, 100 g Tunkmasse (oder Kochschokolade), 1 Eßlöffel Wasser, 1/4 l Schlagobers; Tunkmasse, Kompottfrüchte, Kakao, 10 kandierte Kirschen

Hülsenmasse in einen Dressiersack mit glatter Tülle (Nr. 10) füllen und auf ein mit Backpapier belegtes Blech 20 Halbkugeln (Durchmesser 4 cm) dressieren. Mit Mehl leicht stauben und bei eingehängtem Backrohr backen.
Die ausgekühlten Hülsen mit einem kleinen Messer aushöhlen, in temperierte Tunkmasse (siehe Glasuren) tunken und auf einem Gitter stocken lassen. In Papierkapseln setzen und in die Vertiefung Kompottfrüchte füllen.
Eiweiß mit Kristallzucker im Wasserbad warm (ca. 50 Grad Celsius) aufschlagen, die in kaltem Wasser eingeweichten Gelatineblätter darin auflösen, vom Wasserbad nehmen und zu schmierigem Schnee schlagen.
Die im Wasserbad aufgelöste Tunkmasse mit Wasser verrühren, dem Schnee beigeben und das geschlagene Obers unterheben. Die Creme mit Hilfe eines Dressiersackes mit Sterntülle (Nr. 10) aufdressieren und im Kühlschrank stocken lassen.
Mit Kakao leicht besieben und mit halben, kandierten Kirschen dekorieren.

Kleine Desserts *(Abb. auf Seite 169)*

Kleine Desserts sind ähnlich den Stückdesserts, doch nur halb so groß wie diese. Die mit leichten Cremen (eventuell in Verbindung mit Früchten) gefüllten kleinen Mehlspeisen eignen sich als Naschereien während eines Buffets oder als Abschluß eines Festessens.

BRANDTEIGKRAPFERLN (40 Stück)

Zutaten und Zubereitung wie Brandteigkrapfen (siehe Stückdesserts). Nur halb so groß.

ERDBEERSCHNITTEN *(40 Stück)*

Sachermasse (siehe Massen); 180 g passierte Erdbeeren, 100 g Staubzucker, 4 Blatt Gelatine, 1/2 l Schlagobers; Erdbeermarmelade, ca. 600 g Erdbeeren zum Belegen, Tortengelee

Die Sachermasse auf ein mit Backpapier belegtes Blech streichen (32 cm x 42 cm) und im vorgeheizten Backrohr bei 170 Grad Celsius ca. 15 Minuten backen. Das Backpapier vom ausgekühlten Sacherfleck abziehen, der Länge nach halbieren und eine Hälfte mit einem Kapselrahmen (20 cm x 30 cm) umstellen.

Für die Creme die passierten Erdbeeren mit dem gesiebten Staubzucker verrühren, die in kaltem Wasser eingeweichten, im Wasserbad aufgelösten Gelatineblätter beimengen und das geschlagene Obers unterheben. Die Creme in den Kapselrahmen füllen, den zweiten Sacherboden daraufsetzen und im Kühlschrank stocken lassen.
Danach dünn mit passierter Erdbeermarmelade bestreichen und mit gewaschenen, halbierten Erdbeeren belegen. Tortengelee laut Beschreibung zubereiten, über die Erdbeeren gießen und erstarren lassen. Aus dem Kapselrahmen nehmen, in Schnitten (5 cm x 2,5 cm) teilen und in Papierkapseln setzen.

ESTERHÁZYSCHNITTCHEN *(40 Stück)*

Zubereitung siehe Schnitten (Esterházyschnitten). Esterházyfleck in vier gleich große Teile schneiden, mit Creme füllen und stocken lassen. Wie angegeben glasieren, danach in Schnitten (5 cm x 2,5 cm) teilen und in Papierkapseln setzen.

HEIDELBEERROULADE *(30 Stück)*

1 Biskuitfleck (40 cm x 35 cm; siehe Biskuitmasse für Rouladen); 150 g Heidelbeeren, 70 g Staubzucker, Saft einer halben Zitrone, 3 Blatt Gelatine, 1/4 l Schlagobers; Staubzucker

Heidelbeeren waschen und passieren. Mit gesiebtem Staubzucker und Zitronensaft verrühren. Die in kaltem Wasser eingeweichten Gelatineblätter im Wasserbad auflösen, unter die passierten Heidelbeeren rühren und das geschlagene Obers einmelieren. Von dem ausgekühlten Biskuitfleck das Backpapier abziehen und der Länge nach in die Hälfte schneiden. Die Creme auf beiden Teilen gleichmäßig verstreichen und etwas anziehen lassen. Die beiden Rouladen aufrollen und, in Papier gewickelt, im Kühlschrank stocken lassen.
Danach leicht anzuckern, in 2,5 cm breite Stücke teilen und in Papierkapseln setzen.

KLEINE INDIANER *(20 Stück)*

Zubereitung siehe Stückdessert (Indianer). Jedoch halb so groß dressieren.

KARDINALSCHNITTCHEN *(30 Stück)*

Zubereitung siehe Schnitten (Kardinalschnitten).
Jedoch eine Lochtülle (Nr. 8) verwenden und nur 1 cm zwischen den Eiweißstreifen frei lassen. In 2,5 cm breite Schnitten teilen und in Papierkapseln setzen.

ORANGENDESSERT *(30 Stück)*

2 Biskuitstreifen (5 cm x 40 cm; aus einem Drittel der Biskuitmasse für Rouladen), 3 Eidotter, 2 Eier, 180 g Kristallzucker, 1/4 l Orangensaft, geriebene Orangenschale, 6 Blatt Gelatine, 1/2 l Schlagobers; Milchschokoladespäne

Eidotter, Eier, Kristallzucker, Orangensaft und geriebene Orangenschale unter öfterem Umrühren mit einem Schneebesen im Wasserbad bis knapp vor dem Kochen erhitzen. Die in kaltem Wasser eingeweichten Gelatineblätter darin auflösen, vom Feuer nehmen und kalt schlagen. Kurz vor dem Stocken das geschlagene Obers unterheben.

Zwei halbrunde Formen (5 cm breit und 40 cm lang) mit Klarsichtfolie auslegen, die Creme einfüllen, mit den Biskuitstreifen abdecken und im Kühlschrank stocken lassen.
Danach aus den Formen nehmen, Klarsichtfolie abziehen und mit Milchschokoladespänen (von einer Tafel Milchschokolade mit einem Messer Späne abschaben) einstreuen. In 2,5 cm breite Stücke teilen und in Papierkapseln setzen.

SCHOKOLETTI (30 Stück)

Sacherfleck (40 cm x 35 cm; siehe Sachermasse), 7 Eiweiß, 180 g Kristallzucker, 5 Blatt Gelatine, 200 g Tunkmasse (oder Kochschokolade), 2 Eßlöffel Wasser, 1/2 l Schlagobers; 1/4 l Schlagobers zum Ausgarnieren, Schokoladespäne

Die Sachermasse auf ein mit Backpapier belegtes Blech streichen und im vorgeheizten Backrohr bei 170 Grad Celsius ca. 15 Minuten backen.
Das Backpapier von dem ausgekühlten Sacherfleck abziehen und 60 Scheiben (Durchmesser 4 cm) ausstechen.
Auf ein mit Backpapier belegtes Blech 30 Plastik- oder Nirostaringe (Durchmesser 4 cm) stellen und die Hälfte der ausgestochenen Sacherscheiben einlegen.
Für die Creme Eiweiß mit Kristallzucker im Wasserbad warm (ca. 50 Grad Celsius) aufschlagen und die in kaltem Wasser eingeweichten Gelatineblätter darin auflösen. Vom Feuer nehmen und zu schmierigem Schnee schlagen. Die im Wasserbad aufgelöste Tunkmasse mit Wasser anrühren, dem Schnee beimengen und das geschlagene Obers unterheben.
Die Creme mit Hilfe eines Dressiersackes in die Ringe füllen, die restlichen Sacherscheiben daraufsetzen und im Kühlschrank oder Tiefkühler stocken lassen.
Danach in noch kaltem Zustand aus den Ringen nehmen (drücken) und in Papierkapseln setzen. Das geschlagene Obers in einen Dressiersack mit Sterntülle (Nr. 8) füllen, Rosetten aufdressieren und diese mit Schokoladespänen (von einer Tafel Bitterschokolade mit einem Messer Späne abschaben) leicht bestreuen.

TOPFENWÜRFEL *(35 Stück)*

1 Biskuitfleck (20 cm x 30 cm; aus der halben Biskuitmasse für Torten); 250 g passierter Topfen (20% Fettgehalt), 120 g Staubzucker, Saft und Schale einer halben Zitrone, 4 Blatt Gelatine, 1/2 l Schlagobers; gehobelte, geröstete Mandeln

Biskuitmasse auf ein mit Backpapier belegtes Blech streichen und im vorgeheizten Backrohr bei 200 Grad Celsius ca. 8 Minuten backen.
Das Backpapier von dem ausgekühlten Biskuitfleck abziehen, mit einem Kapselrahmen (20 cm x 30 cm) umstellen.
Für die Creme den passierten Topfen mit gesiebtem Staubzucker, Zitronensaft und geriebener Schale verrühren. Die in kaltem Wasser eingeweichten Gelatineblätter im Wasserbad auflösen, in die Topfenmasse rühren und das geschlagene Obers unterheben.
Zwei Drittel der Creme in den Kapselrahmen füllen und glatt verstreichen. Restliche Creme in einen Dressiersack mit glatter Tülle (Nr. 5) füllen, ein Gitter darüberspritzen und im Kühlschrank stocken lassen.
Danach aus dem Kapselrahmen nehmen und mit gehobelten, gerösteten Mandeln bestreuen. In 4 cm x 4 cm große Stücke schneiden und in Papierkapseln setzen.

Petits Fours

Petits Fours sind den kleinen Desserts ähnlich, jedoch etwas süßere Naschereien.
Sie bestehen aus verschiedenen Massen, dressiert oder aufgestrichen (ähnlich wie Biskuitroulade), die mit verschiedenen Füllungen (z. B. Nußfarce, Marmelade, Kaffeecreme etc.) zusammengesetzt, eventuell gepreßt und danach gekühlt werden.
Anschließend werden sie in kochendheiße Marillenmarmelade getaucht und in Fondant getunkt. Gepreßte Petits Fours werden vorher noch mit kochendheißer Marillenmarmelade bestrichen und in verschiedenförmige Stücke geschnitten.
Verschieden dekoriert und in Papierkapseln werden Petits Fours hauptsächlich bei Buffets angeboten.

BANANENHERZEN *(30 Stück)*

Hülsenmasse (halbe Menge, siehe Massen), 300 g Buttercreme (siehe Cremen für Torten und Schnitten), 100 g passierte Bananen; Marillenmarmelade, Fondant, gelbe Lebensmittelfarbe

Hülsenmasse in einen Dressiersack mit glatter Tülle (Nr. 8) füllen und auf ein mit Backpapier belegtes Blech Herzen dressieren. Mit Mehl leicht stauben und bei eingehängtem Backrohr backen.
Ausgekühlt vom Papier lösen und mit einem kleinen Messer aushöhlen.
Die aufgeschlagene Buttercreme mit den passierten Bananen verrühren, die Herzen damit zusammensetzen und tiefkühlen.
Danach in kochendheiße Marillenmarmelade tauchen und auf ein Glasiergitter setzen.
Fondant im Wasserbad auf ca. 60 Grad Celsius erwärmen, mit Läuterzucker etwas verdünnen (die Konsistenz sollte dickflüssig sein) und mit gelber Lebensmittelfarbe zart einfärben. Die Herzen darin tunken, auf ein Glasiergitter setzen und trocknen lassen.
In Papierkapseln setzen und eventuell mit Spritzschokolade und buntem Marzipan dekorieren.

MARILLENBISKOTTEN *(30 Stück)*

Hülsenmasse (halbe Menge, siehe Massen); 300 g Rohmarzipan, Marillenmarmelade, Marillenschnaps; Marillenmarmelade, Fondant, orange Lebensmittelfarbe; Dekor: Schokoladeornamente, Orangenzesten

Hülsenmasse in einen Dressiersack mit glatter Tülle (Nr. 8) füllen und auf ein mit Backpapier belegtes Blech kleine Biskotten dressieren. Mit Mehl leicht stauben und bei eingehängtem Backrohr backen. Ausgekühlt vom Papier lösen und mit einem kleinen Messer aushöhlen.
Rohmarzipan mit Marillenmarmelade dressierfähig machen. Mit Marillenschnaps abschmecken, je zwei Biskotten damit zusammensetzen und tiefkühlen.
Danach in kochendheiße Marillenmarmelade tauchen und auf ein Glasiergitter setzen.
Fondant auf ca. 60 Grad Celsius erwärmen, mit Läuterzucker etwas verdünnen (die Konsistenz des Fondants sollte dickflüssig sein) und mit oranger Lebensmittelfarbe einfärben. Die Biskotten darin tunken, auf ein Glasiergitter setzen und trocknen lassen. In Papierkapseln setzen, mit Schokoladeornamenten und Orangenzesten dekorieren.

MOCCABOHNEN *(30 Stück)*

Hülsenmasse (halbe Menge, siehe Massen), 300 g Buttercreme (siehe Cremen für Torten und Schnitten), 1/16 l schwarzer Kaffee, Marillenmarmelade, Fondant, Kaffee oder Kaffeepaste zum Abschmecken, 30 Marzipankaffeebohnen

Hülsenmasse in einen Dressiersack mit glatter Tülle (Nr. 8) füllen und auf ein mit Backpapier belegtes Blech kleine Kipferln dressieren. Mit Mehl leicht stauben und bei eingehängtem Backrohr backen.
Ausgekühlt vom Papier lösen und mit einem kleinen Messer aushöhlen.
Die aufgeschlagene Buttercreme mit schwarzem Kaffee abschmecken, die Kipferln damit zusammensetzen und tiefkühlen.
Danach in kochendheiße Marillenmarmelade tauchen und auf ein Glasiergitter setzen. Fondant im Wasserbad auf ca. 60 Grad Celsius erwärmen, mit Läuterzucker etwas verdünnen (die Konsistenz des Fondants sollte dickflüssig sein) und mit Kaffee oder Kaffeepaste abschmecken. Die Kipferln darin tunken, auf ein Glasiergitter setzen und trocknen lassen.
In Papierkapseln setzen und mit aus Marzipan modellierten Kaffeebohnen dekorieren.

NUSSDESSERTS *(30 Stück)*

1 Biskuitfleck (40 cm x 35 cm; aus der Biskuitmasse für Torten)
Nußfarce: 1/8 l Wasser, 100 g Kristallzucker, 180 g geriebene Walnüsse; Marillenmarmelade, Fondant, 30 halbe Walnüsse

Einen Kapselrahmen (20 cm x 16 cm x 3 cm) auf ein mit Backpapier belegtes Blech stellen.
Von dem ausgekühlten Biskuitfleck das Papier abziehen, in vier gleich große Teile schneiden und einen Teil in den Kapselrahmen legen.
Für die Nußfarce Wasser mit Kristallzucker aufkochen, die geriebenen Walnüsse beigeben und kurz durchrösten. Ein Drittel der ausgekühlten Nußfarce aufstreichen. Abwechselnd einen Biskuitfleck einlegen und Nußfarce aufstreichen. Mit einem Biskuitfleck abschließen, ein Backpapier auflegen, beschweren (pressen) und in den Kühlschrank stellen (am besten über Nacht).
Backpapier abnehmen, dünn mit kochendheißer Marillenmarmelade bestreichen und aus dem Kapselrahmen nehmen. Mit einem runden Ausstecher (Durchmesser 3 cm) ausstechen, in erwärmten (ca. 60 Grad Celsius) mit Läuterzucker verdünnten Fondant (die Konsistenz sollte dickflüssig sein) tunken und auf einem Glasiergitter abtrocknen lassen. In Papierkapseln setzen und mit halben Walnüssen dekorieren.

ORANGENRHOMBOIDE *(30 Stück)*

250 g Rohmarzipan, 2 Eier, 8 Eidotter, 80 g Staubzucker, Vanillezucker, 100 g Maizena; 250 g Marillenmarmelade, 1/16 l Orangensaft, Fondant, orange Lebensmittelfarbe

Rohmarzipan mit Eiern glatt abarbeiten und mit den Eidottern, gesiebtem Staubzucker und Vanillezucker schaumig rühren. Maizena einmelieren, die Masse auf ein mit Backpapier belegtes Blech (40 cm x 35 cm) streichen und im vorgeheizten Backrohr bei 200 Grad Celsius ca. 12 Minuten backen.
Einen Kapselrahmen (20 cm x 16 cm x 3 cm) auf ein mit Backpapier belegtes Blech stellen. Von der ausgekühlten Mandelmasse das Papier abziehen, in vier gleich große Teile schneiden und einen Teil in den Kapselrahmen legen.

Marillenmarmelade mit Orangensaft aufkochen und davon etwas auf die Masse streichen. Abwechselnd Mandelmasse einlegen und die Marmelade aufstreichen. Mit Mandelmasse abschließen, ein Backpapier auflegen, beschweren (pressen) und in den Kühlschrank stellen (am besten über Nacht).
Backpapier abziehen, dünn mit kochendheißer Marillenmarmelade bestreichen und in 3 cm breite Streifen schneiden. Diese Streifen leicht versetzen und schräg in 3 cm Abständen schneiden, sodaß Rhomboide entstehen.
In erwärmten (ca. 60 Grad Celsius), mit Läuterzucker verdünnten (die Konsistenz sollte dickflüssig sein) und leicht orange gefärbten Fondant tunken.
Auf einem Glasiergitter trocknen lassen, in Papierkapseln setzen und eventuell mit Spritzschokolade und kandierten Orangenschalen (die man in bestimmten Formen aussticht) dekorieren.

PUNSCHKRAPFERLN *(30 Stück)*

Zubereitung wie Stückdessert (siehe Punschkrapfen). Masse in einen Kapselrahmen (20 cm x 16 cm x 3 cm) pressen. In 3 cm x 3 cm große Stücke schneiden.

ROYALKUGELN *(30 Stück)*

Hülsenmasse (halbe Menge, siehe Massen), Parisercreme (siehe Cremen für Torten und Schnitten); Marillenmarmelade, Fondant, grüne Lebensmittelfarbe

Hülsenmasse in einen Dressiersack mit glatter Tülle (Nr. 8) füllen und auf ein mit Backpapier belegtes Blech kleine Halbkugeln dressieren. Mit Mehl leicht stauben und bei eingehängtem Backrohr backen. Ausgekühlt vom Papier lösen und mit einem kleinen Messer aushöhlen.
Parisercreme leicht aufrühren, die Halbkugeln damit zusammensetzen und tiefkühlen. Danach in kochendheiße Marillenmarmelade tauchen und auf ein Glasiergitter setzen. Fondant im Wasserbad auf ca. 60 Grad Celsius erwärmen, mit Läuterzucker etwas verdünnen (die Konsistenz sollte dickflüssig sein) und mit grüner Lebensmittelfarbe zart einfärben. Die Kugeln darin tunken, auf ein Glasiergitter setzen und trocknen lassen. In Papierkapseln setzen und eventuell mit Spritzschokolade und halbierten Pistazien dekorieren.

SACHERSCHNITTEN *(40 Stück)*

1 Sacherfleck (40 cm x 35 cm; siehe Sachermasse); Marillenmarmelade, Sacherglasur (siehe Glasuren)

Einen Kapselrahmen (20 cm x 16 cm x 3 cm) auf ein mit Backpapier belegtes Blech stellen. Von dem ausgekühlten Sacherfleck das Papier abziehen, in vier gleich große Teile schneiden und einen Teil in den Kapselrahmen legen.
Kochendheiße Marillenmarmelade aufstreichen und abwechselnd einen Sacherboden einlegen und Marillenmarmelade aufstreichen. Mit einem Sacherboden abschließen, ein Backpapier auflegen, beschweren (pressen) und in den Kühlschrank stellen (am besten über Nacht).
Backpapier abnehmen, dünn mit kochendheißer Marillenmarmelade bestreichen und aus dem Kapselrahmen nehmen. In 4 cm x 2 cm große Stücke schneiden, in Sacherglasur tunken, auf ein Glasiergitter setzen und trocknen lassen.
In Papierkapseln setzen und eventuell mit Spritzschokolade verzieren.

Teegebäck

Unter Teegebäck versteht man verschiedenstes Kleingebäck, das meist aus Mürbteig (siehe Teige), gerührten Massen (für Spritzgebäck), Makronen, aber auch Biskuitmasse hergestellt wird.
Mürbteige (eventuell mit geriebenen Nüssen, Kakao, Eidotter usw. verfeinert) werden hauptsächlich für ausgestochenes Gebäck verwendet.
Spritzgebäck wird aus einer fettgerührten Masse hergestellt und in verschiedene Formen (Kipferln, Stangerln, Busserln usw.) auf Bleche dressiert und gebacken.
Für Makronenmassen werden fein geriebene Mandeln (Haselnüsse, Kokosraspel, Walnüsse) mit Puderzucker im Verhältnis 1:1 bis 1:3 sowie der entsprechenden Menge Eiweiß zu einer dressierfähigen Masse vermischt, danach melangiert oder abgeröstet. Das Abrösten sollte unter ständigem Umrühren im Wasserbad auf kleiner Flamme vor sich gehen. Die Masse soll heiß werden, das Eiweiß darf jedoch nicht gerinnen. Die Makronen werden in verschiedene Formen auf Backpapier oder Oblaten dressiert und sollen bei möglichst schwacher Hitze und ohne Dunst (eingehängtes Backrohr) gebacken werden.
Das Gebäck soll einen Glanz und eine fein gerissene Oberfläche erhalten. Es empfiehlt sich eine Backprobe zu machen. Rinnt das Gebäck beim Backen auseinander und hat es keine Risse an der Oberfläche, so mischt man etwas gesiebten Staubzucker und geriebene Mandeln unter die Masse. Ist die Masse zu fest und bekommt beim Backen grobe Risse, so wird sie ein wenig mit Eiweiß verdünnt.
Teegebäck wird mit passierter Marmelade, Nougat, Marzipan usw. gefüllt und kann in Tunkmasse (Milchtunkmasse) getunkt oder angezuckert werden.

AMARETTI *(Abb. auf Seite 171)*

200 g weiße geriebene Mandeln, 100 g Puderzucker, 350 g Kristallzucker, 7 Eiweiß, Saft von einer halben Zitrone, 6 Tropfen Bittermandelöl; Staubzucker

Die feingeriebenen Mandeln mit dem gesiebten Puderzucker im Mörser zu einem feinen Pulver verreiben.
Mit den restlichen Zutaten auf einem Wasserbad unter ständigem Rühren auf ca. 80 Grad Celsius erhitzen. Masse in einen Dressiersack mit Lochtülle füllen und kleine Krapferln auf ein mit Backpapier belegtes Blech dressieren.
Im vorgeheizten Backrohr bei 190 Grad Celsius ca. 12 Minuten backen.
Ausgekühlt leicht mit Staubzucker bestreuen.

ANISSCHARTEN

4 Eier, 250 g Staubzucker, Vanillezucker, 250 g Mehl, ca. 30 g Anis; Öl und Mehl für das Backblech

Eier mit gesiebtem Staubzucker und Vanillezucker warm und kalt schlagen (siehe Fachausdrücke) und das Mehl einmelieren.
Die Masse in einen Dressiersack mit glatter Tülle (Nr. 4) füllen und auf ein mit Öl leicht gefettetes, mit Mehl gestaubtes Blech kleine Scheiben dressieren (laufen beim Backen etwas auseinander).
Mit Anis bestreuen und im vorgeheizten Backrohr bei 170 Grad Celsius ca. 8 Minuten backen. Sobald der Rand der Anisscharten Farbe nimmt, aus dem Backrohr nehmen.

BAUMKUCHENSCHNITTEN GRAND MARNIER

120 g Rohmarzipan, 5 cl Grand Marnier, 5 Eidotter, 200 g Butter, 60 g Staubzucker, 40 g Maizena, Vanillezucker, geriebene Zitronenschale, eine Prise Salz, 5 Eiweiß, 90 g Kristallzucker, 60 g Mehl; Tunkmasse

Rohmarzipan mit Grand Marnier und den Eidottern glatt abarbeiten. Mit weicher Butter, gesiebtem Staubzucker, Maizena, Vanillezucker, geriebener Zitronenschale und Salz schaumig rühren. Eiweiß mit Kristallzucker zu schmierigem Schnee schlagen, unter die Fettmasse heben und das Mehl einmelieren. Einen Kapselrahmen (20 cm x 16 cm) auf ein mit Backpapier belegtes Blech stellen, einen Teil der Masse eingießen und verstreichen (ca. 5 mm hoch).
Im vorgeheizten Backrohr bei 220 Grad Celsius (nur Oberhitze) backen. Wenn die Masse Farbe bekommen hat, die nächste Lage aufstreichen und weiterbacken. So nach und nach die Masse aufarbeiten. Den ausgekühlten Kuchen aus der Form nehmen, das Papier abziehen und die weniger schöne Seite dünn mit temperierter Tunkmasse (siehe Glasuren) bestreichen. Tunkmasse stocken lassen, Kuchen umdrehen und in 4 cm breite Streifen schneiden. Diese Streifen ganz mit temperierter Tunkmasse überziehen, stocken lassen und in kleine Schnitten teilen.

BUTTERBREZELN, GETUNKT

Mürbteig (siehe Teige); Milchtunkmasse, gehackte Pistazien

Aus dem Mürbteig ca. 14 cm lange und 5 mm starke Rollen formen. Diese zu Brezeln formen, auf ein Blech legen und im vorgeheizten Backrohr bei 170 Grad Celsius hell ca. 10 Minuten backen.
Die ausgekühlten Brezeln in temperierte Tunkmasse (siehe Glasuren) tunken und mit Pistazien bestreuen.

BUTTERPLÄTZCHEN *(Abb. auf Seite 172)*

100 g Butter, 120 g Staubzucker, Vanillezucker, eine Prise Salz, 1 Eiweiß, 130 g Mehl
Mandelkaramelmasse: 40 g Glucosesirup, 40 g brauner Rohrzucker, 40 g Butter, 40 g gehobelte Mandeln; gehobelte Mandeln zum Bestreuen

Die weiche Butter mit gesiebtem Staubzucker, Vanillezucker und einer Prise Salz verrühren. Eiweiß nach und nach unterrühren und mit dem Mehl zu einer glatten Masse verrühren.
Aus der Masse kleine Ringe auf ein mit Backpapier belegtes Blech dressieren. Die Ringe leicht mit zerdrückten, gehobelten Mandeln bestreuen.
Für die Karamelmasse Glucosesirup, Rohrzucker und Butter miteinander aufkochen und die gehobelten Mandeln in die noch heiße Masse einrühren.
Mit einem Dressiersack die Mandelkaramelmasse in die Mitte der Ringe dressieren und im vorgeheizten Backrohr bei 170 Grad Celsius ca. 12 Minuten backen.

DAMENKÜSSCHEN

160 g Butter, 200 g Staubzucker, 1 Vanilleschote, eine Prise Salz, 1 Ei, 360 g geschälte, geriebene Haselnüsse, 200 g Mehl, 20 g Kakaopulver; temperierte Tunkmasse

Um Haselnüsse gut schälen zu können, müssen sie im Backofen leicht geröstet werden.

Schwarzweißgebäck –
zu Rezept von Seite 227

Danach die Schale in einem groben Sieb abreiben.
Die weiche Butter mit dem gesiebten Staubzucker, dem Mark einer Vanilleschote und einer Prise Salz schaumig rühren.
Mit dem Mehl und den Haselnüssen vermengen. Den Teig halbieren und einen Teil mit dem gesiebten Kakaopulver vermischen. Den Teig in Klarsichtfolie wickeln und im Kühlschrank mindestens zwei Stunden kühlen.
Aus beiden Teigen ungefähr haselnußgroße Kugeln formen. Diese auf ein mit Backtrennpapier belegtes Blech legen und bei 190 Grad Celsius ca. 12 Minuten backen.
Mit temperierter Tunkmasse (siehe Glasuren) je eine helle und eine dunkle Kugel aufeinander kleben.

DRESSIERTES LINZER GEBÄCK

250 g Butter, 100 g Staubzucker, geriebene Zitronenschale, Vanillezucker, eine Prise Salz, 1 Ei, 320 g Mehl; Marillenmarmelade, Tunkmasse

Die weiche Butter mit gesiebtem Staubzucker, geriebener Zitronenschale, Vanillezucker und Salz schaumig rühren. Das Ei dazugeben und das Mehl einmelieren.
Die Masse in einen Dressiersack mit Sterntülle (Nr. 6) füllen und auf ein mit Backpapier belegtes Blech verschiedene Formen (Kipferln, Stangerln, Rosetten) aufdressieren. Im vorgeheizten Backrohr bei 180 Grad Celsius hell, ca. 10 Minuten, backen.
Ausgekühlt je zwei Stück mit passierter Marillenmarmelade zusammensetzen.
Temperierte Tunkmasse (siehe Glasuren) in ein Papierstanitzel füllen und ein Gitter darüberspritzen.

EISENBAHNER

Mürbteig (siehe Teige)
250 g Rohmarzipan, 35 g Staubzucker, 25 g Butter, 50 g Glucosesirup, 1 Eiweiß, Himbeermarmelade

Mürbteig auf einer bemehlten Arbeitsfläche ca. 3 mm stark ausrollen, auf ein mit Backpapier belegtes Blech legen und im vorgeheizten Backrohr bei 180 Grad Celsius ca. 10 Minuten (goldgelb) backen.
Noch warm in 4 cm breite Streifen schneiden und je zwei mit heißer Himbeermarmelade doublieren (zusammensetzen).
Rohmarzipan mit gesiebtem Staubzucker, weicher (nicht flüssiger) Butter, Glucosesirup und Eiweiß zu einer glatten Masse verarbeiten.
Masse in einen Dressiersack mit Sterntülle (Nr. 6) füllen und am Rand der gefüllten Mürbteigstreifen entlang gleichmäßig aufdressieren.
Die Masse einige Stunden übertrocknen lassen.
Im vorgeheizten Backrohr bei 250 Grad Celsius Oberhitze abflämmen. (Die Marzipanmasse soll eine goldgelbe Farbe bekommen).
Nach dem Auskühlen den Zwischenraum der beiden Marzipanstreifen mit heißer Himbeermarmelade ausgießen. Marmelade fest werden lassen und die Streifen in ca. 2 cm breite Stücke schneiden.

Spekulatius –
zu Rezept von Seite 227

ENGADINER NUSSECKEN *(Abb. auf Seite 191)*

75 g Staubzucker, 150 g Butter, 300 g Mehl, 1 Ei, geriebene Zitronenschale, Vanillezucker, eine Prise Salz
Walnußkaramelmasse: 1/8 l Schlagobers, 70 g Kristallzucker, 55 g Honig, 45 g Glucosesirup, Vanillezucker, 25 g Butter, 120 g grob gehackte Walnüsse; Ei zum Bestreichen

Für den Mürbteig alle Zutaten rasch zu einem Teig kneten und im Kühlschrank ca. 2 Stunden rasten lassen.
Für die Walnußkaramelmasse Schlagobers mit Kristallzucker, Honig, Glucosesirup und Vanillezucker auf 120 Grad Celsius kochen. Die Butter zugeben und alles mit dem Stabmixer 5 Minuten lang mixen. Die Walnüsse unterrühren und kühl stellen.
Den Mürbteig auf einer bemehlten Arbeitsfläche 3 mm stark ausrollen und auf ein mit Backpapier belegtes Backblech legen. Teig mit einem Kapselrahmen umstellen und die ausgekühlte Walnußfüllung aufstreichen.
Die Fülle mit ausgerolltem Mürbteig abdecken und diesen mehrmals mit einer Gabel einstechen, damit die Luft beim Backen entweichen kann.
Die Oberfläche mit versprudeltem Ei bestreichen und im vorgeheizten Backrohr bei 170 Grad Celsius ca. 20 Minuten backen.
Das ausgekühlte Rechteck zuerst in 4 cm breite Streifen und dann in Dreiecke schneiden.

FLORENTINER

1/8 l Schlagobers, 100 g Kristallzucker, 30 g Butter, 50 g Honig, 140 g gehobelte Mandeln, 100 g Aranzini, 30 g kandierte Kirschen; Tunkmasse

Schlagobers mit Kristallzucker, Butter und Honig aufkochen. Die gehobelten Mandeln und Aranzini beigeben, die Masse kurz abrösten und zuletzt die grob gehackten, kandierten Kirschen einrühren.
Die heiße Masse auf einem mit Backpapier belegten Blech verteilen, ein Backpapier darauf legen und mit einem Rollholz die Masse dünn ausrollen.
Das obere Backpapier wieder abziehen und die Masse im vorgeheizten Backrohr bei 160 Grad Celsius goldgelb, ca. 10 Minuten, backen. Florentiner noch warm in 4 cm große Quadrate schneiden. Das Backpapier vorsichtig abziehen und auskühlen lassen.
Temperierte Tunkmasse auf ein Backpapier dünn aufstreichen. Die Florentiner in die weiche Tunkmasse eng aneinander legen und kurz vor dem Stocken nachschneiden. Stocken lassen und vom Backpapier lösen.

GALETTE ORANGE

180 g geröstete, gehackte Haselnüsse, 3 Eiweiß, 120 g Staubzucker, 40 g Aranzini, Schale einer Orange; temperierte Tunkmasse

Die Haselnüsse im Backofen bei 180 Grad Celsius leicht rösten. In einem groben Sieb rubbeln bis sich die Schale löst. Auskühlen lassen und fein hacken.
Aranzini sehr fein hacken und mit Eiweiß, gesiebtem Staubzucker, geriebener Orangenschale und gehackten Haselnüssen gut verrühren.
Aus dieser Masse mit einem Dressiersack Plätzchen auf gefettete Backbleche dressieren. Mit einer nassen Gabel die Plätzchen rund- und flachdrücken und im vorgeheizten Backrohr bei 170 Grad Celsius backen.

Vanille-Anis-Scheiben –
zu Rezept von Seite 228

Nach dem Backen sofort mit einer Metallspachtel vom Backblech lösen. Ausgekühlt die Plätzchen bis zur Hälfte in temperierte Tunkmasse tauchen.

HUSARENKRAPFERLN

200 g Butter, 100 g Staubzucker, 2 Eidotter, geriebene Zitronenschale, Vanillezucker, eine Prise Salz, 270 g Mehl, 80 g geriebene Haselnüsse; Staubzucker, Ribiselmarmelade

Die kalte Butter in Würfel schneiden, mit gesiebtem Staubzucker und den restlichen Zutaten rasch zu einem Teig verkneten. Zugedeckt mindestens eine Stunde im Kühlschrank rasten lassen.
Aus dem Teig 2,5 cm starke Stangen rollen und in gleichmäßige Stücke (ca. 1 cm breit) schneiden. Diese zu Kugeln formen, etwas flachdrücken und auf ein Backblech wegsetzen. In die Mitte der Krapferln mit einem Kochlöffelstiel eine Vertiefung drücken und im vorgeheizten Backrohr bei 180 Grad Celsius ca. 15 Minuten backen.
Die ausgekühlten Krapferln mit Staubzucker bestreuen. Die passierte Ribiselmarmelade erhitzen und in die Vertiefungen füllen. Die Marmelade gut trocknen lassen, ehe die Krapferln zusammengeschlichtet werden.

ISCHLER KRAPFERLN

250 g Butter, 150 g Staubzucker, 300 g Mehl, 100 g geriebene Haselnüsse, Zimt; Marillenmarmelade, Tunkmasse (oder Kochschokolade), geschälte, halbe Mandeln

Die kalte Butter in Würfel schneiden und mit gesiebtem Staubzucker, Mehl, geriebenen Haselnüssen und Zimt rasch zu einem Teig verkneten. Zugedeckt mindestens eine Stunde im Kühlschrank rasten lassen. Den Teig auf einer bemehlten Arbeitsfläche ca. 2 mm stark ausrollen. Scheiben (Durchmesser 4 cm) ausstechen und auf ein Backblech legen. Im vorgeheizten Backrohr bei 180 Grad Celsius hell ca. 10 Minuten backen.
Die ausgekühlten Scheiben mit passierter Marillenmarmelade zusammensetzen. In temperierte Tunkmasse tauchen, mit einer Gabel herausheben, gut abtropfen lassen und auf ein Backpapier wegsetzen.
Kurz vor dem Stocken der Glasur die Ischler mit den Mandelhälften belegen.

JAPONAIS-NOUGAT

4 Eiweiß, 100 g Kristallzucker, Vanillezucker, eine Prise Salz, 100 g geriebene Haselnüsse, 20 g Mehl; gehackte Haselnüsse
Nougatfüllung: 120 g Haselnußnougat, 20 g Milchtunkmasse

Eiweiß mit Kristallzucker, Vanillezucker und einer Prise Salz zu Schnee schlagen und die mit dem Mehl vermischten Haselnüsse unterheben.
Die Masse mit einer Schablone oder einem Dressiersack auf ein mit Backtrennpapier belegtes Backblech auftragen. Die Ovale mit gehackten Haselnüssen bestreuen und im vorgeheizten Backrohr bei 180 Grad Celsius ca. 10 Minuten backen.
Für die Nougatfüllung Haselnußnougat und Milchtunkmasse im Wasserbad schmelzen und gut verrühren.
Jeweils zwei Japonaisböden mit der Nougatcreme zusammensetzen und leicht anzuckern.

Zimtsterne –
zu Rezept von Seite 229

Bonbons, handgefertigt –
zu den Rezepten von Seite 229 bis Seite 235

KARAMELPLÄTZCHEN

250 g Kristallzucker, 1/8 l Schlagobers, 110 g Butter, 125 g Glucosesirup, 250 g gehobelte Mandeln

Kristallzucker mit Schlagobers, Butter und Glucosesirup unter ständigem Rühren auf 120 Grad Celsius erhitzen. Die gehobelten Mandeln im Backrohr rösten (hell) und in die fertiggekochte Zuckermasse einrühren.
Die noch heiße Masse auf ein Backpapier ausleeren und verstreichen. Mit einem Backpapier abdecken, auf 5 mm Stärke ausrollen und auskühlen lassen.
Papier abziehen und in Quadrate mit einer Seitenlänge von ca. 3 cm schneiden. Auf ein mit Backpapier belegtes Blech legen und im vorgeheizten Backrohr bei 140 Grad Celsius ca. 15 Minuten backen.
Noch heiß mit einem runden Ausstecher etwas zusammenschieben. Karamelplätzchen nochmals in den Ofen einschieben und kurz erwärmen. Mit einer Metallspachtel vom Backblech lösen und über einer Terrinenform halbrund biegen. Nach dem Auskühlen halten die Plätzchen ihre Form.

KOKOSBUSSERLN

3 Eiweiß, 270 g Staubzucker, 220 g Kokosraspel, 60 g Kristallzucker, 2 Eiweiß, 40 g Glucose; Tunkmasse

3 Eiweiß mit gesiebtem Staubzucker warm und kalt schlagen (siehe Fachausdrücke). Kokosraspel mit Kristallzucker, dem restlichen Eiweiß und Glucose mischen und dem geschlagenen Schnee beigeben.
Diese Masse unter ständigem Rühren auf kleiner Flamme abrösten (bis ca. 40 Grad Celsius).
Die Kokosmasse in einen Dressiersack mit glatter Tülle (Nr. 8) füllen und kleine Krapferln auf mit Backpapier belegte Bleche dressieren. Im vorgeheizten Backrohr bei 180 Grad Celsius 10 Minuten goldgelb backen. Die ausgekühlten Kokosbusserln in temperierter Tunkmasse (siehe Glasuren) bodentunken, abtropfen lassen und auf Backpapier wegsetzen.

KOKOSTÖRTCHEN

200 g Butter, 100 g Staubzucker, Vanillezucker, geriebene Zitronenschale, 2 Eidotter, 270 g Mehl, 130 g Kokosraspel; 1/8 l Schlagobers, 200 g Tunkmasse (oder Kochschokolade), 1 Eßlöffel Rum, 20 g Kokosraspel; Marillenmarmelade, Kokosraspel

Die kalte Butter in Würfel schneiden und mit gesiebtem Staubzucker, Vanillezucker, geriebener Zitronenschale, Eidottern, Mehl und 130 g Kokosraspel rasch zu einem Teig verkneten. Zugedeckt im Kühlschrank mindestens eine Stunde rasten lassen. Den Teig auf einer bemehlten Arbeitsfläche ca. 3 mm stark ausrollen, Scheiben (Durchmesser 4 cm) ausstechen und diese auf ein Backblech legen. Aus der Hälfte der Scheiben Löcher (Durchmesser 2 cm) ausstechen. Im vorgeheizten Backrohr bei 170 Grad Celsius hell, ca. 10 Minuten, backen.
Schlagobers, Tunkmasse und Rum im Wasserbad erwärmen, 20 g Kokosraspel einrühren und die ganzen ausgekühlten Scheiben damit bestreichen.
Die Ringe mit passierter Marillenmarmelade bestreichen, in Kokosraspel tauchen und auf die Törtchen setzen. Die Mitte mit der restlichen, noch warmen Schokolade auffüllen.

KÜRBISKERNSCHNITTEN *(Abb. auf Seite 193)*

100 g Staubzucker, 200 g Butter, 250 g Mehl, 100 g geröstete, geriebene Kürbiskerne, Vanillezucker, Orangenmarmelade
Belag: 1/16 l Schlagobers, 120 g Honig, 120 g Butter, 260 g Kristallzucker, 300 g Kürbiskerne

Für den Teig alle Zutaten rasch zusammenkneten und in Klarsichtfolie gewickelt 2 Stunden im Kühlschrank rasten lassen.
Danach 4 mm stark ausrollen, im vorgeheizten Backrohr bei 180 Grad Celsius hell vorbacken und mit Orangenmarmelade bestreichen.
Für den Belag Schlagobers mit Honig, Butter und Kristallzucker aufkochen, die Kürbiskerne einrühren und nochmals aufkochen. Die Masse auf den Mürbteigboden streichen und bei 180 Grad Celsius fertig backen.
Über Nacht gut auskühlen lassen und in ca. 3 cm breite Streifen schneiden. Diese Streifen in gleichmäßige Rauten teilen.

LEBKUCHENKUGELN

500 g Lebkuchenbrösel (getrocknete, geriebene Lebkuchenreste), 1/8 l Rum, 1/16 l Orangensaft, 50 g Ribiselmarmelade, 100 g Tunkmasse (oder Kochschokolade); Kakao

Die Lebkuchenbrösel mit Rum und Orangensaft vermischen und ca. 1 Stunde ziehen lassen. Die passierte Ribiselmarmelade und die im Wasserbad aufgelöste Tunkmasse mit der Lebkuchenmasse vermischen und im Kühlschrank ziehen lassen.
Aus der Masse mit leicht befeuchteten Händen Kugeln formen, in Kakao rollen und in Papierkapseln setzen.

LINZER AUGERLN *(Abb. auf Seite 189)*

Zubereitung siehe Stückdesserts. Einen kleineren Ausstecher (Durchmesser 5 cm) verwenden.

LUXEMBURGERLI

300 g fein geriebene, weiße Mandeln, 300 g Puderzucker, 4 Eiweiß, 3 Eiweiß, 240 g Kristallzucker, 1/16 l Wasser
Congnaccanache: 1/8 l Schlagobers, 20 g Glucosesirup, 310 g weiße Tunkmasse, 5 cl Congnac

Wenn möglich die feingeriebenen Mandeln mit dem Puderzucker im Mörser fein zerreiben. Die Mischung mit 4 Eiweiß vermengen.
3 Eiweiß mit 40 g Kristallzucker zu Schnee schlagen. In der Zwischenzeit 200 g Kristallzucker mit dem Wasser auf 125 Grad Celsius kochen.
Hat der Zucker die benötigten Grade erreicht, diesen in dünnem Strahl in den Eischnee gießen und die Masse langsam kalt laufen lassen.
Die vorbereitete Mandelmasse in die Schneemasse einmelieren (Nicht zu stark rühren, sonst läuft die Masse auseinander).
Runde Tupfen auf Backpapier dressieren und im vorgeheizten Backrohr bei 160 Grad Celsius ca. 18 Minuten backen.
Für die Congnaccanache Schlagobers und Glucosesirup aufkochen und in die über

Wasserbad geschmolzene weiße Tunkmasse einrühren. Zuletzt den Alkohol zugeben und 2 Minuten mit dem Stabmixer mixen.
Kühl stellen, bis eine dressierfähige Konsistenz gegeben ist. Canache in einen Dressiersack füllen und je zwei Mandelbaiser zusammensetzen.

MANDELBÄCKEREI

500 g Rohmarzipan, 250 g Staubzucker, 8 Eiweiß, 20 g Clucose; kandierte Kirschen, Haselnüsse, passierte Ribiselmarmelade

Rohmarzipan mit gesiebtem Staubzucker, Eiweiß und Glucose verrühren und unter ständigem Rühren auf kleiner Flamme abrösten (bis ca. 40 Grad Celsius).
Die Masse in einen Dressiersack mit glatter Tülle (Nr. 6) füllen und verschiedene Formen (Busserln, Stangerln, Kipferln usw.) auf ein mit Backpapier belegtes Blech dressieren.
Die Hälfte der aufdressierten Mandelmasse mit kleingeschnittenen, kandierten Kirschen oder Haselnüssen belegen.
Die Mandelbäckerei ca. 1 Stunde trocknen lassen und im vorgeheizten Backrohr bei 170 Grad Celsius hell, ca. 10 Minuten, backen.
Die ausgekühlte Bäckerei vom Backpapier lösen, die Unterteile umdrehen, passierte Ribiselmarmelade aufdressieren und die belegten Oberteile daraufsetzen.

MERINGE-KAFFEECANACHE *(Abb. auf Seite 195)*

4 Eiweiß, 210 g Kristallzucker, 15 g Weizenpuder;
Kaffeecanache: 1/8 l Schlagobers, 30 g Glucosesirup, 10 g löslicher Kaffee, 200 g Milchtunkmasse, 20 g Kaffeelikör; Kakaopulver

Eiweiß mit 20 g Kristallzucker aufschlagen. Inzwischen den restlichen Zucker mit 1/16 l Wasser auf 119 Grad Celsius kochen und diesen in dünnem Strahl in die aufgeschlagene Eiweißmasse gießen. Die Rührmaschine auf langsamer Stufe weiterlaufen lassen, bis die Masse abgekühlt ist. Anschließend das Weizenpuder einmelieren.
Mit einem Dressiersack mit kleiner Lochtülle Halbkugeln auf Backpapier dressieren. Die Hälfte der Kugeln mit Kakao besieben und im vorgeheizten Backrohr bei 120 Grad Celsius ca. 1 Stunde backen (Die Masse sollte nicht bräunen). Danach einige Stunden bei 50 Grad Celsius trocknen lassen, bis die Masse keinen weichen Kern mehr aufweist.
Für die Kaffeecanache Schlagobers mit Glucosesirup und dem löslichen Kaffee aufkochen und unter die aufgelöste Milchtunkmasse rühren. Zuletzt den Likör beimengen und alles mit dem Stabmixer 2 Minuten mixen. Die Masse abdecken und kühl stellen. Ist die Füllung soweit abgekühlt, daß sie halbfest ist, diese in einen Dressiersack mit mittlerer Sterntülle füllen.
Die Canache auf die Baisermasseunterteile (ohne Kakao) rosettenförmig dressieren und die Oberteile darauf setzen.

MÜRBTEIGECKEN

300 g Butter, 200 g Kristallzucker, 3 g Salz, 500 g Mehl; Ei zum Bestreichen, Kristallzucker

Die in Würfel geschnittene, kalte Butter mit Kristallzucker, Salz und Mehl rasch zu einem Teig kneten. In Klarsichtfolie gewickelt mindestens 2 Stunden im Kühlschrank rasten lassen.

Den Teig 15 mm stark ausrollen, rund ausstechen (Durchmesser 20 cm) und auf ein mit Backpapier belegtes Blech wegsetzen. Mit dem Messer sternförmig einkerben, mit Ei bestreichen und mit Kristallzucker bestreuen. Den Mürbteig stupfen und im vorgeheizten Backrohr bei 160 Grad Celsius ca. 35 Minuten backen.

NUSSBÖGEN

250 g Butter, 100 g Staubzucker, geriebene Zitronenschale, Vanillezucker, 1 Ei, 1 Eidotter, 250 g Mehl, 180 g geriebene Walnüsse; Ribiselmarmelade, Staubzucker

Die weiche Butter mit gesiebtem Staubzucker, geriebener Zitronenschale und Vanillezucker schaumig rühren. Ei und Eidotter nach und nach dazugeben und das mit den geriebenen Walnüssen vermischte Mehl einmelieren.
Die Masse in einen Dressiersack mit Sterntülle (Nr. 6) füllen und kleine Bögen (Kipferln) auf ein mit Backpapier belegtes Blech dressieren. Im vorgeheizten Backrohr bei 180 Grad Celsius hell, ca. 10 Minuten, backen.
Sobald der Rand der Bögen Farbe bekommen hat, aus dem Backrohr nehmen und auskühlen lassen. Mit passierter Ribiselmarmelade zusammensetzen und anzuckern.

NUSS-SCHOKOLADE-SCHNITTEN

100 g Tunkmasse (oder Kochschokolade), 150 g Milchtunkmasse, 100 g Staubzucker, 1/16 l Rum, 1/16 l Maresi oder Haltbarmilch, 280 g geriebene Walnüsse; Läuterzucker (siehe Zuckerkochtabelle), geriebene Walnüsse oder Kokosraspel

Tunkmasse und Milchtunkmasse im Wasserbad auflösen. Den gesiebten Staubzucker, Rum, Maresi und die geriebenen Walnüsse einrühren.
Einen Kapselrahmen (20 cm x 16 cm) auf ein mit Backpapier belegtes Blech stellen, die Masse eingießen und im Kühlschrank stocken lassen.
Danach aus dem Kapselrahmen in noch kaltem Zustand in 4,5 cm x 2,5 cm große Stücke schneiden. Diese in Läuterzucker tauchen, in geriebenen Walnüssen oder Kokosraspeln rollen und in Papierkapseln wegsetzen.

NUSSTALER

Mürbteig (siehe Teige); Nußfülle (halbe Menge, siehe Füllen für Kaffeegebäck); Erdbeermarmelade, Kokosraspel

Den Mürbteig auf einer bemehlten Arbeitsfläche ca. 3 mm stark ausrollen und Scheiben (Durchmesser 4 cm) ausstechen. Auf ein Blech legen und im vorgeheizten Backrohr bei 180 Grad Celsius hell, ca. 10 Minuten, backen.
Nußfülle mit Hilfe eines Dressiersackes mit glatter Tülle (Nr. 6) auf die Hälfte der ausgekühlten Scheiben dressieren und mit den restlichen Mürbteigscheiben abdecken.
Danach seitlich mit passierter Erdbeermarmelade bestreichen und in Kokosraspel rollen. Auf der Oberfläche je einen Tupfen heiße Erdbeermarmelade aufspritzen.

ORANGENMARZIPAN

150 g Rohmarzipan, 90 g Staubzucker, 10 g Glucosesirup, 20 g sehr fein gehackte Aranzini, 3 Eiweiß; gehobelte Mandeln
Fülle: 100 g Rohmarzipan, 100 g sehr fein gehackte Aranzini, 2 cl Cointreau, eventuell Läuterzucker

Rohmarzipan mit gesiebtem Staubzucker und Glucosesirup glatt abarbeiten und das Eiweiß nach und nach beigeben. Zuletzt feingehacktes Aranzini unterrühren.
Masse in einen Dressiersack mit glatter Tülle füllen und Plätzchen auf mit Backpapier belegte Bleche dressieren.
Mit gehobelten Mandeln bestreuen und im vorgeheizten Backrohr bei 190 Grad Celsius ca. 10 Minuten (goldgelb) backen.
Für die Fülle Rohmarzipan mit Aranzini vermengen und nach und nach den Cointreau einarbeiten. Mit Läuterzucker dressierfähig machen. Für den Läuterzucker Wasser mit Zucker im Verhältnis 1:1 aufkochen und abkühlen lassen.
Den Orangenmarzipan in einen Dressiersack mit glatter Tülle füllen und die Plätzchen damit zusammensetzen.

PATIENCE

4 Eiweiß, 350 g Kristallzucker, Mark einer Vanilleschote, etwas Löskaffee, 70 g Staubzucker, 210 g Mehl

Eiweiß mit 50 g Kristallzucker zu Schnee schlagen. Inzwischen 300 g Kristallzucker mit 80 g Wasser auf 119 Grad Celsius kochen, in dünnem Strahl in den Schnee einfließen lassen und langsam kalt rühren.
Das Mark der Vanilleschote und den in wenig Wasser aufgelösten, löslichen Kaffee zugeben. Zuletzt den gesiebten Staubzucker und das Mehl einmelieren.
Mit dem Kochlöffel solange rühren, bis die Masse weich wird. Die richtige Konsistenz ist erreicht, wenn bei der Masse die Oberfläche leicht verläuft. Mit einem Dressiersack mit kleiner Lochtülle verschiedene Arabesken formen, auf leicht gebutterte, mit Mehl gestaubte Backbleche dressieren und an einem warmen Ort übertrocknen lassen, bis sich die Arabesken etwas verschieben lassen.
Im vorgeheizten Backrohr bei 160 Grad Celsius ca. 20 Minuten backen.
Patiencegebäck sollte beim Backen einen schönen „Fuß“ bekommen, das heißt, daß sich die Oberfläche der Gebäckstücke beim Backen vom Backblech einige Millimeter abhebt.
Patiencegebäck schmeckt ausgezeichnet, wenn es ganz oder teilweise in Tunkmasse getunkt wird.

POLOS *(Abb. auf Seite 196)*

250 g Butter, 140 g Staubzucker, 25 g Kakaopulver, Vanillezucker, eine Prise Salz, 2 Eier, 200 g Mehl;
Parisercreme: 1/4 l Schlagobers, 20 g Glucosesirup, 250 g Tunkmasse (oder Kochschokolade)

Die weiche Butter mit gesiebtem Staubzucker, gesiebtem Kakao, Vanillezucker und einer Prise Salz schaumig rühren.
Eier versprudeln und in kleinen Portionen der Buttermasse beigeben. Zuletzt das Mehl einmelieren.
Die Masse in einen Dressiersack mit Lochtülle füllen und kleine Krapferln auf ein gefettetes, mit Mehl gestaubtes Blech dressieren. Im vorgeheizten Backrohr bei 160 Grad Celsius ca. 15 Minuten backen.
Für die Creme Schlagobers mit Glucosesirup aufkochen. Die über Wasserbad geschmolzene Tunkmasse beigeben und mit dem Stabmixer 2 Minuten mixen. Die Parisercreme soweit auskühlen lassen, bis sie dressierfähig ist.

Mit einem Dressiersack mit mittlerer Sterntülle Rosetten auf die Unterteile dressieren und die Oberteile daraufsetzen.

ROSA KIRSCHBLÜTEN

200 g Mehl, 100 g Staubzucker, 160 g Butter, 120 g geriebene Walnüsse, 2 Eidotter, 1 g Backpulver, geriebene Zitronenschale, Vanillezucker, Zimt, eine Prise Salz; Nußfülle (siehe Füllen für Kaffeegebäck); Kirschmarmelade, Fondant, rosa Lebensmittelfarbe, Pistazien

Für den Mürbteig alle Zutaten rasch zusammenkneten und in Klarsichtfolie gewickelt mindestens 2 Stunden kühl rasten lassen.
Anschließend auf einer bemehlten Arbeitsfläche 3 mm stark ausrollen, Blüten ausstechen und auf mit Backpapier belegte Bleche wegsetzen.
Im vorgeheizten Backrohr bei 180 Grad Celsius ca. 10 Minuten backen.
Je zwei Mürbteigböden mit Nußfülle zusammensetzen und die Oberfläche in heißer Kirschmarmelade tunken.
Fondant erwärmen (siehe Glasuren), mit Lebensmittelfarbe rosa einfärben, die Blüten darin tunken und mit einer halben Pistazie dekorieren.

ROTHSCHILD-BISKOTTEN

4 Eidotter, 30 g Kristallzucker, Vanillezucker, 4 Eiweiß, 60 g Kristallzucker, 120 g Mehl; Öl und Mehl für das Backblech, grob geriebene Mandeln, Tunkmasse oder Ribiselmarmelade, Fondant

Eidotter mit 30 g Kristallzucker und Vanillezucker schaumig rühren. Eiweiß mit 60 g Kristallzucker zu schmierigem Schnee schlagen, unter die Dottermasse heben und das Mehl einmelieren. Masse in einen Dressiersack mit glatter Tülle (Nr. 6) füllen und auf ein mit Öl leicht befettetes, mit Mehl gestaubtes Blech kleine Biskotten dressieren. Grob geriebene Mandeln darüberstreuen und im vorgeheizten Backrohr bei 180 Grad Celsius ca. 8 Minuten backen.
Die Unterseite der ausgekühlten Biskotten dünn mit temperierter Tunkmasse (siehe Glasuren) oder mit heißer Ribiselmarmelade und dünnem Fondant bestreichen.

SCHOKOLADEKEKSE

250 g Butter, 160 g Staubzucker, 2 Eidotter, Vanillezucker, eine Prise Salz, 380 g Mehl, 20 g Kakao; 250 g Rohmarzipan, Kirschwasser, Läuterzucker, Milchtunkmasse

Die kalte Butter in Würfel schneiden, mit gesiebtem Staubzucker und den restlichen Zutaten rasch zu einem Teig kneten. Zugedeckt mindestens eine Stunde im Kühlschrank rasten lassen.
Den Teig auf einer bemehlten Arbeitsfläche ca. 3 mm stark ausrollen. Kekse (beliebige Form) ausstechen, auf ein Blech legen und im vorgeheizten Backrohr bei 180 Grad Celsius ca. 10 Minuten backen.
Rohmarzipan mit Kirschwasser-Läuterzucker streichfähig machen und je zwei Kekse damit zusammensetzen. Danach die Kekse bis zur Hälfte in temperierte Milchtunkmasse tunken.

SCHWARZWEISSGEBÄCK *(Abb. auf Seite 213)*

Heller Mürbteig: 150 g Butter, 75 g Staubzucker, 200 g Mehl, Vanillezucker, eine Prise Salz
Dunkler Mürbteig: 150 g Butter, 75 g Staubzucker, 160 g Mehl, 40 g Kakao, Vanillezucker, eine Prise Salz; Eigelb zum Bestreichen

Die beiden Teige werden wie im Grundrezept (Mürbteig) hergestellt. In Klarsichtfolie wickeln und im Kühlschrank mindestens 2 Stunden rasten lassen.
Danach beide Teige auf einer bemehlten Arbeitsfläche ca. 1 cm stark ausrollen. Daraus 1 cm breite Streifen schneiden und diese mit einer Eigelb-Wasser-Mischung bestreichen. Die verschiedenfarbigen Streifen so zusammenkleben, daß ein kleines Schachbrett im Querschnitt entsteht. Dieses Streifenbündel im Kühlschrank fest werden lassen.
Danach das Streifenbündel mit Eidotter-Wasser-Mischung bestreichen und mit ausgerolltem Mürbteig umhüllen. Anschließend wieder kühlen (1 Stunde). In 4–5 mm dicke Scheiben schneiden, auf ein Blech legen und im vorgeheizten Backrohr bei 180 Grad Celsius ca. 12 Minuten backen.

SONNENRINGE

Mürbteig (siehe Teige), 500 g Rohmarzipan, 100 g Staubzucker, 100 g Honig, 50 g Butter, 2 Eiweiß; Nougat, gehackte, geröstete Mandeln

Mürbteig auf einer bemehlten Arbeitsfläche ca. 3 mm stark ausrollen und Scheiben (Durchmesser 4 cm) ausstechen. Auf ein Backblech legen und im vorgeheizten Backrohr bei 180 Grad Celsius hell, ca. 8 Minuten, backen.
Die ausgekühlten Kekse mit passierter Himbeermarmelade zusammensetzen.
Rohmarzipan mit gesiebtem Staubzucker, Honig, Butter und Eiweiß glatt verrühren. Die Masse in einen Dressiersack mit glatter Tülle (Nr. 6) füllen und in Tupfenform am Rand der zusammengesetzten Kekse aufdressieren. Nach einigen Stunden Trockenzeit im vorgeheizten Backrohr bei 230 Grad Celsius Oberhitze (keine Unterhitze) rasch abflämmen, mit warmem Nougat ausgießen und mit Mandeln bestreuen.

SPEKULATIUS *(Abb. auf Seite 215)*

500 g Mehl, 8 g Backpulver, 200 brauner Rohrzucker, 1/16 l Milch, 250 g Butter, geriebene Zitronenschale, Zimt, Nelkenpulver, Kardamom, Muskatnuß, eine Prise Salz, Eigelb zum Bestreichen

Mehl mit Backpulver sieben. Den braunen Rohrzucker in der erhitzen Milch auflösen. Die Butter in das heiße Milch-Zucker-Gemisch rühren, im Kühlschrank erkalten lassen und danach mit allen anderen Zutaten zügig zu einem glatten Teig verarbeiten. In Klarsichtfolie wickeln und mindestens 2 Stunden im Kühlschrank rasten lassen.
Den Teig in kleinen Portionen auf einer bemehlten Arbeitsfläche 3 mm stark ausrollen und in Modelgröße ausschneiden. Die Model leicht mit Mehl stauben und den Teig hineindrücken.
Die Spekulatius vorsichtig aus der Form klopfen und auf Backpapier wegsetzen. Mit Eigelb-Wasser-Mischung (ca. 1:1) bestreichen und im vorgeheizten Backrohr bei 170 Grad Celsius ca. 12 Minuten backen.

TEEBLÄTTER

180 g Kristallzucker, 150 g Butter, 1/16 l Milch, 60 g Glucosesirup, geriebene Schale einer Orange, 180 g fein geriebene, weiße Mandeln

Kristallzucker mit Butter, Milch und Glucosesirup unter Rühren mit einem Schneebesen auf ca. 70 Grad Celsius erwärmen. Feingeriebene Mandeln einrühren und in eine kalte Schüssel umleeren. Mit Klarsichtfolie abdecken und im Kühlschrank über Nacht rasten lassen.
Aus glattem Karton (1 mm stark) eine runde Schablone mit ca. 5 cm Durchmesser ausschneiden. Mittels Schablone die Masse auf gefettete, gestaubte Bleche streichen und im vorgeheizten, eingehängten Backrohr bei 220 Grad Celsius backen, bis sie leicht Farbe angenommen hat. Das Gebäck überkühlen lassen und nochmals in den Backofen schieben, bis die Teeblätter goldbraun sind. Noch heiß mit einer Spachtel vom Blech lösen und über eine halbrunde Terrinenform biegen.

VANILLE-ANIS-SCHEIBEN *(Abb. auf Seite 217)*

3 Eier, 210 g Puderzucker, Mark einer halben Vanilleschote, eine Prise geriebener Anis, 180 g Mehl; Anis zum Bestreuen

Eier mit gesiebtem Puderzucker, Mark der Vanilleschote und geriebenem Anis über einem Wasserbad sehr warm aufschlagen (70 Grad Celsius). Danach in der Rührmaschine aufschlagen bis die Masse wieder kalt ist. Anschließend das Mehl langsam mit einem Kochlöffel unterheben.
Die Masse mit Hilfe eines Dressiersackes mit Lochtülle auf leicht gefettete, mit Mehl gestaubte Bleche in kleine Scheiben dressieren. Die Scheiben mit Anis bestreuen und an einem warmen Ort (z. B. Backofen) bei 40 Grad Celsius trocknen.
Bei schwacher Hitze (160 Grad Celsius) im vorgeheizten Backrohr ca. 15 Minuten backen.
Vanille-Anisscheiben sollten beim Backen einen „Fuß" bekommen. Das heißt: Die glatte Kruste die sich beim Trocknen gebildet hat, soll sich 2–3 mm vom Backblech abheben.

VANILLEKIPFERLN

250 g Butter, 130 g Staubzucker, 3 Eidotter, geriebene Zitronenschale, Vanillezucker, 400 g Mehl, 100 g geriebene Mandeln; Staubzucker, Vanillezucker

Die kalte Butter in Würfel schneiden, mit gesiebtem Staubzucker und den restlichen Zutaten rasch zu einem Teig verkneten. Zugedeckt im Kühlschrank mindestens eine Stunde rasten lassen.
Den Teig zu Strängen (ca. 1 cm dick) rollen. In Stücke (ca. 5 cm lang) schneiden und zu Kipferln formen. Auf ein Backblech setzen und im vorgeheizten Backrohr bei 180 Grad Celsius hell, ca. 10 Minuten, backen.
Gesiebten Staubzucker mit Vanillezucker vermischen und die heißen Kipferln damit besieben. Auskühlen lassen und nochmals anzuckern.

ZAUNERSCHNITTEN

250 g Nougat, 170 g Milchtunkmasse, 100 g Tunkmasse, 30 g ungefüllte, ungezuckerte Waffeln
Grillage: 50 g Kristallzucker, 50 g gehobelte, geröstete Mandeln; Tunkmasse

Für die Grillage Kristallzucker schmelzen (am besten in einem Kupfergeschirr), die Mandeln beigeben und auf ein geöltes Blech ausgießen. Auskühlen lassen und fein reiben.
Nougat, Milchtunkmasse und Tunkmasse im Wasserbad schmelzen und die fein geriebenen Waffeln und die Grillage einrühren. Die Masse in eine mit Klarsichtfolie ausgelegte halbrunde Form eingießen und im Kühlschrank stocken lassen.
Mit temperierter Tunkmasse (siehe Glasuren) bestreichen, anziehen lassen und in ca. 1 cm breite Scheiben schneiden.

ZIMTSTERNE *(Abb. auf Seite 219)*

150 g geriebene Mandeln, 150 g geriebene Haselnüsse; 220 g Staubzucker,
150 g Rohmarzipan, 120 g Honig, 30 g faschierte Aranzini, 1 Eiweiß, 7 g Vanillezucker,
Zimt, eine Prise Salz
Eiweißspritzglasur: 1 Eiweiß, ca. 200 g Puderzucker

Alle Zutaten zu einem festen Teig zusammenkneten und in Klarsichtfolie gewickelt mindestens 1 Stunde rasten lassen. Auf einer mit geriebenen Mandeln bestreuten Arbeitsfläche 5 mm stark ausrollen.
Für die Eiweißspritzglasur Eiweiß mit gesiebtem Puderzucker gut verrühren und über dem ausgerollten Teig verstreichen. Mit einem in Wasser getauchten Ausstecher Sterne ausstechen. Es gibt dafür spezielle Zimtsternausstecher, die man nach dem Ausstechen aufklappen kann.
Die Zimtsterne auf ein mit Backpapier belegtes Blech legen und im vorgeheizten Backrohr bei 160 Grad Celsius ca. 20 Minuten backen. Wenn sich die Sterne vom Papier abheben lassen, sind sie ausreichend gebacken (die Glasur sollte allerdings kaum Farbe nehmen).

Bonbons, Konfekt *(Abb. auf Seite 220)*

Die hauptsächlich verwendeten Grundmaterialien sind Marzipan, Nüsse, Nougat, Schlagobers, Butter, Liköre, Schnäpse und verschiedene Tunkmassen (die verschiedenen Tunkmassen werden vor allem im Fachhandel und in einzelnen Spezialgeschäften für die Hausfrau angeboten). Bonbons werden heute zum Großteil von der Industrie, aber auch in erstklassigen Konditoreien hergestellt.
Hausgemachte Bonbons haben den Vorteil der Frische und werden einem Industrieprodukt immer vorgezogen.
Trotzdem sollten hausgemachte Bonbons rasch zum Verzehr gelangen, da ihre Frische (nicht die Haltbarkeit) mit ca. 3 Wochen begrenzt ist. Grundsätzlich sollten Bonbons an einem Tag vorbereitet und am nächsten Tag ausgefertigt werden.
Wichtig für die Herstellung ist die Verwendung erstklassiger Rohmaterialien.

BAUMSTÄMME TRIEST

300 g Nougat, 120 g Milchtunkmasse, 50 g Tunkmasse, 200 g Rohmarzipan,
50 g Staubzucker, 50 g Pistazien, 2 cl Amaretto; Tunkmasse

Nougat mit im Wasserbad aufgelöster Milchtunkmasse und Tunkmasse verrühren und erstarren lassen.
Rohmarzipan mit gesiebtem Staubzucker, geriebenen Pistazien und Amaretto abarbeiten und auf einer mit Staubzucker bestreuten Arbeitsfläche ca. 4 mm stark ausrollen.

Die erstarrte Nougatmasse zu Stangen (Durchmesser ca. 1,5 cm) formen, mit Läuterzucker (siehe Zuckerkochtabelle) bestreichen und in den Pistazienmarzipan einrollen. Mit temperierter Tunkmasse bestreichen, in ca. 1,5 cm lange Stücke schneiden (kurz vor dem Stocken) und in Papierkapseln setzen.

CANACHEROLLEN

Hippenmasse (siehe Dekormassen), 1/8 l Schlagobers, 80 g Honig, 200 g Milchtunkmasse, 50 g Nougat, 40 g Aranzini; Tunkmasse, Milchtunkmasse

Hippenmasse mit Hilfe einer Schablone (4 cm x 4 cm) hauchdünn auf ein leicht gefettetes, gestaubtes Blech streichen und im vorgeheizten Backrohr bei 180 Grad Celsius goldgelb backen. Die einzelnen Stücke noch heiß mit Hilfe eines Kochlöffelstiels (Durchmesser 1,5 cm) aufrollen und auskühlen lassen.
Schlagobers aufkochen, Honig und die gehackte Milchtunkmasse darin auflösen. Den aufgelösten Nougat und die fein gehackten Aranzini beigeben und stocken lassen.
Die Masse mit Hilfe eines Dressiersackes mit glatter Tülle (Nr. 6) in die Hippenrollen füllen. Diese in temperierte Tunkmasse (siehe Glasuren) tunken, gut abrinnen lassen und auf ein Backpapier wegsetzen. Temperierte Milchtunkmasse in ein Papierstanitzel füllen und damit dünne Linien über die Rollen spritzen. Stocken lassen und in Papierkapseln setzen.

DELICIEUSE

4 Eidotter, 160 g Kristallzucker, 1/8 l Schlagobers, 1/16 l Orangensaft, 550 g Tunkmasse (oder Kochschokolade), 120 g Butter; Tunkmasse, Aranzini

Eidotter mit Kristallzucker schaumig rühren. Schlagobers aufkochen und den Orangensaft beigeben. In die Eidotter mengen und unter ständigem Rühren bis vors Kochen erhitzen. Die gehackte Tunkmasse beigeben, auf Körpertemperatur abkühlen lassen und die weiche Butter einrühren. Einen Kapselrahmen (20 cm x 16 cm) auf ein mit Backtrennpapier belegtes Blech stellen, die Masse einfüllen und glatt verstreichen.
Nach dem Stocken in 2,5 cm große Würfel schneiden und diese mit Hilfe einer Tunkgabel in temperierte Tunkmasse (siehe Glasuren) tunken. Tunkmasse gut abrinnen lassen, auf ein Backpapier wegsetzen und mit jeweils drei Aranzini (gewürfelt) belegen. Stocken lassen und in Papierkapseln setzen.

EIERLIKÖRTRÜFFELN

40 g Glucosesirup, 30 g Honig, 1/8 l Eierlikör, 300 g weiße Tunkmasse, 60 g Butter; Milchtunkmasse, Tunkmasse

Glucosesirup mit Honig auf ca. 40 Grad Celsius erhitzen. Eierlikör und die im Wasserbad auf ca. 32 Grad Celsius temperierte weiße Tunkmasse einrühren.
Weiche Butter (nicht flüssig) zugeben und mit einem Stabmixer mixen.
Abkühlen lassen und in fertige Schokoladehohlkugeln (im Handel erhältlich) abfüllen.
Diese mit temperierter Milchtunkmasse (siehe Glasuren) verschließen. Stocken lassen und in temperierte Milchtunkmasse tunken.
Mit temperierter Tunkmasse filieren (Streifen ziehen).

GRAND-MARNIER-KONFEKT

450 g Milchtunkmasse, 250 g Butter, 1/8 l Grand Marnier; Milchtunkmasse, Kakao zum Rollen

Einen Kapselrahmen (20 cm x 16 cm) auf ein mit Backpapier belegtes Backblech stellen. Milchtunkmasse im Wasserbad auflösen und auf ca. 35 Grad Celsius abkühlen lassen. Die weiche Butter und den Grand Marnier nach und nach beigeben.
Danach ein wenig schaumig rühren, in den Kapselrahmen füllen, glatt verstreichen und stocken lassen (am besten über Nacht). Mit einem runden Ausstecher (Durchmesser 2,5 cm) Scheiben ausstechen und in temperierte Milchtunkmasse (siehe Glasuren) tunken. In Kakao rollen und in Papierkapseln wegsetzen.

HASELNUSSGIANDUJA

250 g geröstete, geschälte Haselnüsse, 70 g Staubzucker; 150 g Nougat, 180 g Milchtunkmasse; Tunkmasse

Haselnüsse mit gesiebtem Staubzucker erhitzen (am besten in einem Kupfergeschirr), bis der Staubzucker geschmolzen ist. Auf ein leicht geöltes Backblech ausleeren und die Haselnüsse voneinander trennen. Nougat mit aufgelöster Milchtunkmasse verrühren und stocken lassen. Danach wenig aufrühren und mit Hilfe eines Dressiersackes mit glatter Tülle (Nr. 8) ca. 3 cm lange Stangen auf Backpapier dressieren. Je drei Haselnüsse daraufsetzen und mit Hilfe einer Tunkgabel in temperierte Tunkmasse (siehe Glasuren) tunken. Tunkmasse gut abrinnen lassen, auf Backpapier wegsetzen und stocken lassen.

HASELNUSS-ZIMT-CANACHE

50 g Milchtunkmasse, 110 g Nougat; 100 g Milchtunkmasse, 50 g Tunkmasse, 1/16 l Schlagobers; 5 g Glucosesirup, 1 g Zimt; Milchtunkmasse

50 g Milchtunkmasse im Wasserbad schmelzen, mit dem kleingeschnittenen Nougat mischen und auf ca. 30 Grad Celsius temperieren.
Einen Kapselrahmen (20 cm x 16 cm) auf ein mit Backpapier belegtes Blech stellen, die Masse einfüllen, glatt verstreichen und stocken lassen.
100 g Milchtunkmasse und 50 g Tunkmasse im Wasserbad schmelzen. Schlagobers mit Glucosesirup aufkochen und unter die Tunkmassen mischen. Zimt unterrühren und mit dem Mixstab homogenisieren. Auf ca. 30 Grad Celsius temperieren und in den Kapselrahmen über das Nougat streichen. Über Nacht stocken lassen. In 25 mm große Quadrate schneiden, in temperierte Milchtunkmasse (siehe Glasuren) tunken und mit einem Gabelzug dekorieren.

HONIGTRÜFFEL

150 g Butter, 100 g Rohmarzipan, 80 g Bienenhonig, Mark einer Vanilleschote, 200 g Tunkmasse, 200 g Milchtunkmasse; Milchtunkmasse

Die Butter mit dem Rohmarzipan abarbeiten, den Honig und das Mark einer Vanilleschote dazugeben und schaumig rühren. Beide Tunkmassen im Wasserbad schmelzen, auf 30 Grad Celsius temperieren und in die Butter-Marzipan-Masse rühren.
In einen Dressiersack mit Lochtülle (Nr. 8) füllen und Kugeln auf Backpapier dressieren.

Kugeln stocken lassen, in temperierte Milchtunkmasse (siehe Glasuren) tunken, gut abtropfen lassen und über ein Gitter rollen.
Auf einem Backpapier stocken lassen und in Papierkapseln wegsetzen.

KAFFEE-KIRSCH-TRÜFFEL

3/16 l Schlagobers, 1/16 l schwarzer Kaffee, 550 g Tunkmasse (oder Kochschokolade), 3 Eßlöffel Kirschwasser, 60 g Butter; Tunkmasse, Schokoladespäne

Schlagobers mit Kaffee aufkochen. Die gehackte Tunkmasse darin auflösen und das Kirschwasser beigeben. Auf ca. 30 Grad Celsius abkühlen lassen, die weiche Butter einrühren und erkalten lassen.
Die Masse in einen Dressiersack mit glatter Tülle (Nr. 10) füllen. Tupfen auf Backpapier dressieren und stocken lassen. Danach zu Kugeln formen und in den Händen mit temperierter Tunkmasse (siehe Glasuren) rollen. Stocken lassen, nochmals in temperierte Tunkmasse (siehe Glasuren) tunken, gut abrinnen lassen und in Schokoladespäne (von einem Tunkmasseblock mit einem Messer Späne abschaben) rollen.

KARAMELSTANGEN

100 g Kristallzucker, 1/4 l Schlagobers, 600 g Milchtunkmasse; Milchtunkmasse

Kristallzucker zu Karamel schmelzen (am besten in einem Kupfergeschirr). Schlagobers aufkochen, einrühren und weiter erhitzen bis sich der Karamel aufgelöst hat. Milchtunkmasse hacken, einrühren und erkalten lassen.
Die Karamelmasse leicht durchrühren und mit einem Dressiersack mit glatter Tülle (Nr. 12) Stangen auf Backpapier dressieren.
Stocken lassen, dünn mit temperierter Milchtunkmasse (siehe Glasuren) bestreichen und in ca. 4 cm lange Stücke schneiden.
Die einzelnen Stücke mit Hilfe einer Tunkgabel in temperierte Milchtunkmasse tunken und in noch weichem Zustand über ein Gitter rollen. Stocken lassen und in Papierkapseln wegsetzen.

KÄRNTNER NUSSKUGELN

200 g Kristallzucker, 300 g Nüsse, 300 g Rohmarzipan. Nußlikör; temperierte Tunkmasse, halbe Belegnüsse

Kristallzucker schmelzen. Nüsse einrühren und auf ein geöltes Blech leeren. Erkalten lassen, fein reiben und mit Rohmarzipan und Nußlikör verkneten.
Kugeln formen und in temperierte Tunkmasse (siehe Glasuren) tunken und mit halben Nüssen belegen.

KLOSTERZUNGEN

1/4 l Schlagobers, 500 g Milchtunkmasse, 100 g Bienenhonig, 50 g Butter, 4 cl Rum; weiße Tunkmasse, Milchtunkmasse

Schlagobers aufkochen, gehackte Milchtunkmasse einrühren und abkühlen lassen. Mit Honig und Butter schaumig rühren und den Rum darunterziehen.
Masse in einen Dressiersack mit Lochtülle (Nr. 8) füllen und Zungen auf Backpapier dressieren. Stocken lassen und in temperierte weiße Tunkmasse (siehe Glasuren) tunken. Mit temperierter Milchtunkmasse Streifen über die Zungen ziehen.

KOKOSTRÜFFEL

1/8 l Schlagobers, 40 g Zucker, Mark einer Vanilleschote, 160 g Tunkmasse, 200 g Milchtunkmasse, 200 g Butter, 6 cl Batida de Coco; weiße Tunkmasse, Kokosraspel

Schlagobers mit Zucker und dem Mark einer Vanilleschote aufkochen. Die kleingehackten Tunkmassen einrühren und abkühlen lassen. Die schaumig gerührte Butter langsam beigeben und den Likör einrühren.
Masse in einen Dressiersack mit Lochtülle (Nr. 8) füllen und Kugeln auf Backpapier dressieren. Diese stocken lassen, in temperierte weiße Tunkmasse tunken (siehe Glasuren) und in Kokosraspeln rollen.

MANDARINENMARZIPAN

1/16 l Schlagobers, 10 g Honig, 40 g Tunkmasse, 100 g Milchtunkmasse; 350 g Rohmarzipan, 80 g Mandarinensaftkonzentrat; Milchtunkmasse, Aranzini

Schlagobers mit Honig aufkochen, die Tunkmassen beigeben und mit dem Mixstab homogenisieren.
Einen Kapselrahmen (20 cm x 16 cm) auf ein mit Backpapier belegtes Blech stellen, die Masse eingießen, verstreichen und stocken lassen. Rohmarzipan mit Mandarinensaftkonzentrat vermischen und über der Canache verteilen. Backpapier auflegen und mit dem Rollholz glatt rollen. Papier abnehmen und über Nacht trocknen lassen.
Kapselrahmen entfernen und die Unterseite des Konfekts mit temperierter Milchtunkmasse (siehe Glasuren) bestreichen. Stocken lassen und in Würfel (25 mm x 25 mm) schneiden. In temperierte Milchtunkmasse tunken und mit Aranzini dekorieren.

MANDELHÄUFCHEN

500 g gestiftelte Mandeln, 1/8 l Läuterzucker (siehe Zuckerkochtabelle), 80 g Staubzucker; Milchtunkmasse

Mandeln mit Läuterzucker anfeuchten und mit Staubzucker bestreuen. Auf einem Backblech im vorgeheizten Backrohr bei 200 Grad Celsius unter mehrmaligem Umrühren goldgelb rösten.
Erkalten lassen und in einer Schüssel kleine Portionen 3 Teile Mandeln und 2 Teile temperierte Milchtunkmasse (siehe Glasuren) mischen. Mit einem Löffel kleine Häufchen auf Backpapier setzen, stocken lassen und in Papierkapseln wegsetzen.

MARILLEN GETROCKNET IN SCHOKOLADE

Getrocknete Marillen; Milchtunkmasse

Die Marillen kurz in kochendes Wasser legen, durchrühren und sofort auf einem Gitter abtropfen lassen. Im vorgeheizten Backrohr bei 120 Grad Celsius ca. 5 Minuten trocknen lassen.
Die ausgekühlten Marillen in temperierte Milchtunkmasse (siehe Glasuren) tunken. Die Marillen sollen ganz in Milchtunkmasse gehüllt sein.

MILCHTRÜFFEL

1/4 l Schlagobers, Vanillezucker, 600 g Milchtunkmasse, 70 g Butter; Milchtunkmasse

Schlagobers mit Vanillezucker aufkochen. Die gehackte Milchtunkmasse darin auflö-

sen, auf ca. 30 Grad Celsius abkühlen lassen, die weiche Butter einrühren und erkalten lassen.
Die Masse in einen Dressiersack mit glatter Tülle (Nr. 10) füllen und Tupfen auf ein Backpapier dressieren. Stocken lassen, zu Kugeln formen und in den Händen mit temperierter Milchtunkmasse (siehe Glasuren) rollen.
Stocken lassen, nochmals in temperierte Milchtunkmasse tunken und über ein Gitter rollen. In Papierkapseln wegsetzen.

MOCCATRÜFFEL

3/16 l Schlagobers, 1/16 l starker schwarzer Kaffee, 480 g Tunkmasse (oder Kochschokolade), 100 g Kakaobutter; Tunkmasse, Kaffeebohnen

Schlagobers mit Kaffee aufkochen. Die gehackte Tunkmasse und Kakaobutter darin auflösen.
Einen Kapselrahmen (20 cm x 16 cm) auf ein mit Backpapier belegtes Blech stellen, die Masse eingießen und glatt verstreichen.
Aus der gestockten Masse runde Scheiben (Durchmesser 2,5 cm) ausstechen und mit Hilfe einer Tunkgabel in temperierte Tunkmasse (siehe Glasuren) tunken. Tunkmasse gut abrinnen lassen, auf ein Backpapier wegsetzen und jeweils mit einer Kaffeebohne dekorieren. Stocken lassen und in Papierkapseln setzen.

MOZARTKUGELN À LA ROKITANSKY

150 g Nußnougat, 250 g Rohmarzipan, 50 g Pistazien; temperierte Tunkmasse

Nußnougat in kleine Würfel schneiden. Rohmarzipan mit geriebenen Pistazien verkneten. Nougatwürfel mit dem Pistazienmarzipan umhüllen, in temperierte Tunkmasse tunken (siehe Glasuren) und in Alupapier wickeln.

NOUGATSCHIFFERLN

400 g Nougat, 160 g Milchtunkmasse; ungeschälte, geröstete Mandeln, Milchtunkmasse

Nougat mit der aufgelösten Milchtunkmasse vermischen.
Einen Kapselrahmen (20 cm x 16 cm) auf ein mit Backpapier belegtes Blech stellen, die Masse einfüllen, glatt verstreichen und über Nacht stocken lassen.
Aus der Masse Schifferlformen ausstechen, mit gerösteten Mandeln belegen und mit Hilfe einer Tunkgabel in temperierte Milchtunkmasse (siehe Glasuren) tunken, Tunkmasse gut abrinnen lassen und in Papierkapseln wegsetzen.

NUSSKONFEKT

500 g Rohmarzipan, 160 g geriebene Walnüsse, 3 Eßlöffel Rum; Fondant, halbe Nüsse, Tunkmasse

Rohmarzipan mit geriebenen Walnüssen und Rum glatt abarbeiten und ca. 1 Stunde im Kühlschrank rasten lassen. Danach auf einer mit Staubzucker bestreuten Arbeitsfläche ca. 1 cm stark ausrollen und Ovale (Durchmesser 3 cm) ausstechen.
Fondant im Wasserbad auf ca. 40 Grad Celsius erwärmen und mit Läuterzucker (siehe Zuckerkochtabelle) verdünnen (die Konsistenz des Fondants sollte dünnflüssig sein).
Marzipanovale darin tunken, auf Backpapier absetzen und sofort (in die noch weiche

Glasur) mit halben Nüssen belegen. Die abgetrockneten Marzipanovale bis zum oberen Rand in temperierte Tunkmasse tunken, auf Backpapier stocken lassen und in Papierkapseln wegsetzen.

RUMTRÜFFEL

300 g Milchtunkmasse, 120 g Butter, 30 g Glucosesirup, 30 g Honig, 80 g Rum; Milchtunkmasse, einige in Rum eingelegte Rosinen

Für den Boden temperierte Milchtunkmasse (siehe Glasuren) auf ein Backpapier streichen und leicht stocken lassen. Mit einem runden Ausstecher (Durchmesser 25 mm) Blättchen ausstechen und je eine Rumrosine auflegen.
300 g Milchtunkmasse im Wasserbad schmelzen und auf 30 Grad Celsius temperieren. Die leicht schaumig gerührte Butter langsam einrühren. Glucosesirup, Honig und Rum zugeben.
Masse in einen Dressiersack mit Sterntülle (Nr. 8) füllen und Rosetten über die Rosinen dressieren.
Über Nacht fest werden lassen und in temperierte Milchtunkmasse tunken.

SCHACHBRETT

150 g geschälte, geriebene Mandeln, 100 g Staubzucker, 50 g weiße Tunkmasse, 50 g Kakaobutter; 250 g Nougat, 120 g Tunkmasse; Kakaobutter, Tunkmasse

Geriebene Mandeln mit gesiebtem Staubzucker vermischen. Die im Wasserbad aufgelöste weiße Tunkmasse und Kakaobutter beigeben, gut durchmischen und stocken lassen. Für die zweite Masse Nougat mit im Wasserbad aufgelöster Tunkmasse verrühren und stocken lassen.
Beide Massen zwischen Backpapier ca. 5 mm stark ausrollen, in je zwei gleich große Vierecke schneiden und mit heißer Kakaobutter bestreichen. Sofort abwechselnd übereinanderlegen und anpressen. Danach in 5 mm dicke Streifen schneiden, mit Kakaobutter bestreichen und je vier Streifen wechselseitig aufeinanderlegen. Leicht an pressen, in 1 cm breite Stücke schneiden und mit Hilfe einer Tunkgabel bis zum oberen Rand tunken. Auf einem Backpapier stocken lassen und in Papierkapseln wegsetzen.

WEISSE TRÜFFEL

100 g Grillage, 3/16 l Schlagobers, 450 g weiße Tunkmasse, 100 g Kakaobutter; weiße Tunkmasse

Für die Grillage 50 g Kristallzucker hellbraun schmelzen (am besten in einem Kupfergeschirr). 50 g geröstete Haselnüsse beigeben, durchrühren und auf ein leicht geöltes Blech ausleeren. Erkalten lassen und fein reiben.
Schlagobers aufkochen und die weiße, gehackte Tunkmasse darin auflösen und stocken lassen. Die Grillage mit weicher Butter leicht schaumig rühren, die Canache (Schlagobers gekocht, mit weißer Tunkmasse) beigeben und die aufgelöste Kakaobutter einrühren.
Die Masse in einen Dressiersack mit glatter Tülle (Nr. 10) füllen und auf ein Backpapier Tupfen dressieren. Diese stocken lassen, zu Kugeln formen und in den Händen mit weißer, temperierter Tunkmasse (siehe Glasuren) rollen.
Stocken lassen, nochmals in weiße, temperierte Tunkmasse tunken und über ein Gitter rollen. Auf einem Backpapier stocken lassen und in Papierkapseln setzen.

REGISTER